21世纪高等教育会计通用教材

Accounting Information Systems Theory and Practice

会计信息系统理论与实务

基于金蝶KIS案例教程

(第三版)

甄阜铭 刘重 编著

东北财经大学出版社
Dongbei University of Finance & Economics Press
大连

图书在版编目（CIP）数据

会计信息系统理论与实务：基于金蝶KIS案例教程 / 甄阜铭，刘重编著. —3版. —大连：东北财经大学出版社，2018.1（2018.11重印）
（21世纪高等教育会计通用教材）
ISBN 978-7-5654-2974-3

Ⅰ. 会… Ⅱ. ①甄… ②刘… Ⅲ. 会计信息-财务管理系统-高等学校-教材 Ⅳ. F232

中国版本图书馆CIP数据核字（2017）第264467号

东北财经大学出版社出版
（大连市黑石礁尖山街217号 邮政编码 116025）
网 址：http://www.dufep.cn
读者信箱：dufep@dufe.edu.cn

大连力佳印务有限公司印刷 东北财经大学出版社发行

幅面尺寸：170mm×240mm 字数：307千字 印张：15.25
2018年1月第3版 2018年11月第7次印刷

责任编辑：李 彬 王 斌 责任校对：那 欣
封面设计：冀贵收 版式设计：钟福建

定价：33.00元

教学支持 售后服务 联系电话：（0411）84710309

如有印装质量问题，请联系营销部：（0411）84710711

第三版前言

本书所指的会计信息系统是会计工作计算机化。日益普及的IT技术使会计系统与信息技术密不可分。使用和掌握会计应用软件是会计人员的一项基本要求，因此，会计专业的学生必须熟悉会计信息系统的相关知识，掌握其基本理论和原理，同时学会操作和管理会计应用软件，这就是本书的出发点。

在大学会计学专业的教学中，计算机知识教学由来已久。但由于传统的教学体系和现行教学手段的束缚，会计专业的计算机知识教学满足不了学生的真正需求，往往表现为学生不能学到真正需要的知识和技能。要想满足这一需求，须在教学条件上进行改善，在教学体系上进行改革。通过以前的教学实践，编著者认为现行计算机教学存在缺体系、重理论、轻实践、缺少会计知识与计算机知识真正结合等缺点。由于软件的开发已形成产业化，国内商品化软件已成为主流，会计人员学习和掌握开发会计应用软件已几乎不可能，或者不现实。就会计应用软件的使用而言，尤其是ERP系统，由于软件的功能越来越强大，掌握和精通商品化会计应用软件的使用已成为学生学习和实践的课程。因此，大学本科的会计电算化课程的定位，应以掌握商品化会计电算化软件的使用为主，以分析、设计电算化软件为辅，通过学习掌握商品化软件的使用和维护，熟悉会计电算化软件设计的基本思想。

本书介绍的理论并不是很深，只是会计信息系统的一般性的理论、概念、规则和原理，通过实践案例设计，使学生通过自己的实践从感性认识上升到理性认识。本书第1章是会计信息化概述，介绍了会计信息系统的概念，会计信息系统的发展历程，信息技术与会计信息系统的关系，会计人员与会计信息系统的关系，以及会计信息系统的特点、构成和功能，最后通过介绍金蝶KIS和金蝶KIS安装实践，加深学生的感性认识；第2章主要讲述会计信息系统实施，包括如何规划会计信息系统，会计信息系统实施的原则，如何选择商品化的会计应用软件，会计信息系统实施各个阶段的问题处理，最后介绍金蝶KIS的初始实施过程；第3章是会计信息系统运行和管理，重点介绍我国关于会计电算化的一些法律、法规和使用规范，这些是使用会计信息系统的指南，同时在本章的最后完成第2章未完成的金蝶KIS初始化设置工作；第4、5、6章的重点在于会计应用软件操作，学生结合自己所学的会计知识，将会计理论和实践相结合。另外，本书附有大量的习题，有些习题在教材正文找不到答案，必须通过实践操作才能解答，学习者可以有选择地进行练习。

需要说明的是，本书设计的实验可以用金蝶KIS专业版7.5以上版本完成，本书光盘配备了金蝶KIS专业版7.5、10.0、12.0和13.0版本，供学习者参照使用。

在本书的编写过程中，得到了金蝶国际软件集团有限公司梁文博的帮助和支持，其提供了相关资料和KIS软件教学版光盘。由于时间仓促，前版实验数据有些错误，对给读者带来的不便表示歉意。本次修订特别更正了实验数据。由于知识和水平有限，书中不足之处在所难免，欢迎广大读者和同行批评指正。

编著者

2017年10月

目　录

第1章 会计信息化概述

学习目标

通过本章的学习，你将掌握：

1.会计信息系统相关概念、构成、功能和特点

2.会计信息系统发展

3.会计信息系统在企业中的作用

4.会计应用软件

5.会计人员在会计信息系统中的作用

6.金蝶KIS和其功能模块

1.1 会计信息化概述

现代信息技术与现代企业管理思想相结合，形成高效的管理模式以提升企业的竞争能力是会计信息系统的任务和目标。

1.1.1 会计信息系统的概念

管理信息系统是一个获取关于组织的数据，存储、维护这些数据，并将有用信息提供给管理者的系统。一个管理信息系统可以看成一系列为生产、营销、人力资源及财务与会计等职能部门提供信息的子系统的集合，会计信息系统可以看成是组织内管理信息系统的一个子系统。

会计信息系统作为管理信息系统的子系统，它能够提供财务会计信息以及在会计业务的日常处理中获得的其他信息。会计信息系统记录了广泛的信息，诸如销售订单、销售单位和金额、现金收款、购货订单、收到货物、货款支付、工资等，又如为制订生产计划和核算工资记录员工的工作时间，为存货核算记录销货订单和产品、原料的分发配送等等。

同时，会计信息系统又是专门用于企事业单位收集、存储、传输和加工会计数据，产生会计信息，并向投资人、债权人和政府职能部门提供这些信息的经济信息系统。会计的本质是以提高经济效益为目的的一种经济管理活动，特别是企业会计。会计作为系统，通过提供会计信息来反映过去的经济活动，控制目前的经济活动，预测未来的经济活动。会计信息系统的主要任务是按照现行的会计制度、法规、方法和程序，把生产经营过程中的价值运动所产生的数据，加工成有助于管理决策的会计信息。

随着社会的发展进步，会计数据、信息越来越重要。人们已经认清了会计的本质，并从信息论的角度来分析和研究会计，从现代数据处理的角度来更新其工具和方法，丰富其功能，从而使会计在经济管理中发挥了前所未有的巨大作用。随着计

算机网络等现代信息技术的迅速发展和普及，几乎所有的企业或机构建立了基于计算机系统和网络技术的会计信息系统。本书将以电算化会计信息系统为对象，研究讨论其实施、使用和管理。

1.1.2 会计信息系统的发展

随着社会文明的不断进步，科学技术的迅猛发展，会计信息系统也经历了一个由简单到复杂，由分散到集中，由手工到计算机处理的发展历程，从会计数据处理工具与处理模式来看，会计信息系统的发展可分为手工会计信息系统、电算化会计信息系统、ERP会计信息系统三个阶段。目前，会计信息系统在人工智能、云计算和物联网技术融合下，正处于基于互联网与云计算的云会计形成阶段。

1）手工会计信息系统阶段

手工会计信息系统阶段是指财会人员以纸、笔、算盘等为工具，实现对会计数据的记录、计算、分类、汇总，并编制会计报表。会计信息处理均以纸张作为会计数据的载体，向相关部门和人员提供会计信息。这一阶段历史漫长，时至今日，只有很少一部分企业的会计还停留在手工处理阶段。

2）电算化会计信息系统阶段

20世纪中叶，电子计算机的问世给人类社会带来了一场划时代的信息技术革命。随着计算机硬件性能的迅速提高和软件开发技术的不断突破，计算机逐步具备了强大的数据处理功能。20世纪60年代后期，计算机硬件、软件的性能进一步得到改进，价格不断降低，特别是微型计算机的出现、数据库技术与网络技术的迅猛发展，使其开始在会计领域应用。20世纪末期会计数据处理的主要工作几乎全部由计算机系统自动完成，如数据检验、分类、记账、算账、编制会计报表等。这样不仅提高了会计信息的处理效率，也扩大了其应用的深度和广度，而且质量也得以提升。随着经济的飞速发展，以计算机为代表的电子信息技术领域的新思想、新观念、新成果不断涌现，人们将这些新成果应用于会计信息系统，从而推动了电算化会计信息系统的发展，推动了会计人员观念的更新。我们把计算机技术应用于会计信息处理的过程称为会计电算化。

但是，会计电算化是计算机会计信息系统的初级阶段，电算化会计信息系统的目标主要是用计算机代替手工，实现会计核算工作的自动化或半自动化，以提高会计工作效率为主。在这个发展阶段，会计软件主要实现了工资计算、账务处理、订单处理、固定资产核算和报表打印等单项处理。会计软件以模拟手工核算为主，且各项业务的数据处理大都是独立进行的，没有形成整体的企业管理信息系统，会计信息系统为企业孤立的子系统。

3）ERP会计信息系统阶段

与20世纪90年代中期推出的商品化会计信息系统相比，90年代末推出的大型企业管理信息系统更多地借鉴国外企业管理软件的发展道路，同时又发挥了我国会计软件公司在会计软件领域上的优势。以财务为中心的ERP（Enterprise Resource Planning，企业资源计划）系统不仅要解决企业财务管理问题，而且要对企业的资金流、物流和信息流进行一体化、集成化管理。从软件结构上看，ERP系统各模块不仅要能独立运行，而且必须能集成一体化运行。从软件功能上来看，ERP系统不仅要包括账务处理、工资管理、固定资产管理、采购与应付账款管理、销售与应收账款管理、库存管理，而且还要包括对物料需求计划的管理、对生产流程的管理、对成本的管理以及对人力资源的管理。

本阶段也称为面向会计管理阶段。此时计算机技术有了突飞猛进的发展，特别是数据库技术、局域网技术在会计信息系统中得到了广泛的应用。会计信息系统的主要目标是综合处理发生在企业各业务环节中的各种会计数据，并为企业管理部门提供管理或决策信息，其主要特点如下：

（1）会计信息系统突破了传统的数据处理范围，开始形成了整体性的会计信息系统，各子系统有机地结合在一起，实现了相互间的信息快速传递和共享的目标。

（2）会计信息系统的结构突破了手工方式的一些模式。在实现信息共享的基础上追求会计数据的综合分析、深入加工，以便向管理者和决策者提供手工方式下难以提供的高层次的辅助信息，使会计信息系统的功能和应用价值大大增强。

（3）会计信息系统功能愈加完备。它包括了总账、应收应付、成本核算、库存管理、销售管理、财务管理等诸多子系统，系统之间的数据具有共享性。

（4）提供集中式管理服务。集团企业，为了整合财务资源，提高竞争力，往往采用集中式财务管理模式。然而，在互联网和电子商务出现之前，集团企业集中式管理是很难实现的，网络消除了物理距离和时差概念，可以高效快速地收集数据。企业集团可以利用会计信息系统对所有分支机构实现集中记账、远程报账、远程审计、集中资金调配等远程处理。

（5）使会计核算从静态走向动态。①该阶段的会计信息系统基于电子商务，并且是电子商务的重要组成部分。因此不仅仅可以在网上进行信息传递，而且还可以进行网上销售、订购、采购、付款、会计处理以及交易资料的记录、传递、认证、汇总与管理作业，实现了企业与上下游厂商进行信息的交流和产销的整合，从而改变了企业原有的经营形式。电子商务涵盖了物流、资金流及信息流，为各种交易和事项的确认、计量和披露等会计活动提供了技术基础，为会计核算从静态走向动态创造了条件。财务部门的预算控制、资金准备、网上支付、网上结算等工作与业务部门的工作协同进行，即经济业务发生的同时，会计信息得到更新。会计信息系统能够快捷地产生各种反映企业经营状况和资金状况的动态财务报表、财务报告，年报、季报、月报和日报可以即时生成，并及时传递到网络中的每一个投资者、债权

① 传统经营方式下的会计核算被称为“静态会计核算”，即经济活动发生之后，会计人员根据一定的会计核算组织程序，将经济信息转化为会计信息，并定期编制报表。会计与业务部门是以静态的方式来进行信息交流，信息从业务传递到会计总得经过一段时间，这样报表所反映的只能是企业上一个期间的财务状况。

人、政府主管人员的站点上。互联网或电子商务下的会计核算将从事后的静态核算达到事中的动态核算和管理，极大地丰富了会计信息的价值。

（6）支持业务协同的工作方式。财务与企业业务的协同一直是企业管理工作中的一个重要问题。在ERP系统之前，由于财务人员无权或无条件管理企业业务问题，而财务人员又要承担确保企业业务数据在财务上正确反映的责任，结果造成责权不分明，业务与财务管理脱节。ERP系统下的会计信息系统，从根本上促进了财务和业务的协同。

基于ERP的会计信息系统的新功能远不止这些，它应该随着网络技术和电子商务的发展不断发展和完善。可以相信，随着会计信息系统功能的不断完善，随着越来越多的企业应用的不断深入，技术进步将会引发企业管理思想、经营理念和会计管理工作的改变。从企业应用的角度来看，并非所有企业都要应用大型企业管理信息系统，只有规范化管理的企业或具有一定规模的企业才会考虑应用大型企业管理信息系统，而大部分企业一般都是先解决会计电算化，等到规模化发展时才开始应用面向企业全面管理的大型企业管理信息系统。因此，会计电算化系统开发公司在制定自己的发展策略时，一般要根据自己的资金实力与技术实力，对自己开发的产品进行定位，其中，大部分会计信息系统开发公司将致力于开发中、小型会计电算化系统产品，而只有少数具有一定规模和实力的会计信息系统公司才能致力于开发大型企业管理信息系统。

4）云会计的形成阶段

云计算将计算分布在大量的分布式计算机上，而非本地计算机或远程服务器中，企业数据中心的运行将与互联网更相似。这使得企业能够将资源切换到需要的应用上，根据需求访问计算机和存储系统。其是一种按使用量付费的模式，这种模式提供可用的、便捷的、按需的网络访问，进入可配置的计算资源共享池（资源包括网络、服务器、存储、应用软件、服务），这些资源能够被快速提供，只需投入很少的管理工作，或与服务供应商进行很少的交互。

云计算包括以下几个层次的服务：基础设施即服务（IaaS）、平台即服务（PaaS）和软件即服务（SaaS）。

IaaS（Infrastructure-as-a-Service）：基础设施即服务。消费者通过Internet可以从完善的计算机基础设施获得服务。例如：硬件服务器租用。

PaaS（Platform-as-a-Service）：平台即服务。PaaS实际上是指将软件研发的平台作为一种服务，以SaaS的模式提交给用户。因此，PaaS也是SaaS模式的一种应用。但是，PaaS的出现可以加快SaaS的发展，尤其是加快SaaS应用的开发速度。例如：软件的个性化定制开发。

SaaS（Software-as-a-Service）：软件即服务。它是一种通过Internet提供软件的模式，用户无须购买软件，而是向提供商租用基于Web的软件来管理企业经营活动。例如：阳光云服务器。

基于云计算的会计信息系统，即为云会计信息系统，是构建于互联网上，并向企业提供在线会计核算、会计管理和会计决策服务的虚拟会计信息系统。也可以说，云会计就是利用云计算技术和理念构建的会计信息化基础设施和服务。

云会计包括会计应用软件、应用服务平台以及具有存储和数据计算能力的基础设施三个层次。云会计的每一层都由对应的服务构成。

（1）软件即服务（SaaS）构建云会计的会计核算、管理、决策系统，并与其他相关系统融合，以租用的方式通过网络交付给用户；开发者可以每天对软件进行多次升级，而这些对于用户来说都是透明的；用户可以彻底打破空间和时间的限制，在任何时间、任何可以联通互联网的地方以多种方式完成报账、报税、审计、汇款等远程工作，真正实现“移动办公”。

（2）平台即服务（PaaS）构建会计信息化新应用、新服务的开发平台以及云会计的数据库服务，一旦用户的应用被开发和部署完成，所涉及的运行、管理、监控工作都将由该平台负责，企业的财务数据也通过该平台的数据库服务进行统一管理。

（3）基础设施即服务（IaaS）提供了虚拟化的基础设施资源，以虚拟机的形式向用户提供动态的计算资源，实现有弹性的存储计算能力。

云会计的优势在于：

（1）成本低。云会计是通过软、硬件服务的方式提供的，云会计的使用者通过电脑等电子终端访问，按需购买，按时或者按量付费，无须投入服务器、交换机等硬件设备，一方面避免了设备折旧、过时等问题；另一方面省去了网络、硬件设备的后期维护费，能为企业减少一笔不小的开支。

（2）扩展空间有较强的弹性。在云会计下，企业无须拥有服务器等设备，也就不再受系统配置、存储空间等硬件条件的限制，可以根据自身的特点选择所需的云会计服务的数量和种类，具有很大的灵活性。

（3）数据安全性高。供应商负责整个云会计系统的平台建设，以及包括虚拟化、管理、数据库、用户接口、防火墙等在内的基础设施，有专门的技术团队负责日常管理与维护，提高了数据的安全性。

（4）移动办公、异地办公成为可能。云会计下，用户可以在任意位置、任意场合，利用电脑、手机等终端设备，通过网络服务随时查询数据。通过身份授权及权限分配，工商、税务等政府机构以及会计师事务所、银行等，可以足不出户完成对企业的财务检查、审计。

目前云会计的主要障碍或者是发展中需要注意的几个问题如下：

（1）构建完善的云会计平台是基础。云会计平台建设需要技术支持和较大资金投入。

（2）切实保障会计信息安全是前提。首先，需要有针对性的防火墙，它是防范入侵的第一道防线，用来阻止外来攻击，实现对进出数据的实时监控；其次，防止乃至杜绝非授权人员对用户信息的非法访问和窃取，需要云会计服务商完善的内部控制机制；最后，在网络传输过程中，通过特有的加密技术，确保数据难以破解，包括系统恢复保障。

（3）互联网与云计算的技术瓶颈是关键。在网络带宽、网速有保障的基础上，增强数据的通过能力、抗干扰能力、交互能力，同时保证处理的及时性和准确性。

1.1.3 会计信息系统的作用

会计信息系统的作用表现在五个方面：生成会计报表、支持日常业务、决策支持、计划和控制以及内部控制的实施。

1）生成会计报表

企业运用会计信息系统生成专门报告来满足投资者、债权人、税务部门、宏观调控部门及其他相关者的信息需求。这些报告包括财务报表和税务部门、银行等其他机构要求的报告。这种类型的报告必须遵循相关组织规则，如会计准则、审计准则等。由于这些报表的格式和必要的内容对不同的组织来说都是相对固定和相似的，所以软件供应商才能提供自动制作报表的会计软件。因此只要输入必要的交易业务数据，外部报表就能比以前更快、更容易生成。

2）支持日常业务

在企业的业务循环中，主管们需要利用会计信息系统来处理日常例行事务。例如，响应客户订单、分发货物或分配服务、为客户开具账单、支付或收现等。计算机系统适用于重复性信息处理工作，软件系统需要支持这些程序性的工作。其他信息技术，如扫描产品条形码的扫描仪，也极大地提高了商务过程的效率。会计信息系统如何支持企业程序性工作的问题将贯穿本书的始终。

3）决策支持

信息系统还在组织的不同层次中支持非程序性决策。例如，产品销售情况、顾客统计信息等，这些信息对产品的生产计划是非常关键的，决定何种产品需要保持库存、是否改变产品销售策略等。同时，信息的非标准要求需要在数据库中实现数据灵活查询，支持管理层决策。

4）计划和控制

信息系统还被用于计划和控制。信息系统中储存着预算成本与标准成本等信息，可以直接生成预算与实际金额的比较图形报告，使用者能够据此作出详细的计划和控制。例如，可以作出个别产品的收入与支出分析，可以运用历史数据预测增长率和现金流量，挖掘数据揭示企业发展的长期趋势。

5）内部控制的实施

内部控制包括政策、程序和用来保护公司资产的安全、完整与财务数据准确维护的信息机制。将内部控制嵌入会计信息系统中，达到控制目标是可能的。例如，设有密码的信息系统可以防止无关人员进入系统获取数据或报告。另外，还可以把数据输入设计成自动检误，以防止违反规定的数据输入。

1.2　会计信息系统的构成

1.2.1　会计信息系统的技术

会计信息系统是一个人机系统，其组成包括计算机硬件设备、软件、数据、规程和人员。企业根据本单位的规模大小、管理要求确定处理方式，选择适当的计算机硬件设备和软件建立自身的会计信息系统。计算机硬件设备的不同组合方式构成了信息系统中计算机不同的硬件结构以及不同的处理方式。

多用户的会计信息系统是企业管理信息系统的一个子系统。一般这样的系统和企业的其他管理系统集成，组成企业级的管理信息系统或ERP系统。会计信息系统的平台结构指的是硬件、网络、软件平台和应用系统集成后的系统结构。在计算机技术发展的不同阶段，出现了不同技术应用平台，一般包括四种模式：主机系统（MS）、文件/服务器系统（F/S）、客户机/服务器系统（C/S）以及浏览器/服务器系统（B/S）。

主机系统是把所有的硬件资源，包括系统软件、工具软件、应用程序、共享数据、共享设备及与用户终端的通信软件的全部管理和运行都集中在一台主机上，将数据处理工作全部交给计算机集中完成，用户通过本地终端或远程终端运行通信软件访问计算机。主机系统是一种采用分时方式集中处理和管理的系统。主机系统提供了数据共享功能，不同的用户可以在不同的终端上共享系统中的数据，可以使数据保持一致性。但主机系统的缺点也是显而易见的：系统庞大，容易出错；数据集中存放、处理，数据出错风险大；随着终端的增加影响系统运行速度，因而系统扩展性较差。在计算机网络未出现之前，主机系统为大多应用系统所采用。

文件/服务器系统是将一个局域网或一般网络作为硬件环境，选择一台或多台处理能力较强的计算机作为服务器用来存放共享数据，应用系统全部放在工作站上。系统由工作站发出请求命令，从服务器上提取全部文件后传送到工作站，提交给工作站的应用系统运行。文件/服务器系统是集中式网络模式，是随着局域网的诞生和广泛应用而发展起来的。文件/服务器系统的特点是在服务器上通过网络操作系统对共享数据进行管理，是基于文件的管理，主要管理文件的存放地址、文件容量等，而对共享数据的其他管理由工作站的相应系统管理。文件/服务器系统的优点是使用特定设备迅速地存储、恢复和备份数据，数据的采集和维护由大量用户分担，缺点是对共享数据的应用操作分布在各个工作站上，容易引起数据的不一致，而且共享数据不经处理就传递到工作站上，由于量大会增加网络的通信负荷。

客户机/服务器系统，简称C/S（Client/Server），是将一个复杂的网络应用的用户交互界面和业务应用处理与数据库访问和处理相分离，服务器与客户端之间通过消息传递机制进行对话。由客户端发出请求给服务器，服务器进行相应的处理后经传递机制送回客户端。客户机/服务器系统对数据库的大量操作通过远程数据库访问的方式交给了后台数据库服务器去完成，提高了用户交互反应速度，降低了客户端对CPU处理能力的要求。C/S模式对共享数据进行集中处理，提高了系统的安全性、可靠性；在网络通信上只传递请求服务和结果数据的信息，大大减轻了通信线路上的负荷，提高了系统的运行效率；系统可在不同的平台上运行，具有较强的开放性。

虽然C/S模式有许多优点，并一度成为会计信息系统广泛采用的网络模式。但是，C/S模式还存在以下不足之处：当客户端应用处理复杂或访问数据量增大时，易造成网络瓶颈；在C/S二层结构下，随着客户端功能的增大及配置的更加复杂，系统的维护管理难度增大；在C/S二层结构下，当客户端增多时，系统维护成本必然会随之提高。为克服C/S体系结构的缺点，人们又研制出了B/S结构。B/S结构是一种以Web技术为基础的新型的信息系统应用模式。把传统C/S模式中的服务器部分分解为一个数据服务器与一个或多个应用程序服务器、Web服务器，从而构成一个三层结构的系统，即B/S模式分为三个层次：客户机、Web服务器/应用程序服务器、数据库服务器。

1.2.2 会计信息系统中的会计人员

会计人员是会计信息系统的重要组成部分，所以一种认识会计信息系统的途径是从会计人员的工作与会计信息系统之间的关系来考察。国际会计师联合会（International Federation of Accountants，IFAC）第11号准则“会计中的信息技术”总结出了会计人员运用信息技术时的五种角色：①用户；②管理人员；③顾问；④评估人员；⑤会计和税务服务的提供者。

1）用户

会计人员履行所有职责（准备外部报告、处理日常交易等）都要用到会计信息系统。随着日常交易处理的自动化，会计人员在程序性职责上所花费的时间越来越少；相反，会计人员需要更多的时间来理解商务过程，组织分析数据，制订计划，作出战略决策。由于更加集中于对业务的分析而不是仅仅提供财务数据，将有助于增加对会计人员所提供的服务需求。IFAC准则指出使用者需要理解信息系统的构造、硬件、软件和数据的组织方法，并能够使用Word、电子表格、数据库和会计软件。本书的目的在于使学生在了解会计信息系统的基本概念之后，掌握会计软件的使用。

2）管理人员

管理人员对管理员工和企业各种资源以达到企业目标负有责任。在小型企业中，会计主管不仅要负责记录和报告会计信息，而且还需要管理整个信息系统。在大型企业里，会计主管们的工作与信息系统密切相关。他们要了解数据库的内容、使用者的信息需求以及内部控制技术。财务人员和管理者都是组织战略计划制订团队的重要成员。由于会计人员理解会计信息系统所生成的会计报表的内容，他们可以把这些晦涩难懂的报告解释给更多的使用者，这使得他们理所当然地成为管理团队中有价值的成员。

3）顾问

经验丰富的会计人员可以在许多领域提供咨询服务，如信息系统、理财计划等。为适应市场需求，会计职业将会随着更复杂的、更加灵活易变的会计系统的开发，提供更多的管理咨询服务。在会计软件系统的购买、设计、安装和修改的咨询过程中，具有信息系统经验会给会计职业带来很大的竞争优势，因为其理解信息系统如何支持商务过程，懂得财务报告的必需要件和内部控制风险。

4）评估人员

会计人员对会计信息系统提供广泛的评估服务。他们可以作为内部审计师、外部审计师和其他鉴证服务的提供者等。

（1）内部审计师。内部审计师对组织内的不同部门或功能作出评价，查验工作是否有效、高效，是否履行了他们的职能。同时内部审计师还帮助企业建立健全内部控制，并确保其得到有效执行。因此，内部审计师必须理解单位内部的商务过程和信息系统，以便在审计时获取数据，并对他们作出评价。

（2）外部审计师。公司聘请注册会计师对其财务报表进行审计以满足合规需要，并增加其财务报表的可信性。在审计财务报表的过程中，审计人员必须对生成这些报表的会计信息系统的可靠性作出评价。他们还会从客户的系统中获取信息以确认公司的业务处理是否遵循了公认会计原则。

5）会计和税务服务的提供者

会计人员可以运用会计软件为客户编制财务报表，用税务软件为客户提供税务服务，这样可以减少客户对计算机和软件的投资。

在会计职业中，用户、管理人员、顾问、评估人员及会计和税务服务的提供者等不同角色由来已久。如前所述，会计信息系统的改善和技术的发展影响了这些角色的本质，会计人员需要随着信息技术的发展，与时俱进，才能更好地扮演他们的角色，增加他们的服务价值。

1.2.3　会计应用软件

前两部分描述了会计信息系统的构成和会计信息的功能，使会计信息系统形象化的另一种方法是考察管理信息的会计应用软件。应用软件是能够达到特定目的的一组计算机程序，像办公用的 Word 和 Excel 就是典型的应用软件。典型的会计应用软件是根据交易循环而创建的系统，如企业获取循环的采购管理系统软件，帮助使用者决定何时购买什么东西、生成采购订单、记录购货发票、应付账款入账、支付货款等。

1）通用会计软件

不同企业业务和会计数据的本质是相近的，抛开企业间的产品差异，不同企业的发票都记载着类似的信息（如日期、客户名称、货物名称、金额等），通用会计软件可以广泛地应用于不同的企业。因此通用会计软件的原理都是相通的，软件的功能和操作也相似。通用会计软件的一个重要优点是能够为客户节省大量的时间和精力。但是，通用会计软件并不是为所有企业量身定做的，并不能满足所有组织的个性化要求。一些供应商通过三方开发的方式来解决这种问题，即二次开发以满足客户的特殊需要。

商品化会计软件的通用程度较高。各行各业会计业务中的许多方法是基本一致的，财政部颁布了《企业财务通则》和《企业会计准则》，统一了大部分企业的账务处理方法和财务报表的格式及内容，为会计软件通用化创造了客观条件。而商品化软件是专门用于销售的，为了争夺市场，就必然要尽量地通用，以满足更多使用者的需求。系统强调通用性必然弱化了针对性，对于个性化需求较强的客户，软件供应商往往通过二次补充开发的方式来解决。

由于商品化会计软件单位成本较低，所以，用户可以用较低的费用建立起会计信息系统。而且，没有软件开发期，购买了软件与硬件，人员经过操作培训后，也不必通过有关部门的评审就可以使用，所以系统实现就比较容易。

通用的会计软件相对于独立开发的软件而言，具有一定的优势：

（1）较大的可选性。为适应不同行业、不同体制的企业的需要，一般软件商除提供通用的标准版本外，还拥有面向不同行业和单位的软件版本，如工业版、商业版、行政事业版、医院版等。一方面企业应根据所在行业的会计制度、自身的规模和业务量大小等方面因素，选择满足自身管理和会计核算要求的商品化会计软件；另一方面软件应该与企业的财务流程相适应。在选用会计软件时，企业应根据现行的财务流程选择相应的会计软件。当企业的财务流程发生变化后，会计软件的处理流程也要相应发生变化。

（2）产品技术的先进性。通用的软件系统有良好的网络体系结构，如其中B/S体系结构是一种可以和Internet/Intranet紧密相连的开放式体系结构，当企业对网络应用进行升级时，这种结构只需更新服务器端的软件而不必更换客户端的软件。

（3）软件系统的安全性。商品化会计软件系统本身设有多种控制措施，如权限设置、复核功能设置、各种校验功能设置等。软件应具有防止非指定人员擅自使用和对指定操作人员实现使用权限控制的功能；对存储在磁性介质或在其他介质上的程序文件和相应的数据文件，软件要有必要的保护措施；提供强制备份、压缩备份以及选择备份功能；在计算机发生故障或由于其他原因引起存储的会计数据破坏的情况下，使用原有数据恢复到最近状态的功能等，这些功能可以有效地保证用户会计数据资料的安全可靠性。

（4）软件系统操作的简便性。通用软件操作具有一般性，软件操作友好主要表现在：界面简明、提示清楚、语言合规、格式规范、资料完整、易学易懂、功能及控制措施实用、自动化程度高等。另外，便于软件维护的辅助功能及服务功能丰富实用，在企业财务工作内容发生变化时，软件能方便地适应这些变化的程度，软件数据接口标准，便于会计软件之间的交流和数据相互转换，便于二次开发。

(5) 较强的售后服务与技术支持。售后服务的内容包括：用户培训、日常维护、系统初始化、二次开发、版本升级等。

2) 开发会计应用软件

计算机应用早期，会计软件大多由用户单位自行开发，最初都由本单位内部（如厂计算机室、计算中心）的计算机专业人员研制，后来随着微机的普及，又出现了由财会人员独立开发或财会人员与计算机人员合作开发的方式。这种方式的优点是软件的针对性强，特别是由财会人员自行开发的软件，由于他们对会计业务精通，也了解用户要求，所以软件无论从功能上还是操作上都比较实用，日常维护也比较方便。但其缺点也是明显的。首先，软件质量不高、通用性差、开发周期较长，需要较长时间的试运行并通过有关部门的评审才能甩账，所以系统实现就比较慢。其次是系统的升级换代不容易。因为会计软件非常复杂，开发工作量很大，升级换代绝非易事。软件一旦投入使用后，只要不出差错，一般就很少再对它们作改动，更谈不上更新换代。因为正在使用，也没有时间、精力和条件去更新换代。但是当系统环境、要求等发生急剧变化，需要作大量改动时，那么软件修改、测试、试运行、转换一大堆工作要在短时间内完成，就会显得十分被动，尤其是原先的主要开发人员已经调离时就更难办。最后，自行开发时往往强调好用和快用，通常来说，系统的安全保密性较差，不利于内部控制和审计的实现，也很难有效地阻止高手对程序和数据的篡改。

3) 会计软件现状

当前企业管理信息化作为国家信息化的重要组成部分，现已进入系统集成并向ERP方向发展的阶段。从我国的会计软件市场整体来看，商品化会计软件是管理软件的重要组成部分。

首先从企业应用出发，大型企业管理上应用的往往是ERP级别的系统，注重企业全面管理和数据共享；而中小企业（尤其是小型企业），其应用往往仅限于财务和进销存两方面，比较适合采用既具有较高性价比，又能满足企业的业务需要的软件产品。这些软件的特点是：

(1) 协作系统。物流循环、资金流循环、信息流循环是现代企业内部的三大循环，是企业进行日常管理的全部。会计软件的发展必然要向这三大循环的协同管理方向拓展。

(2) 互联网下的财务系统。软件系统基于网络技术，能够在Internet/Intranet环境下使用。这样的系统不仅具备传统财务软件的基本功能，而且还能够支持远程业务处理，支持电子商务。因此，基于这样的系统能够对企业主管和财务主管提供的动态会计信息及时作出反应，并管理经营活动和进行财务管理安排。

（3）开放性系统。系统强调与企业管理信息系统的数据交换能力，甚至是跨行业的数据交换与共享。系统通过采用开放式数据接口，便于与其他系统的数据交换。

（4）较高的安全性。会计软件要确保安全性，除了要确保自身应用程序的安全性之外，还要保证其应用平台（网络操作系统）的安全性和系统构架硬件平台的安全性。

1.3　金蝶KIS介绍及实验指导

集成的会计信息系统应该具备会计核算和财务管理的职能。会计核算按业务职能又可分为账务处理、工资核算、固定资产核算、往来业务核算等；财务管理按业务职能又可分为资金管理、成本管理、销售和利润分析与预测等。这些职能有着各自的目标和任务，在会计核算和财务管理中发挥着不同的作用，而且相互之间又存在着密切的联系。如成本核算要用到工资核算、材料核算与固定资产核算的成本费用，对各项核算的综合性数据要进行账务处理记入总账；财务管理更离不开会计核算提供的信息等。正是通过这些联系，使各项职能彼此依赖，共同为达到系统的总目标和完成总任务而服务，从而大大提高了系统的整体效率。本书采用金蝶KIS作为案例软件操作。

1.3.1　系统功能结构

金蝶KIS是在微软Windows操作环境下开发的，遵循微软公司Windows标准操作和界面设计规范，对Windows熟悉的人使用方便。软件系统由若干个子系统（也称为功能模块）组成，每个子系统具有特定的功能，各个子系统之间又存在紧密的数据联系，它们相互作用、相互依存，形成一个整体。

软件的模块化程度高，在一个模块中聚合了多种功能，只需记忆少量功能模块的使用方法就能完成全部工作，而且每个功能模块的操作方法基本相同，只要学会了一个功能，其他的功能就可以融会贯通。

金蝶KIS高度集成了中小企事业单位要使用的账务处理、报表、工资核算、固定资产核算、财务分析、出纳管理、往来管理和购销存管理等功能模块。软件系统根据企业在不同发展阶段的管理需要，分为标准版、业务版、迷你版、行政事业版、小企业专版。

金蝶KIS主要包括财务通信息系统和业务通信息系统两大组成部分。财务通信息系统包含总账管理、出纳管理、财务报表、票据管理、工资管理、固定资产管理和财务分析功能模块；业务通信息系统包含进销存管理（采购管理、销售管理、库存管理）和核算功能模块。金蝶KIS在软件的集成性、会计管理功能、安全性、通用性、操作的方便性、用户界面、与其他常见应用软件的接口等方面均有重大突破。

金蝶KIS企业管理解决方案如图1-1所示。

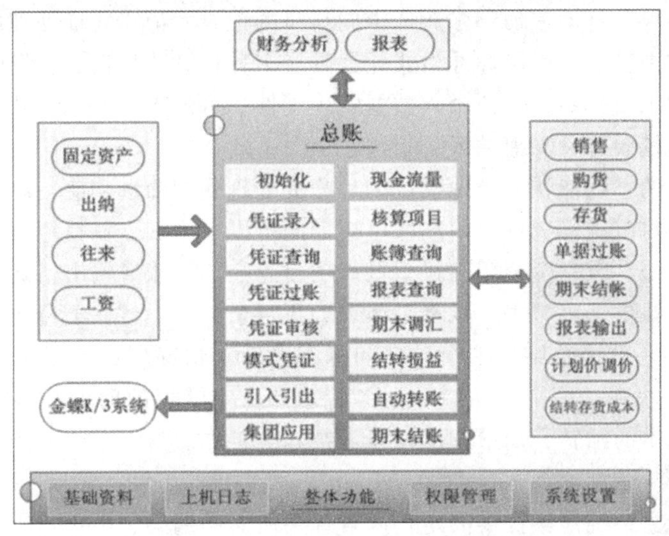

图1-1　金蝶KIS企业管理解决方案

1.3.2　功能模块

1）账务处理

账务处理包括三大块业务：凭证的处理、账簿报表的查询和期末处理。账务处理子系统的业务内容和处理流程如图1-2所示。

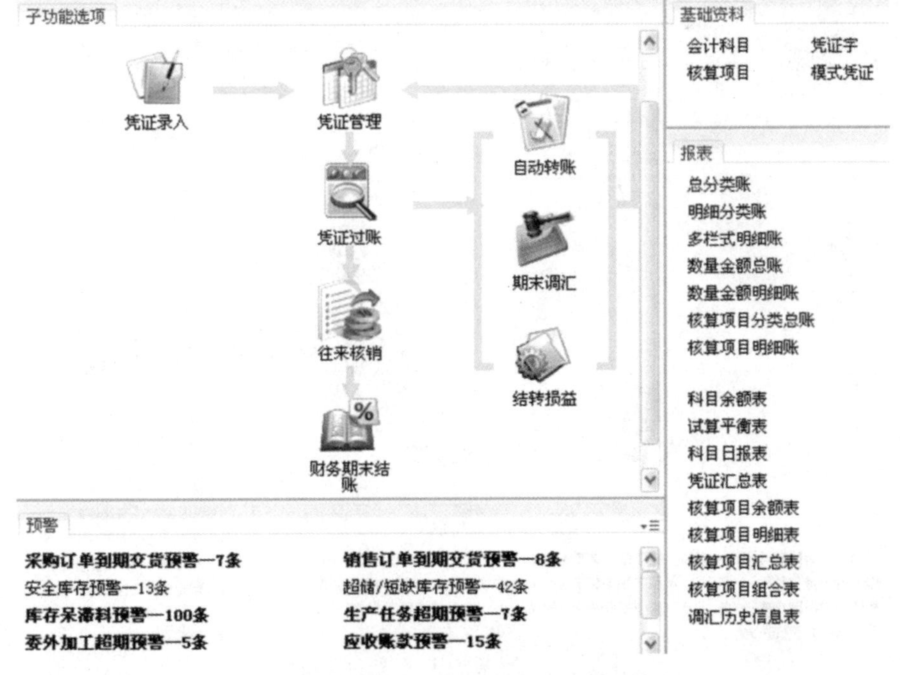

图1-2　账务处理子系统的业务内容和处理流程

凭证的处理中可直接处理外币业务、数量金额核算业务，选择根据分录自动生成收付转通知单，自动累加一张凭证中同科目的记录；记账凭证处理中会计科目可直接从科目表中获取，引出标准格式凭证具有多种核算项目信息，记账凭证处理中自动校验各种平衡关系，保证录入数据的正确性；可录入并产生表外科目凭证，表外科目凭证不校验各种平衡关系。

账簿报表的查询能快而准地提供多种账务处理查询筛选功能，总账可按科目级别、币别、科目范围等查询；明细账可按期间范围、币别、科目范围查询；还提供了多栏式明细账、数量金额明细账、核算项目总账等，账簿输出格式美观。账簿报表的查询中还提供了日报表、试算平衡表、科目余额表、核算项目明细表。

期末处理是系统总结某一会计期间的经营活动情况后，转至下一期的必做事项。同时该模块在结账前，按企业财务管理和成本计算的要求，必须进行制造费用、产成品成本的结转，期末调汇及损益结转等工作。

2）固定资产

固定资产子系统能够提供固定资产管理中所需的编码、类别、折旧方法等各种信息；系统能够自动处理有关固定资产的购入、报废、要素变动业务对应的账务处理；能够自动按照固定资产的使用情况计提折旧；能够提供各种固定资产报表，提供固定资产卡片复制的功能。

固定资产子系统的业务内容和处理流程如图1-3所示。

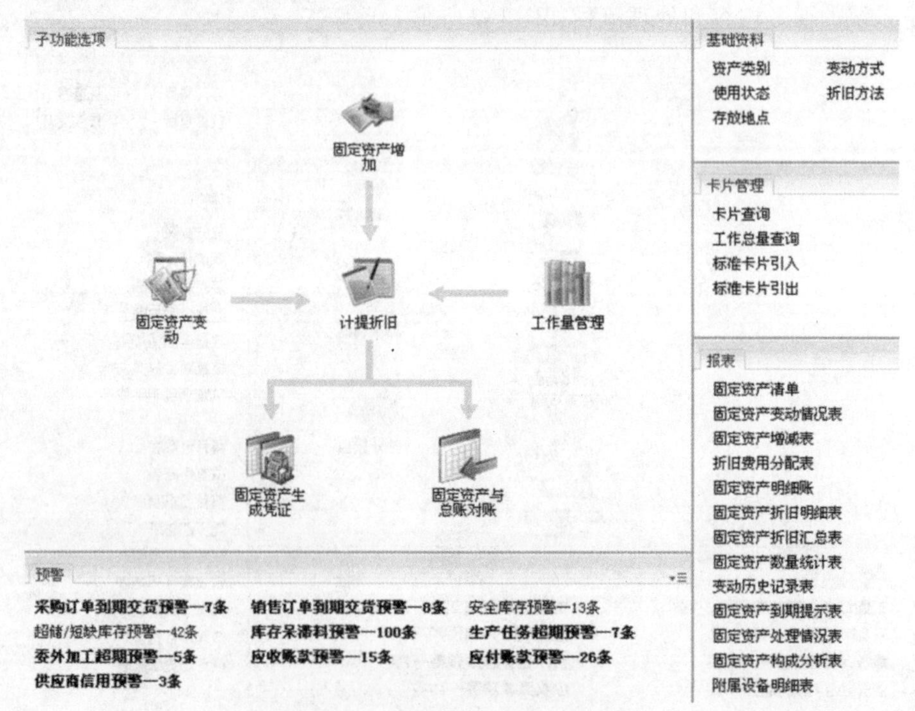

图1-3　固定资产子系统的业务内容和处理流程

3）工资管理

工资管理中提供了简便易行的计算公式、灵活多变的项目设置、高速快捷的数据录入、各式各样的工资报表、准确及时的费用分配，性能稳定，数据安全。

工资管理子系统的业务内容和处理流程如图1-4所示。

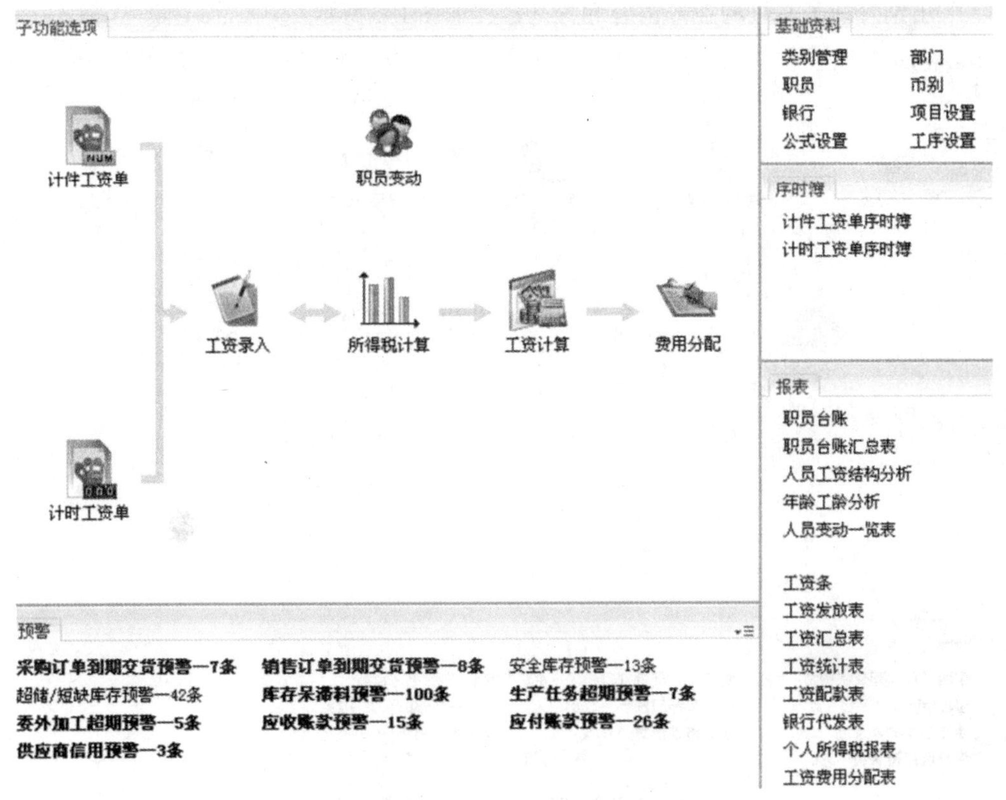

图1-4　工资管理子系统的业务内容和处理流程

4）报表与分析

报表与分析子系统提供了资产负债表和利润表两张固定格式分析报表以及自定义报表。其中，自定义报表中提供了报表转化功能和数十种取数公式，可以从工资管理、固定资产等账务系统取数，可以自行编制满足各种需求的会计及管理报表。

报表分析提供了资产负债分析、利润分析、财务指标分析三张固定格式的分析报表以及自定义分析报表，各分析报表均可采用结构分析、比较分析、趋势分析三种方法进行分析，分析结果既可以以表格的方式输出，也可以以图形的方式输出。

5）出纳管理

出纳管理子系统提供了企业出纳人员所需要的库存现金和银行存款日记账、银行对账、资金日报表，账务系统银行存款日记账与银行对账及支票管理等实用功能。

规范的引入和导出接口、自动对账、一次性可选取消所有已勾对的标志及借助排序器实现一对多功能等可充分提高出纳人员的工作效率。出纳系统与账务系统功能分离但数据可连接共享，合理的数据共享模式可使得会计与出纳人员更能高效地独立工作。

出纳管理子系统的业务内容和处理流程如图1-5所示。

图1-5 出纳管理子系统的业务内容和处理流程

6）采购管理

采购管理子系统是对采购订货、仓库收料、采购退货、购货发票处理、供应商管理、价格及供货信息资料等功能综合运用的管理系统，对采购物流和资金流的全过程进行有效的双向控制和跟踪，实现完善的企业物资供应信息管理。

采购管理子系统的业务内容和处理流程如图1-6所示。

7）销售管理

销售管理子系统是通过销售报价、销售订货、仓库发货、销售退货、销售发票处理、客户管理、销售价格资料、订单管理等功能综合运用，对销售全过程进行有效的控制和跟踪，实现完善的企业销售信息管理。该系统与采购管理系统、仓存管理系统、存货核算管理系统、财务系统等其他系统结合运用，将能提供更完整、更全面的小企业业务流程管理和财务管理信息。

销售管理子系统的业务内容和处理流程如图1-7所示。

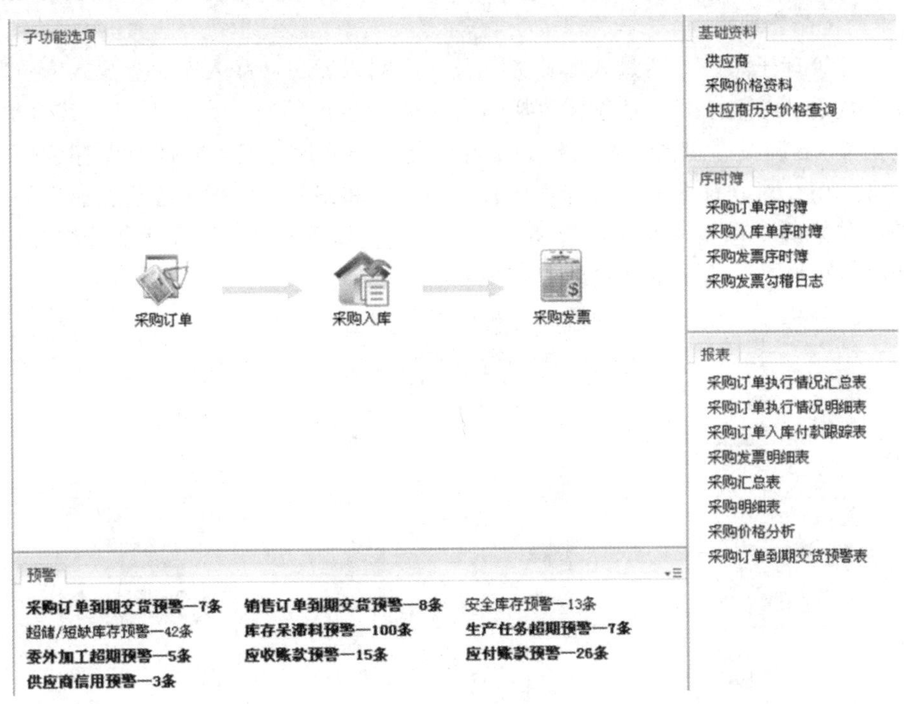

图1-6　采购管理子系统的业务内容和处理流程

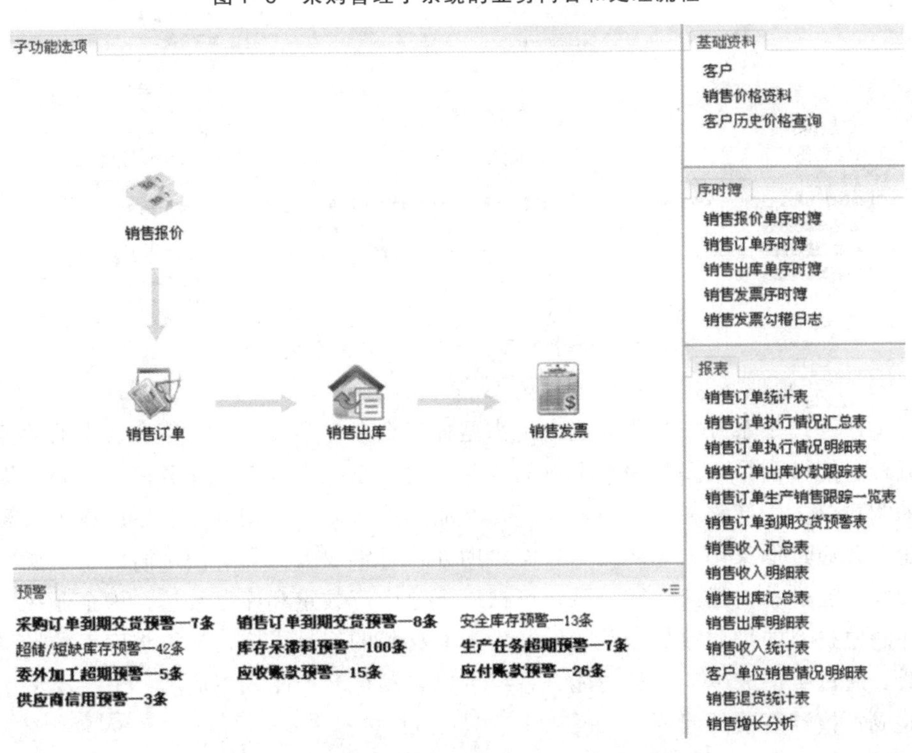

图1-7　销售管理子系统的业务内容和处理流程

8）仓存管理

仓存管理子系统是通过入库业务（包括采购入库、产品入库、盘盈入库、其他入库、虚仓入库）、出库业务（包括销售出库、生产领料、盘亏毁损、其他出库、虚仓出库）、调拨、盘点、组装拆卸单等功能，结合库存盘点、即时库存管理等功能综合运用，对仓存业务全过程进行有效的控制和跟踪，实现完善的企业仓储信息管理。与采购管理系统、销售管理系统、存货核算系统的单据和凭证等结合使用，将能提供更完整、全面的业务流程管理和财务管理信息。

仓存管理子系统的业务内容和处理流程如图1-8所示。

图1-8　仓存管理子系统的业务内容和处理流程

9）生产管理

生产管理子系统完全是为国内中小型加工企业专门设计的，符合通常的业务处理流程，能够满足大多数中小企业的业务需要。系统中以生产任务单为核心，提供了采购建议、生产领料、产品入库、在产品产量录入、费用分摊、生产成本核算等功能，并通过形象化、导航式的界面协助处理日常业务，具有使用简便、功能实用等特性。通过采购建议功能，系统可据以下达生产数量和库存数量，为企业提供各种外购原材料的采购数量，既能保证生产原材料的充足供应，又能将库存数量降到最低。通过生产成本的核算功能，系统可以自动计算产品入库成本，解决小型生产企业成本核算复杂的问题。

生产管理子系统的业务内容和处理流程如图1-9所示。

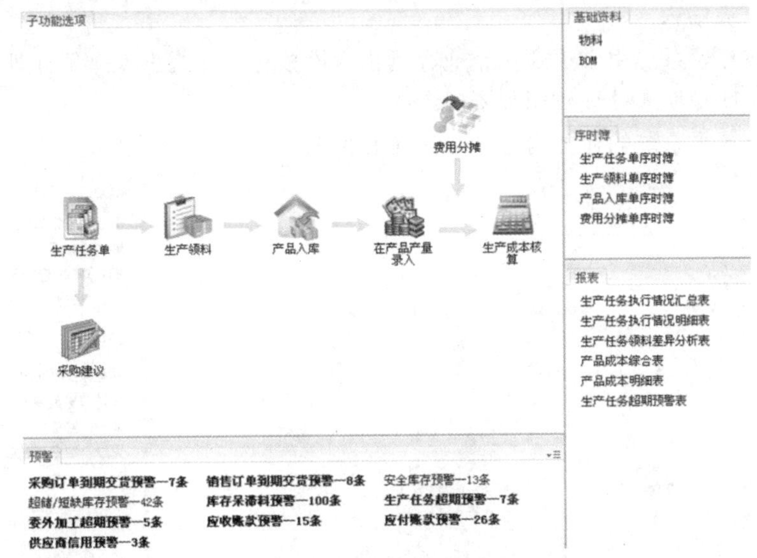

图1-9　生产管理子系统的业务内容和处理流程

10）应收应付

应收应付子系统是业务环节的模块之一，负责业务系统中赊销和赊购发票的后续处理。应收应付模块与整个业务系统绑定使用，原有财务系统应收应付功能继续保留，如果要保证业务系统传递过来的应收应付数据和财务系统一致，则在启用业务系统应收应付功能后，不再继续使用财务系统处理重复业务，否则会存在差额，产生差额的部分没有业务关联。

应收应付子系统的业务内容和处理流程如图1-10所示。

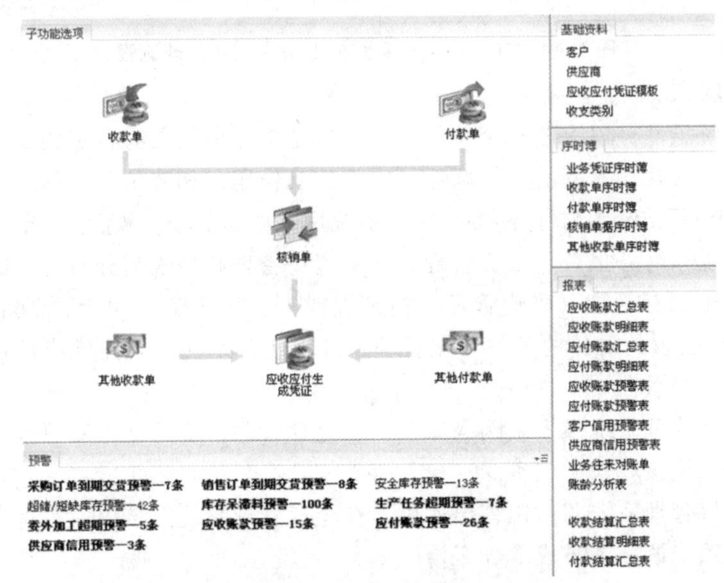

图1-10　应收应付子系统的业务内容和处理流程

11）存货核算

存货核算子系统用于工商业企业存货出入库核算、存货出入库凭证处理、核算报表查询、期初期末处理及相关资料维护。

存货核算子系统的业务内容和处理流程如图1-11所示。

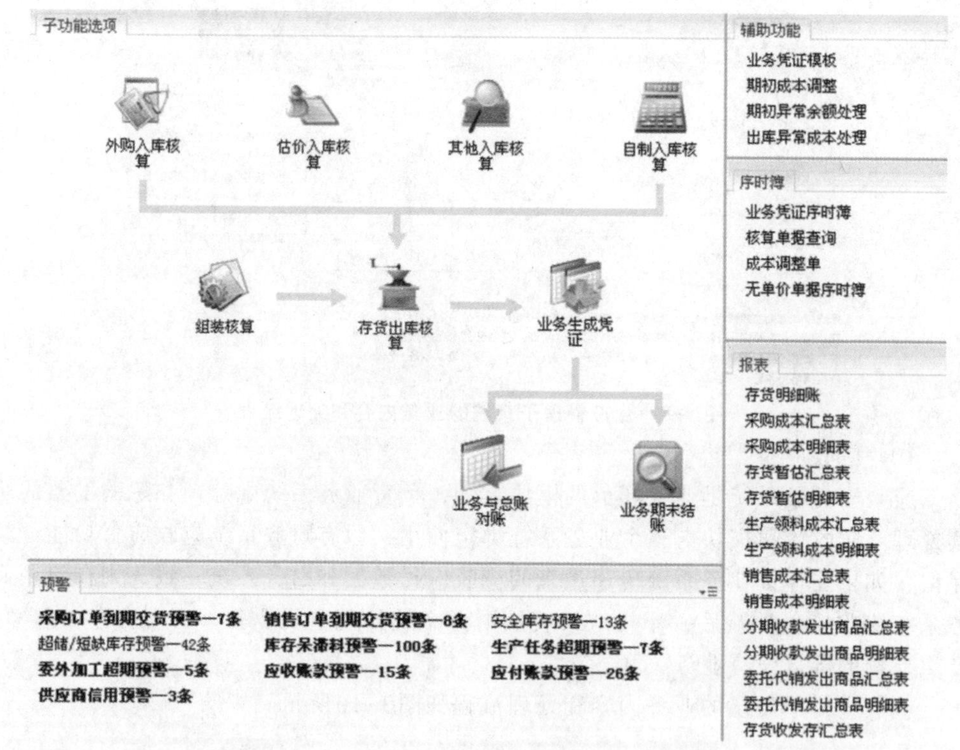

图1-11　存货核算子系统的业务内容和处理流程

1.3.3　模块关系

软件系统虽然分以上若干个功能模块，每个功能模块具有特定的功能，但各个功能模块之间又存在紧密的数据联系，它们相互作用、相互依存，形成一个整体。

金蝶KIS主要包括财务系统和业务系统两大组成部分。财务系统包含账务处理、出纳系统、财务报表、工资管理、固定资产管理和报表与分析等功能模块，业务系统包含进销存管理（采购管理、销售管理、仓存管理）、生产管理和核算功能模块。KIS专业版是财务业务一体化管理系统，包含十几个功能模块，模块之间存在复杂的数据联系：

（1）采购管理系统录入采购入库单，在仓存管理系统对该入库单登记出入库台账，在核算系统核算采购成本。

（2）销售管理系统开出销售出库单，在仓存管理系统对该出库单登记出入库台账，在核算系统核算销售成本。

（3）在仓存管理系统录入各种出入库单，登记出入库台账。

（4）核算系统生成存货成本的凭证传递到总账。

（5）核算系统对采购管理系统的采购发票、付款单、供应商往来转账、销售管理系统的销售发票、收款单、客户往来转账生成凭证。

（6）工资管理系统生成计提工资凭证传递到总账。

（7）固定资产管理系统生成折旧等凭证传递到总账。

（8）仓存管理系统为采购管理、销售管理提供库存数量。

（9）财务分析系统可以制定各项支出费用的预算，在总账系统中进行控制预警。

（10）财务报表和财务分析可以从总账中取数进行分析。

1.3.4　应用流程

企业应用会计信息系统之初，应正确安装软件，并设计基于信息系统的管理解决方案，准备各项基础数据。然后按照系统初始化—日常业务处理—期末处理的流程开始应用之旅。

1）系统初始化

系统初始化是通过选择系统内置参数设置企业的具体核算规则，将通用财务软件转化为专用财务软件，将手工会计业务数据经过设计、规范并输入计算机系统中作为计算机业务处理的起点。

系统初始化一般包括系统参数设置、基础信息录入和输入期初数据。

（1）系统参数设置。一般通用管理软件，需要适用多个行业、多种企业类型，而不同的行业具有不同的行业特点，不同类型的企业也有不同的管理要求。为了体现这些差异，金蝶KIS在各个子系统中预置了一些反映企业会计核算和管理要求的选项，企业需要在系统初始化时根据单位的具体情况作出选择。通过这一环节，把通用的管理软件改造为适合企业特点的专用软件。

（2）基础信息录入。企业核算或汇总分析必需的基础信息，如与业务处理相关的组织机构设置、职员、客户、供应商、固定资产分类、人员类别、存货、仓库、采购及销售类型等，在手工环境下，这些信息分散在各个部门进行管理，大多根本就没有规范的档案。而计算机业务处理是建立在全面规范的基础档案管理之上的，且要求事先设置各种分类、统计口径，才能在业务处理过程中分类归纳相关信息，并在事后提供对应的分析数据。

（3）输入期初数据。很多企业多年来一直采用手工核算方式，采用计算机信息管理后，为了保证手工业务与计算机系统的衔接、继承历史数据、保证业务处理的连续性，要将截至目前的手工核算的余额过录到计算机信息处理系统中作为期初数据，才能保持业务的完整性。

对财务业务一体化管理系统来说，不仅要准备各个账户截至目前的累计发生额和上个期间的期末余额，还要准备各业务环节未完成的初始数据。

2）日常业务处理

企业日常业务涵盖了人、财、物、产、供、销等方方面面，既要反映物料的流动，也要反映资金的流动，以确保财务、业务信息的同步和一致。日常业务处理主要完成原始业务的记录，数据输入、处理和输出等。

3）期末处理

每个会计期末，企业需要完成以下工作：

（1）工资费用分配及相关费用计提；

（2）固定资产折旧处理；

（3）账账核对、账实核对；

（4）各系统结账；

（5）编制报表。

小　结

本章首先介绍了会计信息系统的概念，会计信息系统是专门用于企事业单位收集、存储、传输和加工会计数据，产生会计信息，并向投资人、债权人和政府职能部门提供这些信息的经济信息系统。会计信息系统经历了手工会计信息系统、电算化会计信息系统、ERP会计信息系统三个发展阶段。用于供应链管理的ERP会计信息系统是当前会计信息系统发展的主流，根据会计信息系统的范围，可以看成是提供财务会计信息的管理信息系统的一个子系统，并提供日常业务和会计处理中的其他信息。会计信息子系统和其他子系统有着内在联系，如营销、生产、人力资源子系统之间的重合部分。会计信息系统的作用表现在五个方面：生成会计报表、支持日常业务、决策支持、计划和控制以及内部控制的实施。

从信息技术角度讨论会计信息系统，其实是IT技术在会计业务上的一种应用，因此IT技术的发展对会计信息系统的发展有直接的影响。例如，由于计算机网络的普及，会计信息系统已从单机系统发展成为网络结构。

会计信息系统应该具备会计核算和财务管理职能。会计核算按业务职能分为账务处理、工资核算、固定资产核算、往来业务核算等；财务管理按业务职能又可分为资金管理、成本管理、销售和利润分析与预测等。会计人员相对会计信息系统而言有五种角色：①用户；②管理人员；③顾问；④评估人员；⑤会计和税务服务的提供者。

两种类型的会计应用软件是：①通用会计软件包；②用数据库管理系统软件开发的应用软件。通用会计软件是公开出售的商业软件产品，例如，金蝶KIS属于通用的商品化软件。KIS高度集成了中小企事业单位要使用的账务处理、报表、工资核算、固定资产、财务分析、出纳管理、往来管理和购销存管理等功能模块。

关键术语

管理信息系统（Management Information System，MIS）：是一个由人与计算机等组成的能进行信息的收集、传递、存储、加工、维护和使用的系统。管理信息系统的主要任务是最大限度地利用现代计算机及网络通信技术加强企业信息管理，通过将企业拥有的人、财、物等资源的各种信息资料及时提供给管理人员，使其进行正确的决策，不断提高企业的管理水平和经济效益。

会计信息系统（AIS）：会计信息系统是利用信息技术对会计信息进行采集、存储和处理，完成会计核算任务，并能为会计管理、分析、决策提供辅助信息的系统，是管理信息系统的一个子系统。

云计算：将计算分布在大量的分布式计算机上，而非本地计算机或远程服务器中，企业数据中心的运行将与互联网更相似。其是一种按使用量付费的模式，这种模式提供可用的、便捷的、按需的网络访问，进入可配置的计算资源共享池（资源包括网络、服务器、存储、应用软件、服务）。

云会计信息系统：基于云计算的会计信息系统，即为云会计信息系统，是构建于互联网上，并向企业提供在线会计核算、会计管理和会计决策服务的虚拟会计信息系统。

应用软件：为了特定目的而制作的一组计算机程序。Word、Excel及会计软件等都是应用软件。

通用软件：预制的用于出售给公众的商业软件。

企业资源计划系统（Enterprise Resource Planning，ERP）：是指建立在信息技术基础上，以系统化的管理思想，为企业决策层及员工提供决策运行手段的管理平台。ERP系统集信息技术与先进的管理思想于一身，成为现代企业的运行模式，反映时代对企业合理调配资源，最大化地创造社会财富的要求。

金蝶KIS：是一种通用的会计应用软件，其高度集成了中小企事业单位要使用的账务处理、报表、工资核算、固定资产、财务分析、出纳管理、往来管理和购销存管理等功能。

实验一　系统安装

1.实验要求

1）能够安装金蝶KIS财务软件；

2）能够启动金蝶KIS财务软件；

3）熟练掌握金蝶KIS财务软件的功能；

4）观看金蝶KIS多媒体教学光盘里的内容。

2.实验资料

1）本书所附金蝶KIS标准版财务软件；

2）本书所附原版金蝶KIS多媒体教学光盘一张（由金蝶软件（中国）有限公司提供）。

3.实验指导——本实验采用金蝶KIS13.0专业版

1）安装金蝶KIS

在指定目录下找到KIS的安装文件，如图1-12所示，运行KISSetup.exe，如图1-13所示。

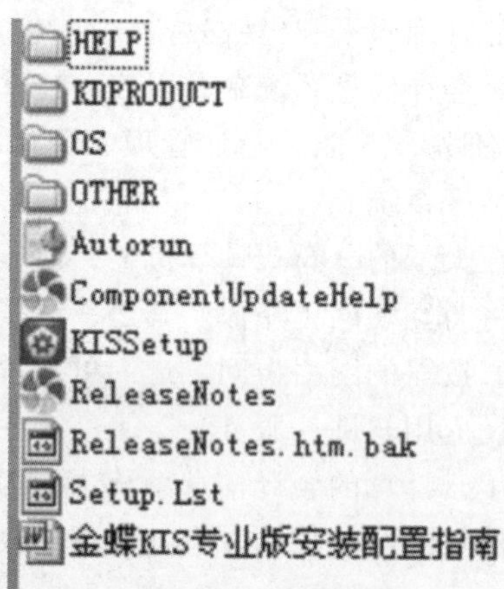

图1-12 安装文件

图1-13 运行安装文件

系统安装首先需要进行环境检测。数据库只需要在服务器上安装，如果在环境检测时没有检查出系统中已经安装SQL，则自动安装MSDE。系统是加密产品，因此需要智能加密卡。但由于我们是教学使用，在试用的账期内完成，因此忽略这些问题。

安装完数据库后，不要改变服务器计算机名称；如果改变名称，请重新进入账套管理器后再使用软件，以便软件更新服务器信息。安装KIS专业版时，安装目录不要使用中文名，否则有可能在操作时提示定义的应用程序错误。

2）启动金蝶KIS

为了维护金蝶KIS的版权，防止非法盗用，金蝶软件采用了加密卡的形式对软件进行了加密（如图1-14所示）。合法用户只有在计算机上安装了加密卡，系统才能正常运行。加密卡分网络版和单机版两种：网络版包括主卡和副卡，一般主卡插在服务器上，而副卡则插在单机上。主卡与副卡的最大区别就在于当所使用的会计期间超过三个期间，这时如果需要再次进行期末结账/年结，只能在插有主卡的服务器上操作；单机版与网络版中的主卡功能基本一致。

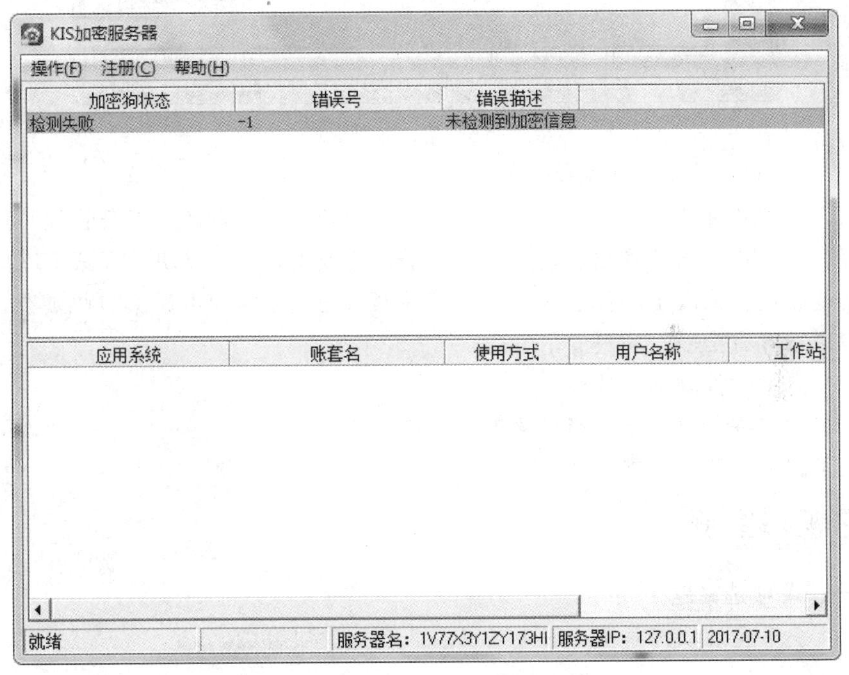

图1-14　KIS加密服务器窗口

加密卡的安装十分简单，只需将主机电源关闭后，把加密卡插到打印口（LPT1:）上即可。加密卡安装完毕之后，不要经常拔插加密卡。尤其在带电状态下拔插加密卡，非常容易导致加密卡损坏。

启动金蝶KIS财务软件，进入演示账套，具体操作步骤如下：

（1）在桌面上双击金蝶KIS专业版图标即可（或在程序中的金蝶KIS下拉菜单中，单击【金蝶KIS专业版】）。

（2）用户登录：进入如图1-15所示的用户登录窗口，账套名称“sample.ais”

（演示账套），第一次使用时用户名系统定为“Manager”（系统管理员），用户密码为空，点击【确定】，即可进入系统的主界面。

图1-15　用户登录窗口

3）熟悉软件的功能和菜单

（1）了解软件的功能导航。系统分为账务处理、固定资产、工资管理、往来管理、报表与分析、出纳管理、系统维护等子系统或主要功能模块。大家可以依次点击各功能模块，依次了解各子系统的业务内容、处理流程和可提供的账簿报表，以便对整个系统有全面、完整的了解。

（2）熟悉软件的菜单选项：

①了解文件菜单、基础资料菜单、工具菜单。

②了解窗口菜单、帮助菜单。

习题与案例

一、单项选择题

（1）一个会计软件系统一般由（　　）功能模块组成。

A.1个　　　　B.2个　　　　C.3个　　　　D.多个

（2）狭义地说，会计信息化是指（　　）。

A.电子计算机技术在会计工作中的应用

B.会计软件的开发

C.会计信息化人才的培训

D.会计信息化制度建设

（3）由专业软件公司研制，公开在市场上销售，能适应不同行业、不同单位会计与管理基本需要的会计软件是（　　）。

A.通用会计软件　　　　B.专用会计软件

C.会计软件　　　　D.专业会计软件

(4)(　　)是会计核算软件的核心模块，该模块以记账凭证为接口与其他功能模块有机地连接在一起，构成完整的会计核算系统。

A.固定资产核算模块　　　　B.工资核算模块

C.账务处理模块　　　　D.人力资源模块

(5)实现会计电算化的捷径是采用(　　)会计软件的方式。

A.商品化通用　　　　B.定点开发

C.通用会计软件与定点开发相结合　　　　D.主管部门推广

(6)金蝶KIS账务处理包括：凭证处理、账簿报表的查询以及(　　)。

A.工资处理　　　　B.期末处理

C.固定资产处理　　　　D.往来处理

(7)常用文件菜单的【引出】功能，可以引出(　　)的数据。

A.报表　　　　B.账簿

C.银行对账单　　　　D.标准格式凭证

(8)金蝶KIS财务系统中业务和业务之间、业务和账务之间数据共享，高度集成，是因为使用了(　　)新技术。

A.超链接　　B.临界链接　　C.有缝链接　　D.无缝链接

(9)金蝶KIS账套备份文件的扩展名为(　　)。

A.AIS　　　　B.AIB

C.DBF　　　　D.DOC

(10)可以查看上机操作日志的操作员是(　　)。

A.系统管理员　　　　B.财务主管

C.出纳员　　　　D.工资核算员

(11)云会计包括会计应用软件、应用服务平台以及具有存储和数据计算能力的基础设施三个层次。下列(　　)不是其优势。

A.低成本　　　　B.灵活和弹性

C.定制软件系统　　　　D.移动、异地办公

二、　多项选择题

(1)商品化会计软件是指销售公司统一设计、开发，并作为软件商品在市场销售的会计软件。商品化会计软件一般具有(　　)等特点。

A.通用性　　　　B.安全性

C.易用性　　　　D.易维护性

(2)关于会计信息系统的叙述正确的是(　　)。

A.会计信息系统是一个组织处理会计业务的系统

B.会计信息系统是一个封闭的系统，不需要与其他系统有联系

C.会计信息系统为企业管理者、投资人、债权人等提供财务信息

D.会计信息系统提供的财务信息为企业的经营活动提供帮助

(3) 商品化会计软件的特点有安全性、可靠性、稳定性以及(　　)。

A.专用性　　B.通用性

C.保密性　　D.软件由厂家维护

(4) 常用菜单中的【引入】功能，可以引入(　　)等数据。

A.凭证　　B.报表

C.摘要　　D.标准格式凭证

E.工资核算方法

(5) 在基础资料菜单中，可以设置(　　)等数据。

A.固定资产变动方式　　B.职员类别

C.凭证号　　D.密码

E.会计科目

(6) 在工具菜单中可以做的工作包括(　　)。

A.用户管理　　B.密码设置

C.科目预警设置　　D.套打设置

E.使用计算器

(7) 在系统登录时，需要输入(　　)信息。

A.企业名称　　B.账套名称

C.用户名称　　D.用户密码

E.行业性质

(8) 在常用文件菜单下，可以做(　　)等工作。

A.新建账套　　B.打开账套

C.更换操作员　　D.关闭账套

E.账套备份

(9) 系统中的窗口菜单可以对当前窗口进行(　　)等操作。

A.层叠　　B.水平平铺

C.垂直平铺　　D.关闭窗口

E.排列图标

(10) 账套数据检查功能，属于系统检查范围的数据有(　　)。

A.会计科目表　　B.核算项目表

C.数量金额表　　D.凭证数据表

E.科目余额表

(11) 下列属于云计算应用服务范畴的有(　　)。

A.数据即服务(DaaS)　　B.平台即服务(PaaS)

C.软件即服务(SaaS)　　D.基础设施即服务(IaaS)

三、简答题

（1）什么是会计信息系统？简述会计信息系统的发展历程。

（2）会计信息系统在企业管理中的作用是什么？简述其技术构成和功能结构。

（3）简述会计人员在会计信息系统中的角色。

（4）简述通用会计软件的优缺点。

（5）简述金蝶KIS财务软件的特点。

（6）简述金蝶KIS财务软件的主要功能。

（7）金蝶KIS财务软件提供了哪几种方式的菜单？每种方式的菜单有哪些功能？

（8）什么是账套？账套在计算机中以什么形式的文件存在？

（9）【账套设置】和【基础资料】菜单是什么关系？

（10）简述引入和导出功能有何具体用途。

（11）简述金蝶KIS财务软件中主要功能模块间的数据联系。

（12）系统初始化一般包括哪些基本步骤？

四、综合题

（1）金蝶KIS财务软件划分了若干功能模块，讨论这样划分的优缺点。如果让你设计会计软件，将如何划分功能模块？

（2）通过对财务软件的学习，你认为目前我国的财务软件有哪些不完善之处？请提出解决方案。

（3）查阅资料，了解云计算和云会计等概念，总结归纳云会计系统的应用层次，讨论每种层次的优势和劣势。

第2章　会计信息系统实施

学习目标

通过本章的学习，你将掌握：

1. 会计信息系统的规划
2. 会计信息系统实施的基础工作
3. 会计信息系统的选型
4. 会计信息系统的实施步骤
5. 金蝶 KIS 的建账

会计信息系统实施是指企业建立或改善会计信息系统的全过程。本章就站在企业的角度针对会计信息系统实施过程中各关键环节的工作内容加以展开，对每个环节应该注意的问题加以阐释，以有效指导企业会计信息系统的实施工作。

企业会计信息系统的实施是企业建立会计信息系统的整个过程，它是一项复杂的系统工程。在整个系统的实施过程中，包括会计信息系统工作的规划、会计信息系统的建立与管理、人员的分工与培训、各种制度的建立与实施等众多内容。它们都必须采用系统工程的方法与原理去组织安排，这样才能使企业会计信息系统实施工作顺利、正确地进行。通过制订规划与工作计划，明确企业会计信息系统的发展方向及远期、中期与近期工作的主要任务和奋斗目标，并在统一规划下分步有序地实施，以避免盲目性，从而扎扎实实地扩大应用范围，最终实现企业与信息系统的总目标。企业在实施会计信息系统时，要遵照《企业内部控制应用指引第 18 号——信息系统》。

2.1　会计信息系统的规划

2.1.1　会计信息系统规划

会计信息系统的总体规划，主要是确定会计信息系统工作在一定时期内所要达到的目标，以及对怎样合理、有效、分阶段地实现这个目标而进行的规划。它是建设会计信息系统成败的关键。为保证建立的总体规划具有客观性、科学性，而且切实可行，制定总体规划时应从全局着手，应该与本身的信息化战略目标结合起来，建立适应现代企业管理要求的信息化系统。

会计信息系统是管理信息系统的一个重要的子系统，其建立和发展必须遵从企业信息化的总体目标。在制定规划时，一定要根据企业的实际情况，明确需要什么样的会计信息系统，以及目前企业能提供什么样的条件；还要将会计信息系统的建立划分为几个阶段，明确每一阶段的具体目标，使会计信息系统的建立和开展能够有序、顺利地进行。会计信息系统总体规划的主要内容有：

1）明确会计信息系统工作的目标

会计信息系统工作的目标一般可以分为两类：一类是近期所要达到的目标，一类是远期所要达到的目标。一般会计信息系统的建立和开展是以功能模块的实现来进行的。例如，有的企业当前只希望建立工资核算模块，有的企业则希望建立财务核算和报表两个模块，有的企业希望将工资核算、固定资产核算、账务核算、报表核算、应收核算、应付核算和进销存核算等模块全部建立起来。在条件允许的情况下，大型企业甚至可以实施ERP系统。随着电子商务和移动互联的发展，规划“互联网+”和移动电子商务是企业信息系统的重要选项。

2）明确会计信息系统建立的途径

建立会计信息系统有许多种途径，其中两种基本的途径是开发和购买商品化会计软件。开发一般分为自行开发、联合开发和委托开发等形式。每种方式各有自己的优缺点。具体采用何种途径主要是根据单位管理的需要和经济、技术、组织上的可行性来进行选择的。

3）明确会计信息系统的总体结构

总体结构与总体目标相对应。企业必须按照长远规划进行总体结构设计。总体结构指的是系统的总体规模、业务核算的范围、系统由哪些子系统构成，以及这些子系统间的联系和系统间的界面划分。系统结构应从分析现有手工会计的实际情况入手，通过了解会计信息系统的任务、业务处理的内容和范围，结合会计信息系统的目标来确定。

4）明确会计信息系统建设工作的管理体制和组织机构

一方面，单位会计信息系统工作的开展需要涉及人、财、物多个方面以及供、产、销多个环节，所以需要明确管理体制，统一协调。因此，应在规划中明确规定建设过程中的管理体制和组织机构，以利于统一领导、专人负责，从而高效率地完成系统的建设工作。另一方面，会计信息系统的建立不仅改变了会计工作的操作方式，还引发了会计业务工作流程、人员的组织方式等多方面的一系列变革。因此，在建立会计信息系统管理体制和组织机构时，还应组织专门人员根据本单位的实际情况制定一套新的工作流程、工作管理制度和组织形式以及各类人员的上岗标准等，以便使系统投入使用后能够平稳、安全而有序地运行。

此外，还要明确工作步骤、明确会计信息系统的硬件体系结构和资源配置、制订专业人员的培训与分工计划、明确资金的来源及预算。只有这样才能做好会计信息系统的规划分工。

2.1.2　制定总体规划的原则

会计信息系统总体规划要服从于企业整体战略规划的要求，在制定规划时要注意：

1）整体性原则

第一，会计信息系统不是一个独立的系统，是企业管理信息系统的一个重要子系统，因此在制定会计信息系统总体规划时，必须与企业发展的总目标和企业整体信息化建设的目标相一致，按照系统论的观点，综合考虑，统筹安排。由于会计信息系统又是整个企业管理系统中的一个子系统，因此还要考虑它同其他子系统之间的联系，设计统一的数据编码，并做好接口设计，为建立全方位的管理信息系统做好基础工作，避免信息孤岛的出现。

第二，整体性原则的另一个方面在于，会计信息系统本身也包含多个子系统。会计信息系统由若干个相互关联的子系统构成。在实施过程中，应保证各子系统之间协调一致，要有统一的规范，包括规范数据、规范编码、规范程序设计、规范文档等，充分实现信息的传递和资源的共享，保证各子系统之间有机地衔接。整体性原则是解决会计信息建设中各个子系统间关系的基本原则。

2）分步实施原则

信息化建设不能一蹴而就，尤其是企业的管理和文化等内容。会计信息系统是一个规模庞大、结构复杂的有机整体，它由若干个相互关联的子系统构成。企业应根据自身的具体情况，按照循序渐进、逐步提高的原则分阶段组织实施，对每一个阶段的任务、目标都要作出规定，以指导和协调各阶段的工作，分步达到信息化的总体目标。

3）实用性原则

需求是企业信息化的动力。会计信息系统建设的目标要符合企业的客观需要。由于每个企业具有不同的特点，对会计信息系统的要求也不会相同。另外，企业实施会计信息系统的目的也各有不同。一些企业是为了提高数据处理效率，以获得及时和准确的会计信息；而有些企业则认为会计信息系统能为企业管理的预测和决策活动服务，重点放在对数据的深加工上。因此，会计信息系统的规划应从实际出发，进行认真的调查分析，找出企业需求的关键，建设适合本单位的会计信息系统。这样，会计信息系统的实施解决了企业实际需求的问题，产生了直接的效益，就是成功的实施。

2.2 会计信息系统实施的基础工作

2.2.1 会计信息系统的基础规范

会计在经济管理过程中的重要地位，始终存在着规范化的要求——制定统一的规则和严格遵守规则。

由于企业管理水平的差异、人员素质的高低以及各企业的基础工作的规范程度难免有所不同。这些不规范可能与会计信息系统的实施成败相关。电子化引入会计工作，改变了原有的数据处理方法和处理流程，需要建立与之相适应的规范。

1）会计基础工作规范化要合规

《中华人民共和国会计法》（以下简称《会计法》）是所有企业必须严格遵守的会计规范。《会计法》科学地概括了会计工作的职能和基本任务，要求一切发生会计事务的企业都必须依法进行会计核算、会计监督。这有利于保证各企业的会计工作在统一的法律规范下进行，加强会计基础工作，建立健全企业内部的管理制度，解决当前会计工作中普遍存在的会计监督乏力、会计信息失真等问题。

比《会计法》低一个层次的规范是《企业会计准则》和据此制定的行业制度。会计信息系统客观上要求必须为多层次的信息使用者服务，包括国家及政府各部门、企业所有者和债权人、企业的经营管理者和与企业有经济往来的其他部门。企业的会计核算方法和财务信息牵扯与企业有关的各相关方的经济利益。为了使社会各有关利益者能够取得其决策所需要的会计信息，必须对企业的会计工作进行约束，以便保证企业提供的会计信息符合社会的标准。《企业会计准则》和行业制度对会计核算的一般原则和会计基本业务及特殊行业的会计核算作出了具体规定，因此是指导我国会计工作的规范。由于经济活动的复杂性，存在着大量的不确定因素和主观任意因素，使得企业提供的会计信息的真实性和精确性受到了限制，因此需要制定这些规范指导会计工作，使这种真实性和精确性尽量得到保证。

2）符合企业信息系统整体的需要

会计工作不仅要完成基本的核算工作，而且要为加强经济管理、提高经济效益服务。现代企业管理需要一个信息面广、真实准确、敏锐迅捷的信息系统。会计信息系统在管理信息系统之中处于核心地位，其建设为实现这一职能创造了良好的条件。为了满足管理的需要，在规范会计的基础工作时，不能仅仅是把原有的业务转移在新的、先进的平台上，而应在准则和制度规定的各种核算方法中，选择最科学、最准确、最能为管理服务的核算方法。例如，通过优化核算方法，提高核算的精度、深度和广度，从而提供高质量的会计信息。

3）电算化的会计基础工作规范化

在操作规范、业务规范层面，电算化的会计信息系统与手工系统不同，新系统与旧系统也不同。计算机数据处理有其自身的特点，这些特点对会计的基础工作提出了一定的规范化要求：

（1）根据电算化会计信息系统的特点，建立规范化的数据处理流程和相关的核算方法，以便使企业管理真正得以改善。

（2）软件系统在运行之初是“空”的，有初始设置要求。通过系统初始化，可以使软件适合本企业的特点。因此，必须根据软件的要求对会计基础工作，包括科目体系、凭证类别、各种核算方法等一系列内容进行规范。

（3）规范电算化系统的输入、处理和输出的要求。输入环节中需要人工进行大量的数据录入。为了保证录入正确，允许用户存储大量的数据词典，例如标准摘要、常用凭证等，以提高录入速度。实施会计信息系统之后，必须严格按照规定的方式、方法进行输入、处理和输出。

会计基础工作规范化的内容包括会计数据的规范化、会计工作程序的规范化、会计输出信息的规范化和企业内部规章制度的规范化。

2.2.2 会计信息系统的基础工作

企业建设会计信息系统需要具备一些基本条件，概括起来主要表现为以下几个方面：

1）客观需要

在激烈竞争环境中的现代企业，不仅需要处理的会计数据剧增，而且因会计自身的发展变化与职能的转变，业务处理的复杂程度也在增加。这种环境给会计系统提出了更高的要求。许多企业迫切需要建立电算化会计信息系统，这已经是一种客观需要。

2）企业管理层的重视与支持

企业信息化建设是一种战略选择。企业建立会计信息系统工作也不仅仅是财会部门的事情，它涉及企业的方方面面。会计信息系统的层次越高，应用越深入，则外界的制约因素就越多。因此，建立会计信息系统应该得到企业主要领导的重视和支持，由企业领导层直接组织系统实施。这样，在人员配置、培训、资金筹集、设备更新、组织机构变更以及与其他部门的协调等方面，就增加了会计信息系统实施顺利达到预期的可能性。

3）内部协调

企业实施会计信息系统，几乎涉及企业的所有部门和人员，甚至管理机构及管理体制的改组。这些都需要企业进行全面的组织和协调，如人员配置、资金问题、部门间的合作与协调、流程改革等。

4）数据基础

会计基础工作主要指会计制度是否健全，核算规程是否规范，基础数据是否准确、完整等。这是搞好电算化工作的重要保证。会计信息系统要求企业有一套比较全面、规范的管理制度和方法，以及较完整的规范化的数据。会计数据输入、业务处理及有关制度都必须规范化、标准化，才能使电算化会计信息系统顺利进行。否则，没有很好的基础工作，电算化会计信息系统无法处理无规律、不规范的会计数据，会计信息系统实施必然失败。

5）人员准备

会计信息系统的开发、运行与维护需要大量不同层次、不同知识结构的专业人才。实施会计信息系统将改变原手工会计信息系统的岗位分工与职能，必须另外配置与电算化工作有关的专业人员，以负责会计信息系统工作的管理以及项目开发和系统运行、维护等。会计信息系统人员分为三类：①开发人员，负责完成会计软件的开发工作；②应用人员，主要参与信息系统的使用和日常维护；③管理人员，负责单位会计信息系统工作的组织、协调和管理，使其能健康地发展。

2.3　会计信息系统的选型

会计软件系统是会计信息系统的核心。它既要符合国家统一会计制度的规定，又要充分考虑使用者的需求。因此，在众多软件系统中选择满足自身需求的，是保证会计核算质量和会计工作正常进行的重要前提。

2.3.1　商品化会计软件的选择

购买商品化会计软件是会计信息系统的发展趋势之一。一般来说，不仅会计业务较少、处理简单的单位使用商品化软件，会计业务处理较复杂的大中型企业也可以购买商品化软件，而对于特殊的需求企业可以进行二次开发，丰富商品化软件的功能。这样既省时又省费用，是企业构建会计信息系统的有效途径。

1）会计信息系统商品软件的特点

商品化会计软件是指销售公司统一设计、开发，并作为软件商品在市场销售的会计软件。商品化会计软件一般具有以下特点：

（1）通用性。

软件的通用性有两方面含义：一是纵向的通用，即软件能适应一个单位不同时期的会计工作变化的需要；二是横向的通用，即满足不同单位会计业务的不同需要。

（2）保密性。

这里所说的保密性是指销售厂家的商品化会计软件对用户的保密性。商品化软件不给用户提供源程序代码，只提供经过加密的软件。这是因为，开发会计软件的厂家在开发过程中投入了大量的人力、物力、财力，因此开发出来的商品化会计软件是商品化会计软件厂家的成果。他们要采取许多加密措施，以防止他人模仿、拷贝。因而，他们一般不会提供给用户可读的源程序代码，而是向用户提供已经编译过的而且已加密的会计软件。

（3）可维护性。

对于一般的会计软件，如果不是开发人员，其他人员要对其进行维护是很费力的，而对于商品化的会计软件，由于厂家对其进行了加密，就使用户维护会计软件几乎成为不可能的事情。因此，会计软件的维护与版本更新一般由会计软件的生产厂家或其指定的维护单位负责。目前，我国商品化会计软件的生产厂家一般都实行终身维护，也有极少数厂家提供给用户源程序代码而不负责维护。

（4）友好性。

商品化会计软件与专用软件相比难于学会使用，主要的原因是专用软件是按使用单位会计人员的用户需求专门设计的，因此符合用户的日常习惯，用户用起来方便，有一种亲切感，而商品化会计软件是针对不同单位不同会计人员的共同需求设计的。因此，要想让商品化软件满足不同单位不同会计人员的个性化需求就很困难，而要完全满足其需求则更不可能。这就需要购买会计软件的会计人员改变自己的习惯，去适应商品化软件的要求，这样学起来就比较难。

为了实现通用性，商品化软件中一般都设有初始化设置和自定义功能。用户要学会使用这些自定义功能较困难。需强调指出的是：第一，易学性较弱是与开发效果较好的专用软件相比而言的，是相对的，而不是绝对的；第二，学会较难，并不说明软件易使用性差，相反，使用者一旦学会使用，操作起来一般都比专用软件灵活、方便。

（5）初始化工作量大。

由于商品化会计软件要满足不同单位的不同要求。因此，在通用化的商品会计软件中一般都安排一个初始设置模块。在此模块中，有大量的初始化工作要做，例如定义科目、定义科目级别、定义账簿类别、定义金额的结算级别、定义记账凭证类型（有些单位将记账凭证分为收款凭证、付款凭证和转账凭证，也有的单位将记账凭证分为“现收”、“现付”、“银收”、“银付”和“转账”等5种凭证，还有的单位不分类型）。初始化工作中还应定义运算公式、传输方式、打印输出的账表格式、定义操作人员的岗位分工情况（包括姓名、操作权限、操作密码等）。

2）会计信息系统商品软件的选择

商品化会计软件的版本众多，各具特点。在选择软件时，应从以下几方面进行考虑：

（1）软件的特点。

①软件的合法性。

合法性是指软件应符合现行管理所需的财会信息。一方面，要求核算工作中体现现行会计制度及其他财经法规的要求；另一方面，要求核算软件能够提供准确可靠的会计信息，满足管理的要求。《企业会计信息化工作规范》（财会〔2013〕20号）的有关要求如下：

A.会计软件应当保障企业按照国家统一会计准则制度开展会计核算，不得有违背国家统一会计准则制度的功能设计。

B.会计软件的界面应当使用中文并且提供对中文处理的支持，可以同时提供外国或者少数民族文字界面对照和处理支持。

C.会计软件应当提供符合国家统一会计准则制度的会计科目分类和编码功能。

D.会计软件应当提供符合国家统一会计准则制度的会计凭证、账簿和报表的显示和打印功能。

E.会计软件应当提供不可逆的记账功能，确保对同类已记账凭证的连续编号，不得提供对已记账凭证的删除和插入功能，不得提供对已记账凭证日期、金额、科目和操作人的修改功能。

F.鼓励软件供应商在会计软件中集成可扩展商业报告语言（XBRL）功能，便于企业生成符合国家统一标准的XBRL财务报告。

G.会计软件应当具有符合国家统一标准的数据接口，满足外部会计监督需要。

H.会计软件应当具有会计资料归档功能，提供导出会计档案的接口，在会计档案存储格式、元数据采集、真实性与完整性保障方面，符合国家有关电子文件归档与电子档案管理的要求。

I.会计软件应当记录生成用户操作日志，确保日志的安全、完整，提供按操作人员、操作时间和操作内容查询日志的功能，并能以简单易懂的形式输出。

J.以远程访问、云计算等方式提供会计软件的供应商，应当在技术上保证客户会计资料的安全、完整。对于因供应商原因造成客户会计资料泄露、毁损的，客户可以要求供应商承担赔偿责任。

K.客户以远程访问、云计算等方式使用会计软件生成的电子会计资料归客户所有。

此外，商品化会计软件还应满足《企业会计信息化工作规范》中的其他有关规定，比如软件供应商应当就如何通过会计软件开展会计监督工作提供专门教程和相关资料。

②软件的安全可靠性。

安全性是指软件防止会计信息被泄漏和破坏的能力。可靠性是指商品化软件防错、查错、纠错的能力和防止产生不正确的会计信息的能力。评价商品化会计软件的安全可靠性，主要是考察把软件提供的各种可靠性保证措施结合起来，是否能有效地防止差错的发生，在发生时能否及时查出并进行修改；安全性保证措施是否能有效地防止会计信息的泄漏和破坏。为了达到安全可靠性指标，系统本身都设有多种控制措施，如权限设置、复核功能设置、各种校验功能设置、处理顺序控制、采用信息加密技术和存取控制技术、设立备份和恢复功能等，可以有效地保证软件的安全可靠性，但由于购买软件时，不可能得到详细的源程序代码等技术文档，对安全可靠性的审查主要通过测试软件来进行。

③软件的易使用性。

易使用性主要指软件系统易学、易用、易懂的性能。可以考察以下几方面：

A.界面的友好性。会计软件的界面是否简洁明了，提示是否清楚丰富，所用语言是否符合财会人员的习惯，输入、输出的格式是否规范，这些构成了界面友好性的主要内容。

B.厂家提供资料的质量如何，特别是培训资料的内容是否完整，内容是否易学易懂，各种叙述是否清楚明了，手册中的范例是否恰当实用。

C.软件是否便于操作，包括以下几个方面：操作是否简单，各种自定义功能及控制措施的使用是否简洁实用，自动化程度是否很高，辅助功能及服务功能是否丰富实用等。

④软件的易适应性。

易适应性是指软件能很好地适应企业财务处理的具体情况，并在企业财务工作内容发生变化时，软件也能方便地适应这些变化，比如科目的变化、报表格式及内容的变化、各种比率的变化以及核算内容的变化等。另外，像可维护性、可审计性、可移植性等亦需加以考虑，在此不再详述。

⑤软件运行平台。

当前由于大型、集成性的需要，软件的运行环境，如网络环境、数据库环境，也成为选择商品化软件的重要因素。

（2）软件的功能。

①主要功能。

主要功能是完成会计业务的一般工作，如正确处理会计业务流程、填制会计凭证、登记会计账簿、输出财会信息等工作。一般商品化软件的主处理功能都比较齐全。不管是账务子系统还是其他子系统，都不可或缺地拥有输入功能、处理功能和输出功能，但格式和处理方法各有不同。

②辅助功能。

辅助功能是为主处理功能服务的，提供各种功能，以方便主处理功能的完美发挥。没有这些辅助功能，主处理功能也照样能发挥作用，但有了这些辅助功能，就会使系统使用起来更加方便。辅助功能包括提示功能、帮助功能、引导操作功能、全屏编辑功能、辅助计算器等一切有利于用户使用软件系统的功能。

③服务功能。

这是会计信息系统有别于其他系统的特殊功能之一。它担负着会计信息系统的后勤保障任务，从而保证了会计信息系统的正常运行。它包括：重建索引文件，以恢复被破坏的数据秩序；复制会计数据档案，以防其丢失；恢复会计信息系统以及其已丢失或已被破坏的数据；清理存储空间等功能。

④控制功能。

控制功能完成内部控制在会计信息系统中的任务，制约会计信息系统按规范、正确的会计工作流程进行处理，并防止非法和错误的输入、输出以及操作处理。它包括输入数据的正确性控制（包括性质、长度、范围等）、输出内容使用的控制、正确处理顺序和方式的控制、使用权限的控制等系统控制功能。虽然控制功能不像其他功能那样可以直接从界面上看出来，但它们确实存在于整个系统中，而且是必不可少的。控制功能越丰富，系统的安全性就越高，系统正常运行也就越有保证。

（3）软件供应商。

购买商品化会计软件，售后服务至关重要。一般厂家都为用户提供售后服务，然而各厂家提供售后服务的方式和内容都不尽相同，因此在考察厂家的售后服务时，应注意以下几个方面：

①售后服务的内容。

售后服务一般应包括用户培训、日常维护、系统初始化、二次开发、版本升级等。

②厂家维护能力。

厂家维护能力取决于维护人员的数量和质量，以及软件厂家商品化软件的销售量。

③维护费用。

维护费用的交纳方式及数量也是重点需要考虑的内容之一。

④维护方式。

维护方式即售后服务的具体办法，包括是否终身维护、是否上门维护、是由总公司维护还是由本地维护点维护以及维护是否及时等。

（4）企业自身业务的特点。

首先是企业的行业特点。每个行业的会计工作都有其特殊性，从而决定了各单位购买财会软件时，必须考虑各行业的特点。比如，工业企业与商品流通企业的会计工作在具体核算上，其内容和标准也不尽相同。其他各行业也是如此。当然，通用商品化软件的某些功能是可以在某几个行业甚至各行业中通用的，但所购买的软件在满足财会工作的共性的同时，更要满足其特殊性，只有这样才能真正发挥其作用。

其次是本单位会计核算的特点。企业规模的大小、会计业务需要处理的数据量的多少、会计核算精确度的高低以及是否属于分级核算，都将决定购买软件的性质和功能。具体需要考虑如下内容：

①企业日（或月）处理凭证的总数。

②企业会计科目的分级与长度。

③会计数据的最大值与最小值。

④每月所要保存的会计数据量。

⑤企业的规模及会计工作的分工。

另外，还需考虑本企业的发展速度对上述各项的影响以及企业的资金效益等情况。

（5）费用。

一般来说，商品化会计软件的购置费用包括以下几项：

①软件费用。

②资料费用及培训费用。

③安装费。

④售后服务费用。

⑤其他配套费用（如专为商品化会计软件配置的系统软件及防病毒软件的购置费用）。

⑥网络软件、增加工作站的费用。

考虑费用问题时，不能仅以总费用的高低来进行选择，应与软件的质量和满足需要的程度结合起来综合考虑，以求选择既能满足会计处理的要求又具有较优性能价格比的软件。

2.3.2 硬件平台与软件平台的选择

硬件平台的选择是指计算机、打印机、不间断电源（UPS）、路由器（交换机）等的配置及其工作方式的选择。软件平台的选择主要是指操作系统等系统软件的选择。

1）硬件平台的选择

电子计算机分为大型机、中型机、小型机和微型机。它们的数据存储量、运算速度、存取精度指标均不相同。从会计信息系统的要求来看，大型企业的会计数据量大，并且要集中管理，所以宜采用中小型机作为主机，而各个核算岗位在终端处理。企业可以根据自己的实际情况进行选择。

硬件选择中的关键是计算机、打印机及不间断电源的选择。会计业务处理的主要特点是处理业务量大，准确性、可靠性、连续性和安全性要求高。

2）软件平台的选择

软件平台的选择是指系统软件，主要是操作系统的选择。目前流行的操作系统主要有Unix、Windows等。其中，Windows是目前最广泛采用的微机操作系统。市场上大部分会计软件都是基于Windows环境开发的。Unix大多用于中小型机，在国内电算化领域主要用于银行系统。Windows操作系统凭借其良好的用户界面和对外设的广泛支持已经吸引了越来越多的用户，如用于网络的WindowsNT、Windows2000Server、WindowsServer2003等，以及用于工作站的Windows7、8和WindowsXP等。其强大而方便的磁盘文件管理技术、丰富多彩的软硬件环境的设置能力以及多道程序同时运行的能力等，已成为操作系统中的首选软件。

2.4 会计信息系统的实施

2.4.1 会计信息系统的实施原则

企业实施会计信息系统不是随心所欲的，必须考虑会计工作的特点、企业的现状和有关法律制度，并遵循一定的原则，才能使企业实施会计信息系统达到其最终目标。一般来说，应考虑以下几项基本原则：

1）合法性原则

企业实施会计信息系统的各项工作，都必须以有关法律制度为原则。

第一，实施会计信息系统，必须遵循我国的会计制度、财务制度及有关法律。

第二，实施会计信息系统，必须遵循财政、财务部门会计信息系统的管理制度。

第三，实施会计信息系统，还要遵循本企业的财务制度，以保证机构设置的合法性，岗位分工和人员职责的合法性，操作使用的合法性，输入、输出及内部处理的合法性，输入数据的合法性，以及输出信息及格式的合法性。

2）效益性原则

提高经济效益，是会计信息系统的最终目的。提高经济效益要从两方面考虑：一是直接经济效益，即直接投入、直接产出的效益；二是间接经济效益，即由于会计信息系统而引起企业的现代化，从而产生的非直接经济效益。间接经济效益不能从表面上看到，是由于企业实施了电算化。

以下几个方面值得特别注意：

第一，在系统实施前，应从经济效益、技术力量、管理水平、各种约束条件等方面进行全面分析，先进行整个系统的可行性分析，以确定是否具备进行会计信息系统工作的条件。

第二，可行性研究要围绕企业的最终经济效益来开展。一般来说，评价电算化系统的经济效益要从会计信息系统能否节约企业的流动资金占用量，能否准确、及时、全面地提供必需的信息，能否提高企业管理工作的效率和质量以及决策水平等方面着眼。也就是说，要从计算机是现代化管理的辅助工具这个角度来评估它的效益。

第三，在系统设计过程中，也应坚持效益性原则，力求降低设计开发成本，提高会计信息系统的质量。

3）系统性原则

系统性原则也就是以包括整体观点、关联观点、发展观点、最优观点在内的系统观点来进行会计信息系统实施工作。要注意以下两点：

第一，内部与外部相联系。会计部门作为企业管理中的一个重要部门，与其他职能部门是密切联系的。因此，在实施会计信息系统时，应考虑包括各职能部门在内的企业整个管理工作的电算化，把会计信息系统作为企业管理信息系统中的一个子系统。既要分清各子系统的界面，又要留好各子系统之间的接口，并在数据结构设计上做到信息共享，减少数据冗余。

第二，局部目标与整体目标相结合。电算化会计信息系统仍可分为许多子系统。实施会计信息系统，不可能一次全部完成各子系统，必须分阶段进行。这样，在进行部分子系统设计实施时，必须有全局观，考虑到与其他子系统的连接性，使逐个实施的子系统全部完工后能组成高质量的整个会计信息系统，而不能只考虑局部的优化，以至于影响整体系统的完美组合和高质量性。

4）规范性原则

规范性原则包括系统设计的规范性、管理制度的规范性、数据信息的规范性等。这些规范性的要求可以使系统实施避免二义性，避免由于人的主观因素影响而造成的系统实施的偏差，从而避免会计信息系统工作失败。

5）可靠性原则

可靠性是会计信息系统能否实际使用的前提。影响系统可靠性的因素有很多，主要考虑以下三个方面：

第一，准确性，即输入数据及操作的准确性——在易出现错误和失误的地方，建立尽可能完善的检错和纠错系统，进行重点防护，以保证输入数据及操作的准确性。

第二，安全性，要求有一套完善的管理制度和技术方法，防止系统被非法使用，如数据丢失及非法改动。此外，还应有系统破坏后的恢复功能等。

第三，易扩充性，即整个系统在运行周期内，由于环境条件的变化，从而要求系统随之进行改变的难易程度。易扩充性要求对系统的修改和扩充能够非常容易地进行。

6）易用性原则

易用性也就是易操作性。会计信息系统的使用者是会计人员，因此系统必须尽可能地方便用户，要具有友好的界面、准确简明的操作提示、简单方便的操作过程，并要求尽可能地使用会计术语，使会计人员一学即会。

2.4.2 会计信息系统的实施工作

1）会计业务流程与功能调整

在企业的生产经营活动中，各项高新技术的应用，诸如电子签约、电子交割、电子结算、电子报关、网上采购等现代电子商务技术的应用，都必须要求有一个能够与之相匹配的电算化会计信息系统作为基础。在组织实施会计信息系统的过程中，必须对传统的会计业务流程及其相关功能进行必要的调整。

（1）会计业务流程的调整。

在一般的会计软件中，会计业务流程起始于原始凭证以及依此编制的记账凭证，基于输入系统的凭证数据，即可形成各类账、表及其相关会计报告。凭证被称为会计软件的数据源，而各类账、表及其相关会计报告则为会计软件所提供的财务信息。就目前的技术水平来看，会计业务流程的调整主要表现在会计数据的采集上。在会计信息系统中，数据源形式会变得复杂一些，其实时性也会要求得更高一些。例如，在一笔电子结算业务中，会计信息系统既可以接受电子数据作为数据源，也可以接受业务发生以后的相关纸介质传票作为数据源。无疑，前者的实时性明显优于后者，但其安全性尚有待于电子商务技术应用的发展与普及。笔者认为，可以以接受电子数据作为即时数据源，同时辅以接受纸介质传票作为验证数据源的方式，重组会计业务流程。这样就能够满足现代财务管理对会计信息系统的要求。

（2）会计业务的功能调整。

在一般情况下，作为会计信息系统基础的会计软件很难全面满足上述的多元化要求。但与此同时，在会计软件的数据库中又确实存储着足以产生相关会计报告所需的数据。这显然是一种功能上的缺陷。对此，有两种方案可供选择：第一种方案，要求会计软件提供上述功能；第二种方案，根据工作需要即时进行数据库数据的人工摄取操作。若采用第一种方案，则系统成本会增大，且很难保证能够满足所有的即时需求；若采用第二种方案，则对相关会计人员的职业素质有很高的要求，并要求他们必须具备很强的计算机相关软件的使用技能。因此，应该将二者结合起来，从而制定会计信息系统的实施方案，即既要求会计软件提供可以预见的各项公用功能，又同时设立会计数据分析员岗位，进行必要的会计数据人工提取处理工作。为了保证系统安全，会计数据的人工提取操作必须限定在数据库的只读方式下进行。

（3）会计信息系统的档案管理。

会计信息系统是一个极为复杂的人机系统。为了系统能够安全、健康地运行，档案管理就成为一项重要的基础性工作。在制定会计信息系统的实施方案时，档案管理制度必须严格且具有实际可操作性。

会计信息系统的档案可以分为三大类：会计数据档案、系统开发与维护更新文本档案和系统操作痕迹记录档案。每一类档案又可分别以纸介质、磁介质、光介质予以存储。对于磁介质档案，又可以有联机与脱机两种不同的存储方式。因此，有效实施系统档案管理是有一定难度的。

（4）会计数据档案管理。

纸介质会计数据档案是指用计算机的打印机输出的会计凭证、会计账簿及会计报表，应该按照财政部颁布的《会计档案管理办法》实施管理。

光、磁介质会计数据档案可分为历史数据和当前数据，分别对其进行管理。对于历史数据，应至少制作两个备份，分别保存；对于当前数据，则应采用定期备份、脱机保存的方式，以保证在系统发生故障时，能够及时恢复，尽可能降低故障损失。

（5）系统开发与维护更新文本档案管理。

这一类档案包括系统设计说明书、系统使用说明书、程序源代码以及系统数据字典等各项文本。这类档案既有纸介质，也有光、磁介质，均应保存至系统停止使用或有重大更改后3年。

（6）系统操作痕迹记录档案管理。

这是最容易被忽略的一类档案。按照财政部的规定，各类通过评审的会计软件均必须具有保存操作痕迹记录的功能。某人在何时以何种身份调用了哪些功能、进行了哪些操作，均应一一记录在案，以定期备份、妥善保存。这既构成了一种安全性保障，也提供了在发生事故后追查事故原因的依据。

2）系统转换

系统转换是指原有系统（手工系统或原有计算机系统）向新系统的过渡。分为两个阶段：

(1) 系统上线。

系统上线是解决方案的实现过程，是在计算机系统中建立企业账套、设置各项基础档案数据、输入期初数据等正式使用新系统的过程。

(2) 系统并行。

系统并行是指新系统上线后，原有系统并不立即停止业务处理，而是与新系统同时进行会计业务的处理，并行时间一般为三个月或半年。通过新旧系统的同时运行，可以检验两种方式下的处理结果是否一致，以验证新系统数据处理的可靠性，诊断、发现新系统存在的问题，并及时总结、分析，为新系统的正式运行积累经验。

3) 持续改善

任何形式的管理软件都只是企业管理提升的一种工具。系统上线只是第一步，要充分发挥信息系统的效益，还有大量的工作要做。

(1) 周期性运行检查。

一般来说，在软件实施的初始阶段，由于实施顾问对企业管理需求的理解程度、关键用户对软件所能实现功能的未知状况、项目实施的进度要求等因素，实施的模块及功能只是最基本的、必需的，但不一定是最好的、最适合的解决方案。这都意味着软件功能与企业实际还没有实现完美融合。随着企业的不断发展，随时都会出现新的管理需求和业务的变化，都需要对软件系统的运行进行及时调试。另外，经过一段时间的使用，用户对软件有了进一步的了解，业务流程逐渐顺畅，各级管理人员对系统有了深层次的理解，这样或多或少地会发现一些问题，又可以进一步对实现的功能进行修正或完善。

(2) 建立完善的管理制度。

会计信息系统的实施导致管理工具的变化，这种变化必然导致内部控制和管理制度的变革。新的工作规程和管理制度的建立是保证计算机会计信息系统安全运行的必要条件。

①操作管理制度。

在企业管理信息系统建立之初，单位应根据系统需要设立相应的业务岗位，严格划定每个人的操作权限、设置密码、制定相应的内部控制制度。严格操作管理的前提是明确岗位分工，将每项工作落实到人。操作管理包括系统操作规程和操作权限的设置。每个人都应该按照操作规程运行系统，履行自己的职责，从而保证整体流程顺畅。

②系统管理制度。

系统的安全运行是会计电算化工作顺利开展的基本条件，因此应制定相应的管理制度，例如机房管理制度，软件使用、维护及保管制度，修改会计软件的审批及监督制度等。

③档案管理制度。

会计档案主要以磁介质和纸介质两种形式存储。在电算化会计信息系统中，与手工系统相比，会计档案所包容的内容和管理方式都有其新的特点。会计档案在产生和保管过程中存在许多不安全因素。从系统硬件的角度来说，计算机突然断电会引起数据混乱，需要系统恢复；从系统软件的角度来说，可能出现网络病毒的入侵，轻则破坏数据，重则会引起整个系统瘫痪。另外，还有操作人员的因素，如操作不当、蓄意破坏等。为了保证会计档案的安全和完整，应建立严格的会计档案保管制度，例如每月将资料打印输出、定期备份会计数据文件、定期检查复制和上机日志检查等。

2.5　系统上线的具体工作

所有的系统本身在最初都是“空的”系统。它需要一个企业数据库，拥有公共的基础信息、相同的账套和年度账，为实现企业财务、业务的一体化管理提供基本条件。另外，子系统之间既具有相对独立的功能，又具有紧密的联系，这些联系需要公关基础数据支持。系统上线是“空的”系统变成“实的”系统的过程。

2.5.1　试运行前的准备

对于购买的商品化软件或有关部门推广的通用软件，使用前需要整理本单位的会计业务，确定电算化情况下的记账方法、核算形式、核算内容和方法，制定相应的管理制度，培训有关应用人员，建立相应的组织机构以及系统初始化等主要工作。对于自己组织研制的会计软件，会计核算业务整理和记账方法、形式、内容等都在系统分析阶段就已确定，运行前准备工作的内容主要为组织机构设置、调整和人员分工、制度制定及初始化等。下面主要介绍商品软件运行前的准备工作。

1）会计核算业务的整理

购买了商品化会计软件后，接下来要做的第一件事就是要整理本单位的会计核算业务，使之适应电子计算机处理的需要。在手工核算下，一些单位，特别是会计基础工作较差的单位，其会计工作规范化状况较差，账、证、表格式、内容混乱，核算方法、程序不统一。同一类业务，不同的人的做法也不完全相同，而且不符合有关要求。会计软件不提供某一具体核算的不规范处理方法，并且商品化会计软件的功能以及相应的处理过程、方法和有关约定、要求都是在软件研制时就规定好的，所以商品化软件与本单位手工核算方法之间不可避免地有一定差别。要消除这些差别，一是对商品化软件进行适量的二次开发和修改，但二次开发的量不能太大，否则就等于自己组织研制了；二是对单位会计核算业务进行整理、调整，使之满足商品化会计软件的要求、规定。

2）记账方法、程序的确定

记账方法，曾经有借贷记账法、增减记账法和收付记账法等方法。有的商品化软件可提供记账方法的选择，有的只能适应某一种记账方法。一个单位一般只采用一种记账方法。目前，一般采用借贷记账法。

目前，手工核算方式一般有记账凭证账务处理程序、日记账账务处理程序、科目汇总表账务处理程序、汇总记账凭证账务处理程序等几种形式。采用电子计算机处理之后，业务量大小已不是主要矛盾，因此计算机内没有必要沿用手工记账程序记账，也没有必要对记账凭证进行汇总或进行科目汇总等，可以依据记账凭证直接登记明细账、日记账，然后登记总分类账。目前一些单位的计算机记账程序仍沿袭原单位的手工记账程序，就没有很好地发挥计算机的优势、作用，影响了处理效率的提高。

3）科目编码方案的确定

商品化会计软件一般都对会计科目编码作出原则性规定，并允许各单位根据自身要求进行设置。因此，软件使用前需确定本单位的会计科目体系及其编码。在电算化条件下，会计科目设置既要符合会计制度的规定，又要满足本单位会计核算和管理的要求，同时要考虑该商品化软件对会计科目编码的要求。

我国会计制度下，工商等行业的总账科目及其编码由财政部统一规定。在保证核算指标统一性的前提下，可根据实际需要并征得同意对统一规定的总账科目作必要的补充。至于明细科目，有的在国家制度中规定，有的则可根据企业的管理需要由企业自行规定。首先，科目设置应满足会计核算的要求。其次，科目设置应满足管理要求。最后，科目设置应满足编制报表的需要。

4）凭证、账簿的规范化

在商品化会计软件中，一般都规定记账凭证的种类和格式。不管怎样规定，都需要对手工记账凭证进行规范统一，以满足计算机输入的需要。在会计软件使用前，要确定哪些明细账为数量金额式，哪些为三栏式或多栏式。如果软件不提供多种账簿格式的选择，同时核算又需要多种格式，则要么进行二次开发，要么设立辅助明细账，以弥补软件功能的不足。为了保证从手工方式到电算化方式的顺利转换，还必须核对账目，保证账证相符、账账相符、账实相符。科目期末余额必须整理，同时还应注意往来账、银行账的清理。

5）会计核算业务的规范化和方案确定

会计核算业务主要指固定资产、往来业务、工资、成本和销售核算业务等。例如，要确定固定资产折旧方法以及哪些要进行往来核算或项目核算。

原先各单位工资核算的内容基本上是统一的，只是在工资项目上有所差别，但随着经济体制改革的深入，工资计算方法的差别也越来越大，有计时工资、计件工资，还有工效挂钩的效益工资、奖励浮动工资等。

成本核算方法的确定，一要看企业的生产特点，二要看企业的管理要求。企业生产特点可分为大量生产、成批生产和单件生产。手工核算方法一般都已考虑了生产特点。由于手工核算存在局限性，所以其成本核算往往难以满足企业管理的需要。成本核算方法一般都从计算产品成本出发，而对于成本控制、部门责任成本的核算与考核目标成本的计算等则很少考虑。随着企业逐步走向市场，成为独立的商品生产者，对于内部管理的要求也越来越高，成本计算除了要满足产品成本计算外，还要在成本过程控制、责任成本、目标成本的考核方面发挥作用。因此，在设计成本核算方案时，要充分考虑这些管理的需要。

2.5.2 系统试运行

1）初始化工作

它是指在系统运行前，根据确定的核算方案和软件提供的功能，输入总账、明细账余额，定义有关账表结构、内容和处理方法，输入有关系统内相对固定的数据，如固定资产、工资固定信息等。这样，当日或当月发生的有关业务凭证输入计算机后，就可以试运行了。系统初始化主要包括如下几个步骤：

①建立科目编码及中文名称对照表，输入全部总账、明细账科目的期初余额。

②输入有关核算子系统的固定数据，主要包括职工工资数据，固定资产卡片，材料名称、编号和计划价格，产品名称编码，产品定额成本，工时费用定额等。

③定义账、表结构、内容及计算公式。

把手工管理的账务工作搬到计算机中去进行处理，就需要把目前手工账簿上的账目、账面数据转换到计算机中去。这个过程我们叫做“账务初始化”。账务初始化主要有以下三个方面的工作：

①建立符合本单位财务管理要求的管理控制体系。

②建立符合本单位核算要求的科目体系。

③建立适合本单位核算要求的软件功能体系。

在账务初始化功能中一般都有系统管理子功能。它的主要工作一般包括财务人员工作及权限的分配、建立适合本单位核算要求的账务结构体系等。

2）试运行

在电算化会计信息系统正式使用之前，必须与手工核算并行运行一段时间，以检验其是否达到预定目标，软件是否有缺陷或错误以及系统的合法性、安全性、可靠性等。这一阶段被称为试运行阶段。

（1）试运行的目的。

会计软件，无论是自己研制的还是购买的，一般在开发时已对软件的功能及有关性能进行了测试和鉴定。但是，首先，这些测试一般是采用数据模拟的方式，与单位的实际会计业务相差很远。其次，对一些通用软件，大量的初始化定义工作，如成本核算、报表编制等，都由用户定义，也难免出现差错。最后，会计软件是一种特殊软件，使用时要确保万无一失。因此，会计软件必须经过试运行才能投入正式应用。通过会计软件的试运行，主要对以下几方面进行检查：

①功能检查。通过试运行，检查核算软件所能完成的功能是否达到了原设计的要求，每一功能模块是否按规定的处理程序及方法完成了核算业务。

②正确性检查。通过试运行，并与手工核算进行比较，检验会计软件在记账、

编制报表、成本核算、工资计算等业务处理方面正确与否。

③合法性检查。通过试运行，检查会计软件是否符合财政部《会计核算软件管理的几项规定（试行）》的有关要求，是否符合财政部门制定的财务会计制度。

④可靠性、安全性检查。通过试运行，检查整个系统在运行过程中是否安全可靠，能否保证会计核算工作的正常进行，能否防止一些意外事故的发生等。

⑤及时性。通过试运行，检查系统运转能否保证及时提供、上报有关会计信息，包括账、表等。

⑥例外情况检查。通过试运行，使用者可以及时发现一些原先设计时未加以考虑的例外事件，并及时采取措施，改进、完善软件。

总之，通过试运行，使用者及时发现设计中的一些错误、问题，排除一些隐患，完善功能，保证会计软件在投入使用后尽量不发生或少发生问题。

（2）试运行阶段的主要工作。

会计软件一般要经过3个月以上的试运行，对于重大系统的实施需要跨年度试运行半年以上。

在试运行阶段，一方面手工核算工作或其他并行系统仍要继续；另一方面要花力量组织并输入计算机会计核算所需的当月数据，包括记账凭证、成本核算数据、职工考勤等，并操作计算机完成有关会计核算业务，输出所有总账、明细账、报表和有关核算的中间结果。分析计算机输出结果，与手工账表数据进行比较，查找差异原因。若属软件设计原因，就必须由有关人员修改程序，改正缺陷。

（3）试运行阶段应注意的问题。

试运行阶段，手工和计算机两套系统同时运转势必增加财会人员的工作量。一般会计人员除了需多编制凭证外，还需负责输入或复核以及结果分析比较等任务，工作量十分大。因此，一定要加强管理，做好思想工作，领导要大力支持，全力以赴，协调好各方面的关系，赢得有关人员，特别是财会人员的理解和支持，保证试运行工作顺利进行。

试运行要取得预期效果，除了软件性能外，还要依靠缜密的组织、严格的管理和较好的人员素质。因此，在此阶段，要按照有关要求，有计划、有步骤地开展工作，并严格遵照系统使用操作说明书和有关管理制度，必须配备熟悉本单位会计核算业务和电子计算机知识、系统开发知识的系统管理人员。目前，许多单位的试运行时间拖得很长，有的超过几年，甚至最后失败，这往往不是软件本身设计的问题，而是应用部门在这些方面跟不上，最后不得不甩掉计算机，回到手工核算状态。

输入的数据，尤其是凭证数据的准确是保证手工与计算机输出结果一致的关键。编制记账凭证必须严格按照系统的有关规定，不得省略有关项目、内容，科目必须明细到规定的最低级数，保证凭证输入的质量，所有记账凭证在记账前必须复检，杜绝凭证重输、漏输。

电算化会计信息系统可能在某些方面改变了原手工处理的习惯和方法，因此，必须敦促会计人员按新的要求、新的方法进行处理，以保证核算结果的可比性。

手工核算与计算机核算结果的一致性问题。一般情况下，这两者的结果应该一致，但由于计算机的精度高，通过计算机计算出来的一些数据与手工核算有一定误差。如成本核算中的水电气暖费、材料差异、工资、车间经费、企业管理费等费用分配，可能会出现几分、几角的误差，导致手工核算与计算机核算的结果并不一致，也影响到有关总账、明细账，最后影响有关报表。这种误差是正常的，不应被看作问题。因此，对于手工核算与计算机核算结果不一致的问题，首先应分析差异的原因，看差异是正常的还是不正常的。对于不正常的差异，还要看是人工原因还是软件问题，然后予以纠正。

3）替代手工核算程序

（1）替代手工核算的基本条件。

当电算化会计信息系统经过一定时期的试运行，达到有关要求规定后，就应甩掉手工核算，由计算机来完成会计核算工作。会计信息系统的首要目的就是要使财会人员摆脱繁琐的记账、算账、报账工作。对通过试运行没有发现问题或发现问题已及时得到改进的会计软件，也不能保证在正式运行中不出问题，要保证正常运转，还需要具备相应的条件。本书将在第3章中进行详细介绍。

（2）替代手工核算的两种方式。

从试运行向计算机系统转换，替代手工核算，一般有两种方式：一种方式是全部核算业务一次性完成转换；另一种方式是分阶段逐步转换，以保证系统可靠，平衡过渡。对于会计业务量大、处理复杂的系统，宜采用分阶段转换的方式，先易后难。对于那些业务简单或单项应用的核算业务，可用一次性转换的方式进行处理。

（3）电算化会计信息系统的使用。

电算化会计信息系统替代手工核算后，大部分会计核算工作就由计算机来完成了。在这一阶段，会计人员的主要工作有：

①按软件要求在计算机上完成各种账、表的月、季、年初始化工作。

②完成记账凭证的编制及审核工作。

③输入日常核算数据，包括记账凭证、成本核算数据、职工考勤、新增固定资产卡片等，并复核。

④操作计算机完成各项核算业务。

⑤查询和打印输出有关会计账目、凭证、报表及其他有关会计数据。

⑥保管好会计档案资料。

⑦做好软件、硬件的日常维护工作。

在系统运行过程中，必须严格遵守操作管理制度、维护管理制度、会计档案管理制度和操作规程的规定。

2.6 金蝶KIS的账套管理模块及实验指导

所有的系统本身在最初都是“空的”系统。它需要建立一套企业基础数据，拥有公共的基础信息、相同的账套和年度账，为实现企业财务、业务的一体化管理提供基本条件。从企业整体而言，子系统之间既具有相对独立的功能，又具有紧密的联系。这些联系需要公关基础数据支持。系统账套管理包括账套的建立、修改、引入、导出和启用等。

系统初始化工作分5个部分，如图2-1所示。首先是【新建账套】，之后对账套进行【系统设置】和【基础资料设置】，再进行【初始数据录入】，最后【结束初始化】。

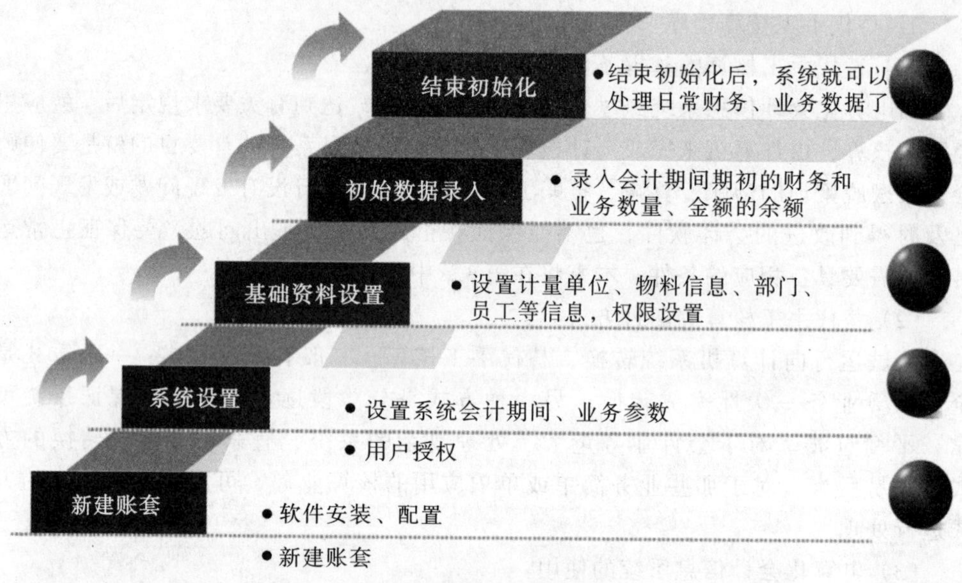

图2-1　系统初始化的步骤

系统初始化需要较为严格的流程，因为软件的许多数据是相互牵制的。在进行实验操作时，要注意操作的次序。系统初始化的流程如图2-2所示。

系统初始化是指企业账务和业务的基础资料设置和启用账套时期初数据的录入。以下主要讲述了KIS专业版在使用前的初始化工作——新建账套、基础资料设置和初始数据录入等操作。

2.6.1 建立账套

1）账套的概念

在计算机管理信息系统中，每一个企业的数据都存放在数据库中，称为一个账

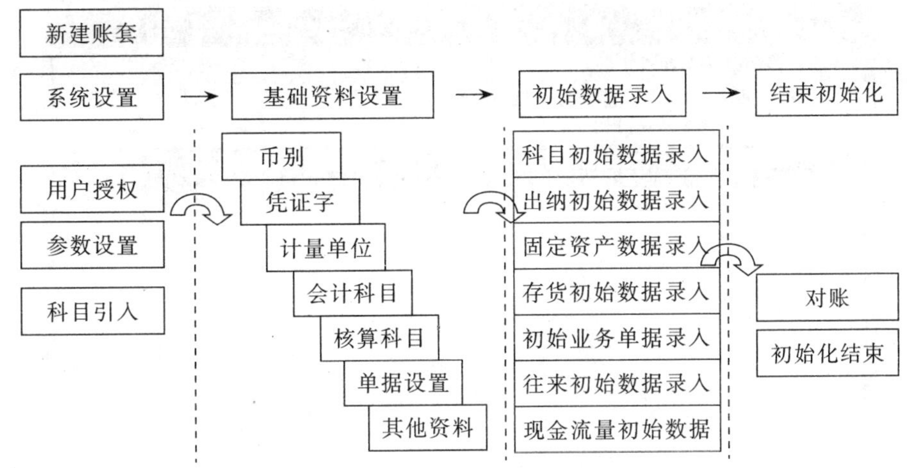

图2-2　系统初始化的流程

套。企业应用会计信息系统时，首先需要在系统中建立企业的基本信息、核算方法、编码规则等，称之为建账。在手工核算方式下，可以为会计主体单独设账进行核算；在计算机中则体现为多个账套。KIS系统可以管理多个账套。

以系统管理员的身份注册进入系统管理，步骤：【开始】|【程序】|【金蝶KIS专业版】|【工具】|【账套管理】命令，进入“专业版【账套管理登录】”窗口。账套管理登录窗口如图2-3所示。

图2-3　账套管理登录窗口

系统默认用户“Admin”，密码为空。点击确定，登陆账套管理系统。这里需要注意的是，如果是安装完成后第一次进入系统管理，系统会自动创建系统库和演示数据库。金蝶KIS专业版的演示账套是金华电子公司的企业账套，可以进入该账套熟悉系统的各项菜单进行操作。账套管理窗口如图2-4所示。

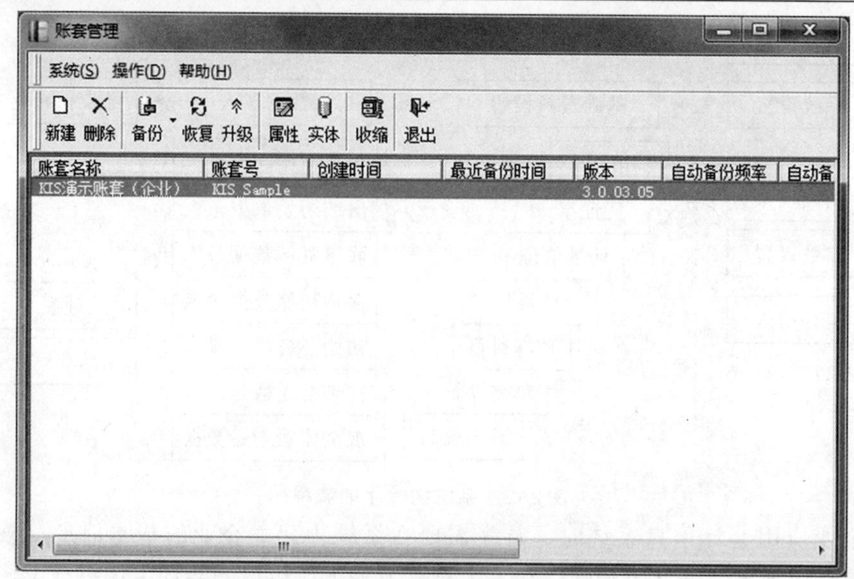

图2-4 账套管理窗口

账套管理涉及以下概念：

（1）账套备份：将现有账套数据另存一份，扩展名为DBB和BAK。DBB记录账套相关信息，BAK存放数据库备份。

（2）账套恢复：将原有备份文件恢复出来。

（3）账套注册：与服务器系统有关，这个功能可以忽略。

（4）取消注册：可以把正式账套隐藏，只留练习账套，待正式用的时候再注册。

（5）自动备份账套：设置自动备份计划，开启SQL的Agent服务，并且设置完后要重启加密服务。

（6）账套收缩：自动对数据库文件进行收缩，定期执行，可提高软件的系统性能。

（7）查看账套：根据管理需要，设置用户可以查看到的账套权限，便于分权管理。

为了保证系统的安全性，在系统对话框中，可以设置或更改系统管理员的密码。例如，设置系统管理员密码为“super”的操作步骤是：单击【系统】→【修改密码】，在【新密码】和【确认密码】后面的输入区中均输入“super”，最后单击【确定】按钮，返回系统。一定要牢记设置的系统管理员密码，否则无法以系统管理员的身份进入系统管理，也就不能执行账套数据的输出和引入。

2）建账工作

为了方便操作，KIS系统的建账工作是由独立的模块完成的。会计信息系统中大都设置了建账向导，用来引导用户的建账过程，如图2-5所示。

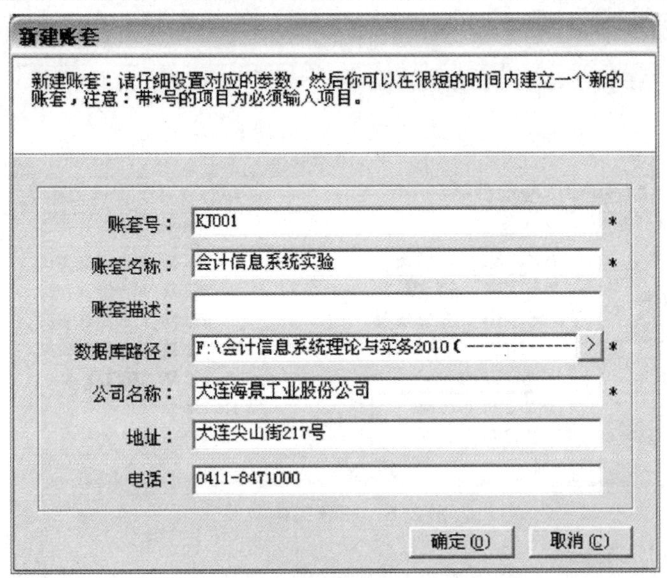

图2-5　【创建账套—账套信息】对话框

建立企业账套时，需要向系统提供以下表征企业特征的信息，归类如下：

（1）账套信息：包括账套号、账套名称、账套描述、数据库路径、公司名称等。

（2）账套号：由于在一个会计信息系统中可以建立多个企业账套，因此必须设置账套号，作为区分不同账套数据的唯一标识。

（3）账套名称：一般用来描述账套的基本特性，可以输入核算单位简称或用该账套的用途命名。账套号与账套名称是一一对应的关系，共同来代表特定的核算账套。

（4）数据库路径：用来指明账套在计算机系统中的存储位置。为了方便用户，应用系统中一般预设一个存储位置，称为默认路径，但允许用户更改。可以查看账套的存储路径。

其他还有核算单位的基本信息，包括公司名称、公司简称、地址等。在以上各项信息中，公司名称是必需项，因为发票打印时要使用企业全称，其余全部使用公司简称。

具体操作如下：

以系统管理员的身份登录账套管理，执行【账套】|【建立】命令，打开【创建账套—账套信息】对话框。单击【确定】按钮，系统会显示账套创建过程，并最终显示账套创立成功。使用【实体】命令，你会在相应的目录下发现KJ001_Data和KJ001_log这两个文件。它们与你给定的账套号有关。账套实体文件如图2-6所示。

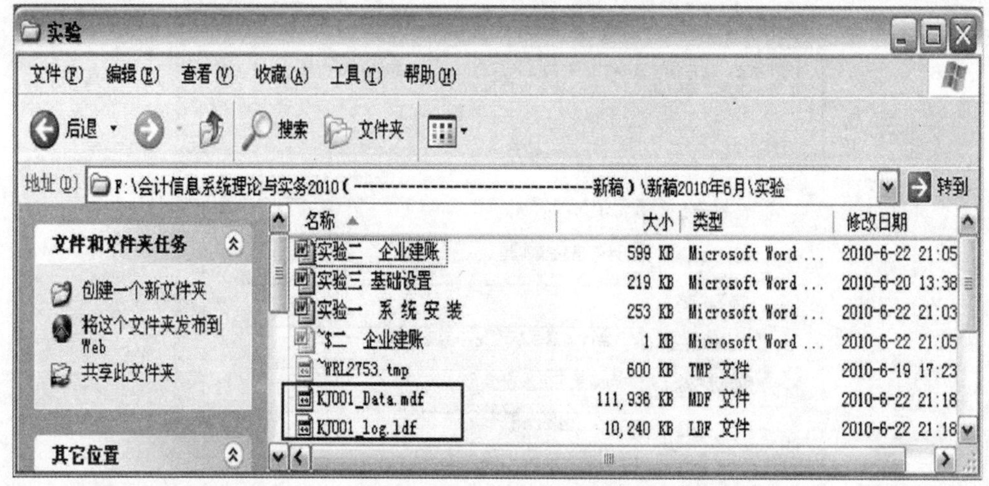

图2-6 账套实体文件

3）备份和恢复

账套备份是指将系统产生的数据备份到硬盘或其他存储介质。备份的作用体现在：

（1）数据安全。

数据的安全性是企业会计信息系统的第一要务。影响系统安全的要素很多，并且不可预知因素（如病毒入侵、系统故障、自然灾害等）会造成数据丢失。这对企业将是不可估量的损失。因此，应定期将系统中的数据进行备份并保存在另外的存储介质上。这样做的目的是，一旦系统内数据被损坏，可以通过引入最近一次备份的数据使系统得以恢复，从而保证企业系统再次正常工作。

通过账套备份，可以把子公司的账套数据定期输出并被引入到母公司的计算机系统中，以便进行有关账套数据的分析和合并工作。另外，由于经营的持续性，系统数据会随着业务的开展不断膨胀，所以为了使系统数据具有更清晰的阶段性记录，可以对不同期间的会计数据进行文档管理。

（2）删除账套。

如果企业初始建账时的数据错误很多或在某些情况下无需再保留企业账套，可以将已有的账套删除。

（3）账套恢复。

通过备份账套生成的账套数据，必须通过【恢复账套】功能将数据引入系统后才能使用，因此恢复账套是备份账套的对应操作。系统数据遭到破坏时，利用账套恢复功能恢复备份数据可以将损失降到最小。另外，这一功能为集团公司的财务管理提供了方便。子公司的账套数据可以定期被引入母公司的系统中，以便进行有关账套数据的分析和合并工作。

账套备份的界面和账套备份后的实体文件如图2-7和图2-8所示。

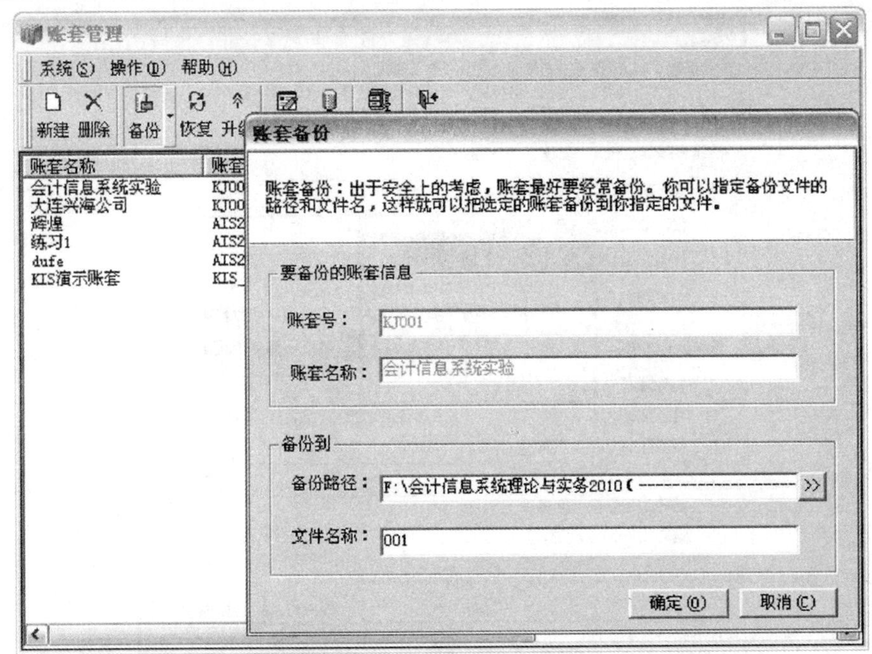

图2-7　账套备份的界面

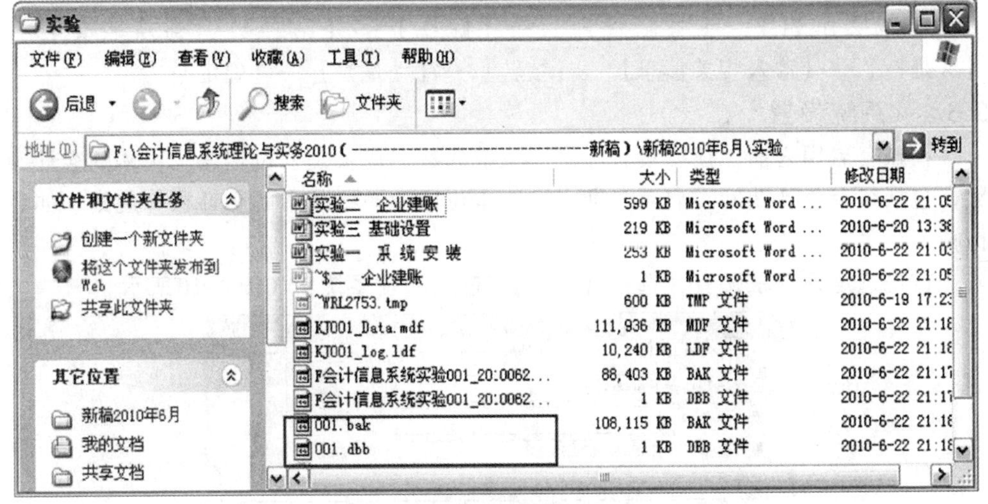

图2-8　账套备份后的实体文件

4）结转新账套

年度账与账套是两个不同的概念。一个账套中包含了企业所有的数据。把企业数据按年度进行划分后的账称为年度账。年度账可以作为系统操作的基本单位。设置年度账是考虑到管理上的方便性。在账套管理中，为了满足用户的需要，系统提供了结转新账套的功能，可以把当前年度的账套在年结后生成一个新的、独立的账套，如图2-9所示。

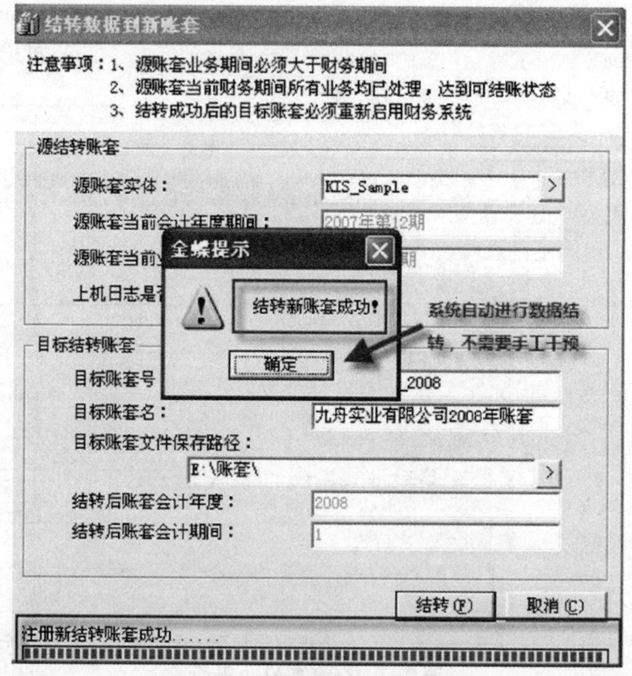

图2-9　结转数据到新账套

具体操作如下：【账套管理】→【操作】→【结转数据到新账套】→【（是）】→【输入相关信息】→【结转】→【（是）】→【确定】。

2.6.2　系统设置

在账套启用之前，还要设置账套的系统参数，也就是要设定核算主体的会计参数，包括账套会计期间、启用日期、记账本位币及一些基本的会计核算规则（如数据精度）等。

首先选定并登录账套，选择【确定】，进入账套系统，如图2-10所示。

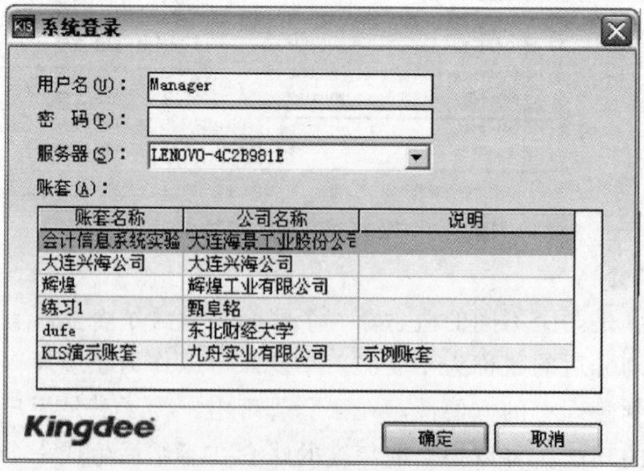

系统登录

用户名(U)：Manager

密　码(P)：

服务器(S)：LENOVO-4C2B981E

账套(A)：

账套名称	公司名称	说明
会计信息系统实验	大连海景工业股份公司	
大连兴海公司	大连兴海公司	
辉煌	辉煌工业有限公司	
练习1	甄皇铭	
dufe	东北财经大学	
KIS演示账套	九舟实业有限公司	示例账套

Kingdee　确定　取消

图2-10　选择账套并登录

1）系统信息设置

选择左侧菜单项【基础设置】→【系统参数】，系统信息设置说明见表2-1。

表2-1　系统信息设置说明

参数	说明
公司名称	公司的名称，必录项
税号	公司的税务登记号，非必录项
银行账号	公司的银行账号，非必录项
地址	公司的地址，非必录项
电话	公司的联系电话，非必录项
传真	公司的传真号码，非必录项
E-mail	公司的E-mail地址，非必录项
记账本位币	确定账套的记账本位币信息，一旦确定就不可以再修改

系统信息设置界面如图2-11所示。

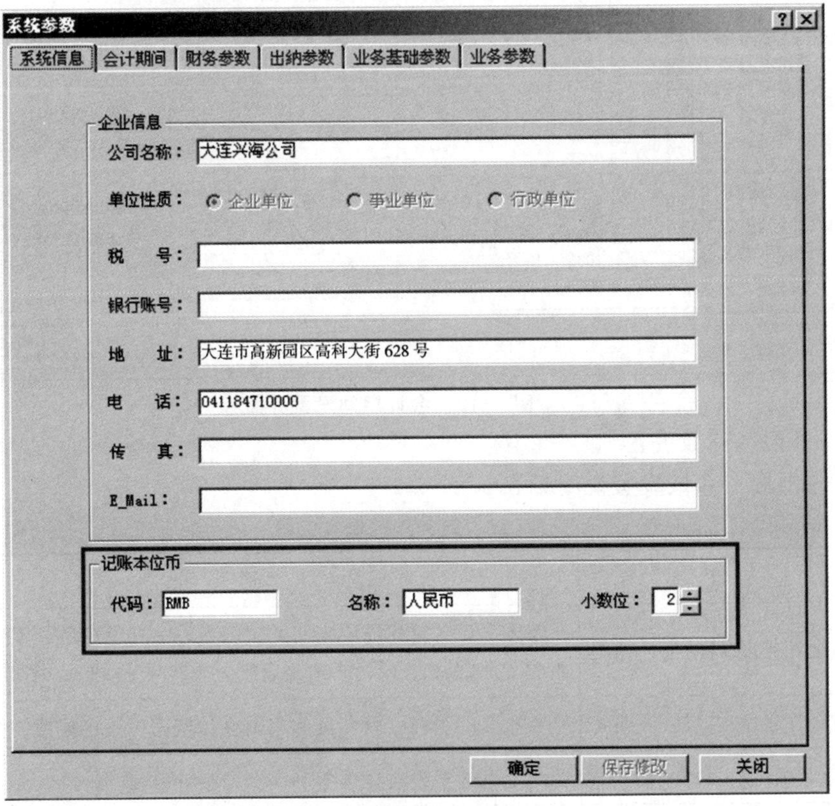

图2-11　系统信息设置界面

2）会计期间设置

通过设置【会计期间】，设置一个会计年度的会计期间数以及各个期间的起始日期，如图2-12所示。

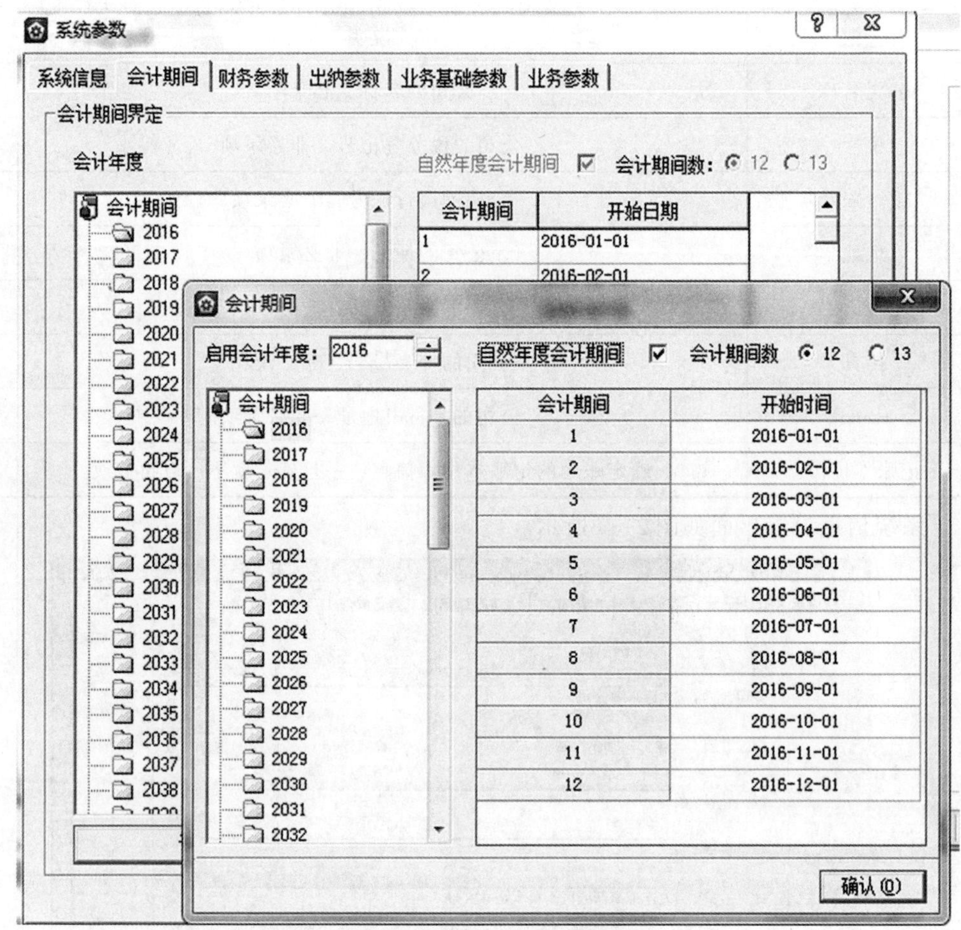

图2-12　会计期间设置界面

3）财务参数设置

主要财务参数设置说明见表2-2。

表2-2　主要财务参数设置说明

参数	说明
启用会计年度/启用会计期间	新建账套后，首先需要定义此项内容。一旦设定后，不允许修改。如现在是2016年12月，但是启用会计期间可以是2016年10月
当前会计年度/当前会计期间	显示账套的当前会计年度和当前会计期间。不可修改，只可查看
“本年利润”科目	在此处可选择设置“本年利润”的会计科目

续表

参数	说明
“利润分配”科目	在此处可选择指定“利润分配”的会计科目以及“以前年度损益调整”的会计科目结转到该科目。可以在完成科目设置之后再设置此两项内容
启用往来业务核销	如果选择这一个选项，则启用往来业务核销，否则核销管理将不能使用
多栏账损益类科目期初余额从余额表取数	对于采用表结法的用户来说，不是每一期都会结转损益的。该选项使多栏式明细账损益类科目的期初余额从余额表取数，从而使多栏式明细账损益类科目的期初余额在表结法下能够对应正确取数
多栏账成本类科目期初余额从余额表取数	成本类科目处于未结平的状态（余额不为零），多栏式明细账取数时，左边多栏式与具体明细栏目的期初余额取自初始余额录入的期初余额。成本类科目已结平（余额为零）时，不选择该参数，左边多栏式余额为零，但具体明细栏目的期初余额取自初始余额录入的实际损益发生额
核算项目余额表非明细项目余额合并在一个方向	选择该参数，核算项目余额表按照其明细级核算项目的余额汇总后，如果既有借方余额又有贷方余额，需要以借贷方的差额填列，填列方向选取差额的正数方向 如果选择了系统选项【账簿余额方向与科目设置的余额方向相同】，则此选项的作用就会失效
录入凭证时必须指定现金流量项目	在总账中，可以通过在凭证中对现金流量科目指定现金流量项目的方法编制现金流量表（具体对现金流量表的操作中有详细的现金流量的说明）。如果在凭证中必须对现金流量科目输入现金流量项目，则需要选择这个选项；否则，现金流量项目为非必录项，凭证保存时不做检查
录入凭证时必须指定现金流量表附表项目	如果用户选择该选项，则在凭证录入时对于附表相关科目，必须输入现金流量附表项目。凭证保存时检查该作证是否合法。如未输入附表项目，则视同作证不合法，不予保存。如果用户取消该选项，则在凭证录入时不对附表相关科目是否录入现金流量附表项目做检查

财务参数设置界面如图2-13所示。

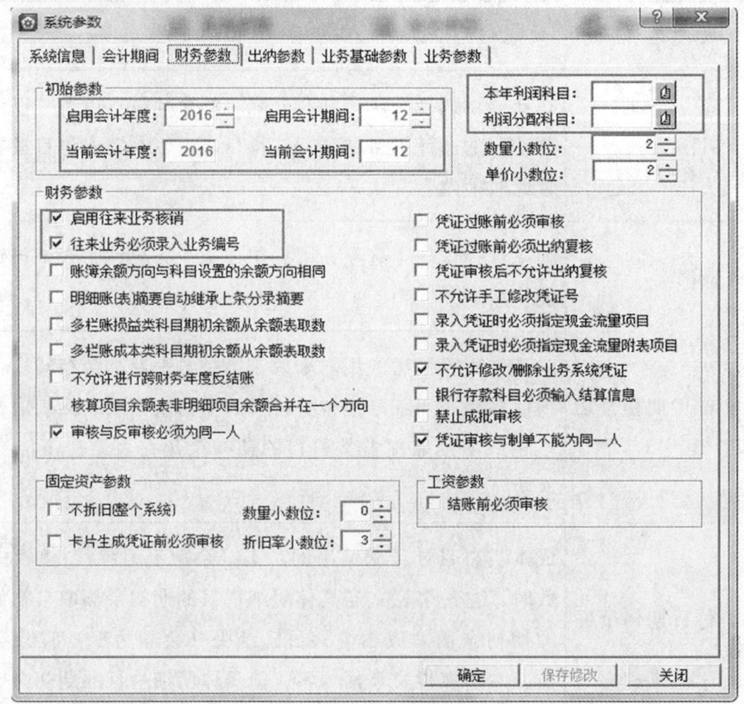

图2-13 财务参数设置界面

4）出纳参数设置

主要出纳参数设置说明见表2-3。

表2-3 主要出纳参数设置说明

数据项	说明
启用会计年度	指启用出纳管理系统的会计年度
启用会计期间	指在上面指定的会计年度中的哪一个会计期间启用出纳管理系统的
当前会计年度	指出纳管理系统目前的会计年度是哪一个年度
当前会计期间	指出纳管理系统目前所在的会计期间为哪一个期间
自动生成对方科目日记账	在库存现金日记账中新增，对方科目有“库存现金”“银行存款”科目时，不自动生成该“库存现金”“银行存款”科目的日记账；同样，在银行存款日记账中新增，对方科目有库存现金或银行存款科目时，也不自动生成该库存现金或银行存款科目的日记账
允许从总账引入日记账	不选此参数，则双击【总账数据—引入日记账】提示【没有选择“允许从总账引入日记账”参数，禁止从总账引入日记账】，不可操作，同时库存现金日记账和银行存款日记账的引入按钮和文件菜单中从总账引入日记账都应为灰。选此参数，则表示可以从总账引入库存现金日记账和银行存款日记账
与总账对账期末余额不等时不允许结账	出纳管理系统在结账时，系统判断银行存款日记账与库存现金日记账所有科目以及科目的所有币别与总账的对应科目和币别的余额是否相等。只有相等的情况下才允许结账

出纳参数设置界面如图2-14所示。

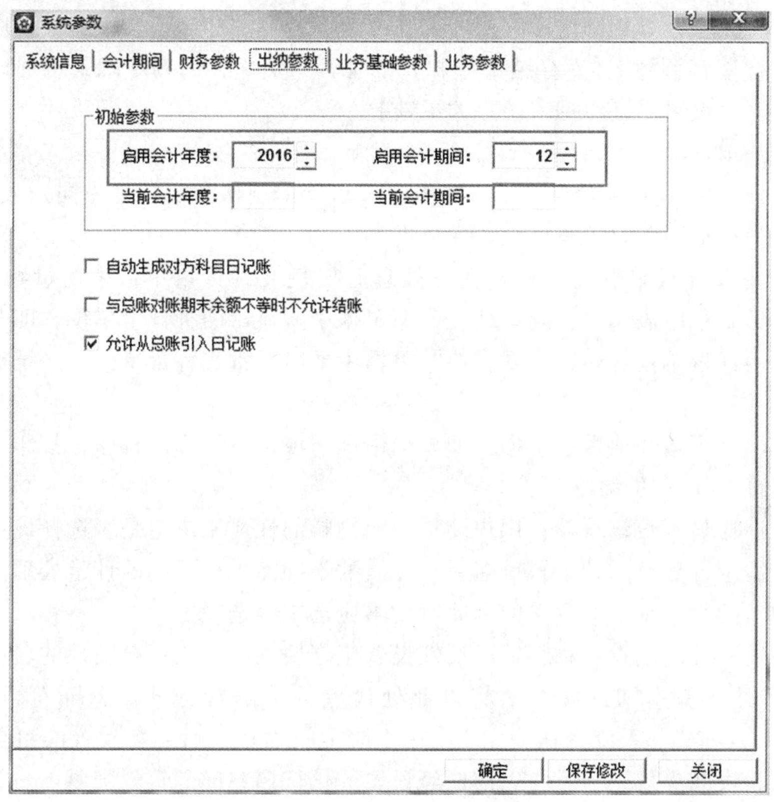

图2-14　出纳参数设置界面

5）业务参数设置

主要业务参数设置说明如下：

（1）初始参数。

满足以下两个条件，用户才能进行初始参数的设置或重新设置：

①供应链系统处于初始化阶段。

②供应链系统中不存在任何已录入的初始余额和业务单据。

系统需要设置的核算参数包括以下内容：

①启用年度和启用期间：系统默认为系统年度和日期。用户选择业务实际的启用年度和期间。

②库存结余控制：主要是让用户确定是否允许负结存。如果选择不允许负库存，则在库存单据中不允许出现库存即时数量为负数的情况。系统控制不允许单价为负的情况。

③库存更新控制：主要是针对库存的即时库存数据进行更新的处理。系统有两种选择。如果选择【单据审核后才更新】，则系统将在库存类单据进行业务审核后才将该单据的库存数量计算到即时库存中，并在反审核该库存单据后进行库存调

整；如果选择【单据保存后立即更新】，则系统将在库存类单据保存成立后就将该单据的库存数量计算到即时库存中，并在修改、复制、删除、作废、反作废该库存单据时进行库存调整。【库存结余控制】中是否为负库存的判断就是根据即时库存所确定的。建议采用【单据审核后才更新】。

（2）基本选项。

①审核和制单可为同一人：若选中，表示单据制作和审核可为同一人；否则，表示同一操作员不能审核自己制作的单据。

②使用双计量单位：是指在业务处理时使用几种计量单位来衡量物料的收、发、存。如果选中该选项，则系统在业务单据中将显示两种计量单位，即基本计量单位和常用计量单位；否则，则在业务单据中只显示常用计量单位。系统默认为不选中。

③打印（预览）前保存单据：如果选中该选项，系统提供打印、打印预览单据前将单据自动保存的功能。

④合计栏显示数量合计：用户要按企业物料的性质来决定是否选择该选项。在同一张单据录入和显示的物料可能因为性质的不同而采用不同的计量处理，所以合计这些物料的数量是没有意义的，此时就不应选中该选项。

⑤辅助属性间隔符：物料辅助属性设置组合属性时，当组合属性的名称由系统自动生成时，基本辅助属性值将以此处设置的分隔符分开。分隔符可为“/”、“-”、“,”或“.”。系统默认为“/”。在更改了间隔符以后，新设置的组合辅助属性将按照新设间隔规则显示，以前已经设置的仍按照原间隔符规则显示。

⑥存货名称：根据用户录入的数据在单据和报表中显示存货名称，以满足不同类型用户的需要。建议工业企业用户录入物料，商业企业用户录入商品。

⑦只允许删改本人录入的单据：选中该选项时，修改、删除单据保存时判断修改、删除人和制单人是否为同一人。如果为同一人，则可以修改、删除；如果不为同一人，则不可以修改、删除。

（3）存货核算参数。

①结账检查未记账的单据：若所有的核算单据均需要生成凭证，核算系统的存货余额及发生额需要与总账系统的存货类科目保持一致，则应选中此选项，系统会在期末结账前检查是否还有未记账的凭证，以保证核算单据生成凭证的完整性。此处控制只针对核算单据进行控制。应收应付系统当期单据必须生成凭证，不需额外控制，所以此控制对期末结账中对应收应付单据的判断没有影响。

②调拨单生成凭证：对调拨单是否生成凭证的控制。当选择不允许时，在【凭证模板设置】界面不存在调拨单凭证模板的设置，在【生成凭证】界面无调拨单生成凭证事务类型，在【对账】界面的业务数据不包括调拨单的数据；当选择调拨单生成凭证时，在【凭证模板设置】界面可进行调拨单事务类型凭证模板的设置，在【生成凭证】界面可点击调拨单事务类型，进行调拨单生成凭证界面，在【对账】

界面的业务数据包括调拨单的数据。

③存货核算方式：可选择总仓、分仓核算。若选择总仓核算，系统在存货核算时不考虑出入仓库，按单据日期确定收发序列，计算出库单价。而当系统分仓核算时，则应区分单据上的仓库，分别建立收发序列，计算出库单价。以加权平均法为例，若某物料从多个仓库收发，则采用总仓核算，同一物料只有一个加权平均出库单价，所有该物料的出库单均取此单价。而分仓核算，则有多少个仓库就可能有多少个加权平均出库单价，且该物料在各个仓库的出库单均对应于不同的出库单价。

④暂估冲回方式：暂估差额生成方式可以为【差额调整】，也可以为【单到冲回】。系统自动生成的入库成本调整单和冲回单据都需要手工生成凭证。对于新生成的单据也自动确认勾稽关系。

（4）采购参数。

①采购最高限价预警：选择该选项，则用户在录入采购订单、采购发票或者直接在采购价格管理中设置各类采购价格和折扣时，若某物料针对某供应商的采购单价超过了该供应商供货信息预设的采购最高价，系统就会报警提示，否则在相应处理时不予提示。

②采购发票和入库单数量不一致不允许勾稽：当用户选中该选项时，如果入库单和发票物料匹配但数量不一致，则勾稽时直接提示【采购发票中的物料数量和入库单中该物料的数量不一致。分别是……无法勾稽!】。不选择此选项，如果入库单和发票物料匹配但数量不一致，则勾稽时会提示【采购发票中的物料数量和入库单中该物料的数量不一致。分别是……请确认是否勾稽?】，然后由用户选择【是】或者【否】。

③允许采购入库单上的数量大于采购订单上的数量：当用户选中该选项时，则采购入库单关联采购订单生成，或者采购发票关联采购订单、采购入库单再根据采购发票生成时，允许采购入库单上的数量大于采购订单上的数量。

（5）销售参数。

①销售发票和出库单勾稽数量不一致不允许勾稽：选择此选项后，如果出库单和发票物料匹配但本次勾稽数量不符，则勾稽不成功；不选择此选项后，如果出库单和发票物料匹配但本次勾稽数量不符，则系统会提示有差异，但仍允许用户勾稽成功。

②允许销售出库单上的数量大于销售订单上的数量：当用户选中该选项时，如果销售出库单关联销售订单生成，或者销售发票关联销售订单、销售出库单再根据销售发票生成，则允许销售出库单上的数量大于销售订单上的数量。

③超出客户信用额度，出库单和发票的处理方式：继续保存不提示、提示并允许制单人继续保存、提示并不允许制单人保存。

这三个选项是针对客户的信用额度管理而言的，说明如下：

A.继续保存不提示：选择此项，在实际销售出库或销售发票制单过程中，不受此客户信用额度的影响。

B.提示并允许制单人继续保存：系统默认选择此项。在销售出库或销售发票制单过程中，保存前判断此客户的应收账款余额是否超过信用额度。如果超过，系统会根据用户的选择来决定是否保存单据。

C.提示并不允许制单人保存：选择此项，在实际销售出库或销售发票的制单过程中，保存前判断此客户的应收账款余额是否超过信用额度。如果超过，系统会不允许保存。

(6) 仓存参数。

①登录系统时，按保质期对到期物料进行预警：系统提供保质期管理功能，以满足食品、医药行业的保质期管理需求。

②更新库存数量出现负库存时给予预警：在单据保存、作废、审核或反审核时，系统计算即时库存数量，确定仓存总量，出现负库存的情况时会给予预警，并分情况处理。

③库存总数量高于或等于最高库存量时给予预警：系统提供三个选项，从多角度进行库存数量的预警。

④库存总数量低于或等于最低库存量时给予预警：最低库存量是指为满足企业正常的生产经营需要，当前物料所能允许的并以基本计量单位计算的最小库存储备量。

(7) 应收应付参数。

①预警天数：系统提供收付款期限管理功能，以满足用户对收付款管理的需求。

②登录系统时，按预警天数对到期应收/应付账款进行预警：如果用户选择【自动显示应收/应付预警】选项，则还要确定【收付款预警提前期】的天数。系统默认为0天，用户可以自己设置。

业务参数设置界面如图2-15所示。

2.6.3 操作员及权限的管理

对操作员及权限进行管理可以避免无关人员对系统进行非法操作，同时也可以对系统所包含的各个功能模块的操作进行协调，从而保证整个系统和会计数据的安全性和保密性。实施企业会计信息系统时，首先应明确指定各系统授权的操作人员，并对操作人员的使用权限进行明确的规定。同时，不同的用户具有不同的操作权限也是内部控制的需要。

1）系统管理员（Admin）

系统管理员负责整个系统的安全运行和数据维护。以系统管理员身份注册进入，可以进行新建账套、恢复和备份、设置操作员和权限、监控系统运行过程等操作。具体来说，系统管理员主要负责：

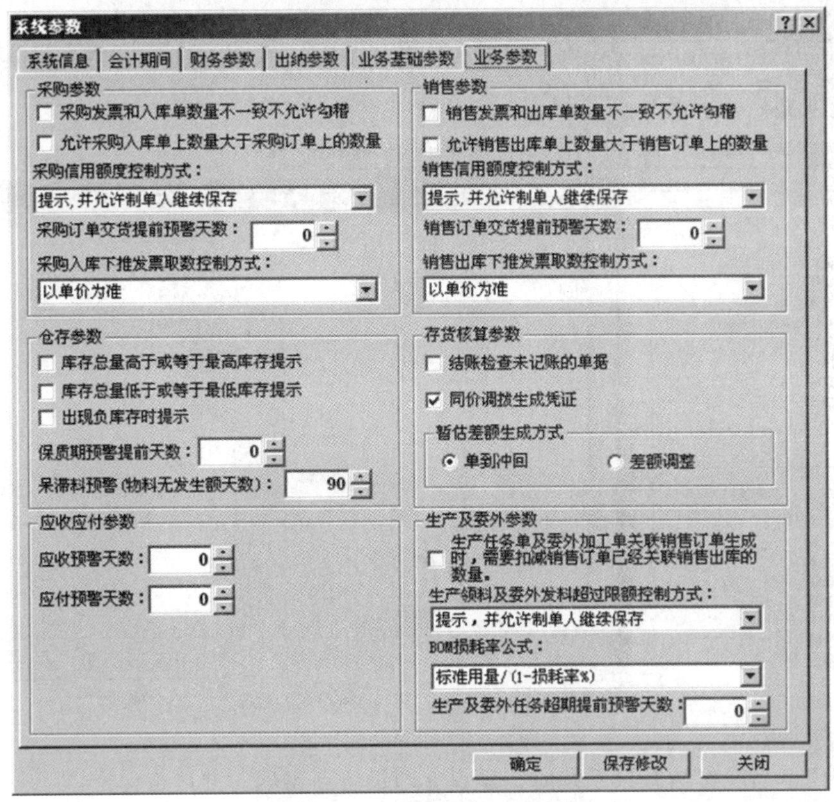

图2-15　业务参数设置界面

①根据人员岗位设置系统操作员，分配其对应权限。

②按照已确定的企业核算方法和基础数据进行企业建账，启用账套功能。

③保障网络系统的安全、可靠运行。

④定期进行数据备份，保障数据安全、完整。

2）操作员管理

操作员是指有权登录系统并对系统进行操作的人员。每次注册或登录系统都要进行操作员身份的合法性检查。

系统的【用户管理】功能提供了按照预先设定的岗位分工进行授权、分权的功能（如图2-16所示）。只有进行严格的操作分工和权限控制，才可能避免与业务无关的人员对系统的操作，以保证系统的安全与保密。【用户管理】包括操作员的增加、修改和删除，由系统管理员（Manager）全权管理。

（1）增加操作员。

只有系统管理员有增加操作员的权限。增加系统操作员时，必须明确以下关于操作员的特征信息：编号、姓名、口令和所属部门。操作员编号在系统中必须唯一。即使是不同的账套，操作员编号也不能重复。系统中所设置的操作员一旦被引用，便不能被修改和删除。第一次输入时，可以由系统管理员为每个操作员赋予一

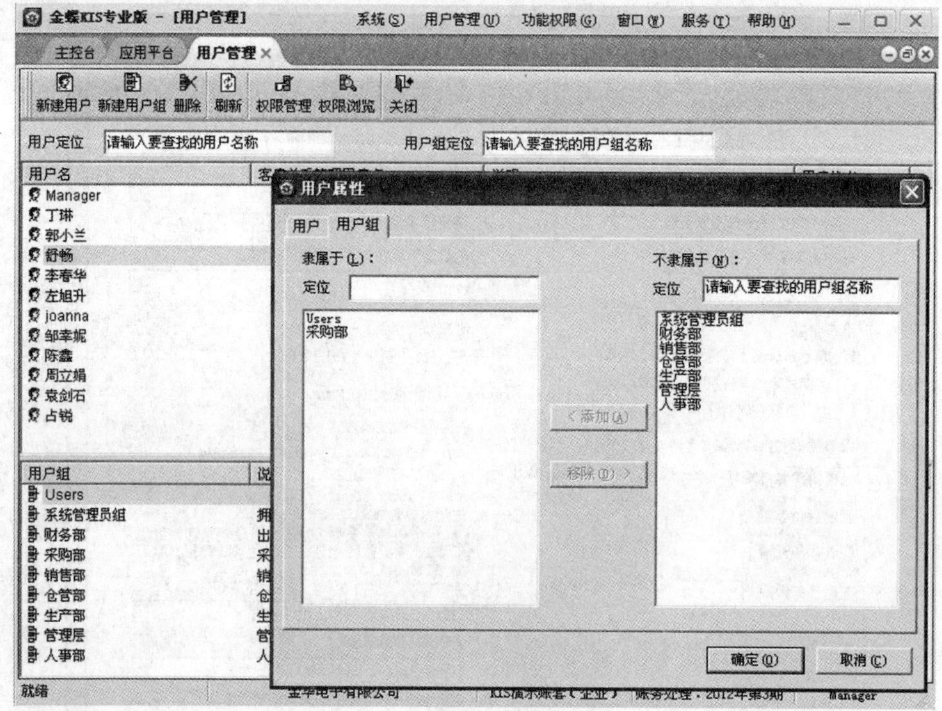

图2-16 用户管理界面

个空密码。当操作员登录系统时，建议立即设置新密码，并严格保密。

操作员姓名一般会出现在其处理的票据、凭证上，因此应记录其真实姓名，以便对其操作行为进行监督。

(2) 用户授权。

企业内部控制制度要求，用户或操作员要有严格的岗位分工，不能越权操作。权限设置就是对允许登录系统的操作员规定操作权限，严禁越权操作的行为发生。

用户授权的具体操作步骤见表2-4。

表2-4 用户授权的具体操作步骤

步骤	描述
第一步	选定某一具体用户（如赵主任），选择【用户】→【权限】或右击选择【权限】，弹出【权限管理】界面
第二步	快速授权，即对大系统的查询权和管理权。其中，查询权使用户具有基本的使用权限，管理权表明其具有修改数据、删除数据的权限。可以全选或选中一部分，然后单击【授权】即可
第三步	详细授权，即根据功能进行授权，单击【高级】，系统弹出具体的系统功能列表，可以对每一具体业务功能的增加、删除、修改、查询等进行授权。选择其中要授权的功能，单击【授权】即可

小　结

会计信息系统是一项复杂的系统工程。这一工程的顺利实施受许多因素的影响，有客观因素也有主观因素。实施过程必须按部就班、循规蹈矩。企业只有具备客观需要、领导的重视、良好的管理、合理的人员和必要的经费，才能考虑建立会计信息系统。建立会计信息系统必然会对会计工作及其组织机构产生一定的影响。为了适应电算化的要求，必须探求和设置与之相适应的机构。

购买商品化会计软件是会计信息系统的发展趋势之一。购买的商品化软件或有关部门推广的通用软件必须符合国家的会计制度并且适应企业的具体情况。

使用前，需要整理本单位会计业务，确定电算化情况下的记账方法、核算形式、核算内容和方法、制定相应的管理制度、培训有关应用人员、建立相应的组织机构。系统初始化是会计电算化中一项十分重要的工作。它是整个会计电算化工作的基础。这个基础的好坏将直接影响到会计电算化这座大厦的质量和运作。清晰的科目结构、明了与准确的数据关系会使在账套启用后的日常处理和财务核算过程中，工作思路畅顺、处理简捷。

试用前的准备、试运行、脱离手工账等，是建立会计信息系统不可跨越的阶段性的工作。只有一步一步扎扎实实地把工作做好，会计信息系统才能有助于我们的工作，否则会计信息系统会给我们带来困难和烦恼。

金蝶KIS的初始化工作分为：新建账套、基础资料设置和录入基础数据。建立账套工作是建立会计电算化系统的第一项工作。它设立了整个会计电算化系统的主体框架。此项处理中包含了建立账套名称、设定记账本位币、设立会计科目结构、设定账套会计期间等工作。

关键术语

账套：账套是金蝶KIS存放会计业务数据资料文件的总称。账套中包括会计科目、记账凭证、账簿、会计报表以及相关业务资料等内容。一个账套只能保存一个会计主体的业务资料，即所谓的一套账务数据的资料。

硬件平台：硬件平台是指会计信息系统中的硬件系统，如计算机、打印机、不间断电源、路由器（交换机）等配置及其工作方式的选择。从会计信息系统的要求来看，大型企业的会计数据量大，并且要集中管理，所以宜采用中小型机作为主机，而各个核算岗位在终端处理。企业可以根据自己的实际情况进行选择。根据会计信息系统的特点，要求硬件平台处理业务量大，准确性、可靠性、连续性和安全性高。

软件平台：软件平台是指系统软件，主要是操作系统的选择。目前流行的操作系统主要有Unix、Windowse等，其中Windows是目前最广泛采用的微机操作系统。市场上大部分会计软件都是基于Windows环境开发的。Unix大多用于中小型机，在国内电算化领域主要用于银行系统。

会计信息系统档案：各种涉及会计信息系统的资料文档可以分为三大类：会计数据档案、系统开发与维护更新文本档案和系统操作痕迹记录档案。每一类档案又可分别以纸介质、磁介质、光介质予以存储。对于磁介质档案，又可以有联机与脱机两种不同的存储方式。

系统转换：系统转换是指原有系统（手工系统或原有计算机系统）向新系统的过渡，分为两个阶段——系统上线和系统并行。

实验二　企业建账

1.实验要求

1）理解计算机会计信息系统中企业账的存在形式。

2）掌握计算机会计信息系统中企业账的设立过程。

3）理解系统操作员及权限的含义及设置方法。

4）根据指导教师要求，将计算机日期调整至20××年12月1日，以系统管理员的身份进行企业建账。主要任务包括：

（1）用户界面设置。

（2）增加操作员。

（3）建立企业账套。

（4）进行系统设置。

（5）了解上机日志。

（6）备份/引入账套数据。

2.实验资料

1）企业相关信息

大连兴海公司位于大连市高新园区高科大街628号，法人代表孙华东，联系电话及传真均为0411-84710000，企业税务登记号为116108473996215，银行账号为1234567890，电子信箱为AIS@seesea.cn。

该公司属于工业企业，从事化学品生产及销售，采用新企业会计准则核算体系，记账本位币为人民币，于20××年12月采用计算机系统进行会计核算及企业日常业务处理。企业只有几个主要供应商、客户，而且有外币业务。会计信息系统参数见表2-5。

表2-5　会计信息系统参数

项目	参数
账套文件名	KJ0000
账套名称	大连兴海公司

续表

项目	参数
行业	股份制企业（新企业会计制度）
记账本位币	人民币
会计科目结构	4、2、2、2、2、2[2]
账套期间	自然月份
会计年度开始日期	1月1日
账套启用会计期间	20××年12月1日

2）用户数据

用户数据见表2-6。

表2-6　**用户数据**

编号	用户名	管理员	隶属于（组）	权限	职员类别
1	张主管	是	Manager	全部财务+业务权限	管理人员
2	张会计	否	财务科	全部财务+基础资料	管理人员
3	赵主管	否	采购部	采购+基础资料	业务人员
4	李主管	否	销售部	销售+基础资料	业务人员
5	王主管	否	仓库	仓存+基础资料	一般员工
6	马主任	否	生产管理	生产+基础资料	业务人员
7	曾主任	是	研发部	维护	管理人员

注：为操作简便起见，只设置“张主管”口令为1，其他操作员口令为空。实验者把自己设置为“系统管理员”，并且为了操作方便，以自己的名字进行所有操作，但要注意内部牵制问题。

3）进行系统启用设置

由账套主管启用总账系统，启用日期为20××年12月1日，或根据操作期间自行设置。

4）备份及引入账套数据

存放路径：C：\programfiles\kingdee\kis。学员也可以根据业务需要指示保存路径。

备份路径：C：\programfiles\kingdee\kis。学员也可以根据业务需要指示保存路径。

习题与案例

一、单项选择题

（1）【账套】是金蝶KIS存放会计业务数据资料文件的总称，它可以同时存放（　　）会计主体的业务资料。

A.一个　　B.二个　　C.三个　　D.多个

（2）在金蝶KIS中，会计科目编码的最大级别数为（　　）级。

A.5　　B.6　　C.4　　D.7

（3）在金蝶KIS中，会计科目编码的最多位数为（　　）。

A.13　　B.14　　C.15　　D.16

（4）在金蝶KIS中，默认账套文件的扩展名为（　　）。

A.AIB　　B.BAK　　C.DOC　　D.AIS

（5）如果选择账套的会计年度开始日期为2016年1月1日，则会计年度截止日期为（　　）。

A.2016年12月31日　　B.2017年1月1日

C.2017年11月30日　　D.2017年12月31日

（6）会计科目的编码通常采用（　　）编码方案。

A.顺序码　　B.区段码　　C.层次码　　D.组合码

（7）录入期初数据时，以下不需输入的数据是（　　）。

A.期初余额　　B.年初余额

C.累计借方发生额　　D.累计贷方发生额

（8）下列（　　）用户组的用户不能删除。

A.资金组　　B.成本组

C.系统管理员组　　D.预算组

（9）核算项目中设置"职员类别"的作用是（　　）。

A.便于分类汇总　　B.工资费用分配

C.便于部门核算　　D.便于查询

（10）设置会计科目时，可以使用助记码，其最大长度为（　　）位。

A.6　　B.7　　C.8　　D.9

（11）上机日志中最多可以保存（　　）条记录。

A.3 000　　B.5 000　　C.10 000　　D.20 000

（12）在金蝶KIS中，用户（操作员）名最多字符个数为（　　）。

A.6　　B.8　　C.10　　D.12

（13）在金蝶KIS中，用户（操作员）安全码最少位数为（　　）。

A.2　　B.4　　C.5　　D.6

（14）金蝶KIS账套文件名的长度最大为（　　）字符。

A.5　　B.6　　C.8　　D.20

（15）可以建立新账套并为其他操作员授权的用户是（　　）。

A.出纳员　　B.工资核算员　　C.总账会计员　　D.系统管理员

（16）金蝶KIS会计科目类别为（　　）种。

A.2　　B.5　　C.6　　D.7

（17）可以查看上机操作日志的操作员是（　　）。

A.系统管理员　　B.财务主管　　C.出纳员　　D.工资核算员

（18）在金蝶KIS中，输入固定资产期初卡片，可以打开初始数据小窗口下拉菜单，选择（　　）。

A.人民币　　B.试算平衡表　　C.数量　　D.固定资产

（19）在金蝶KIS中，输入期初结余数量，可以打开初始数据小窗口下拉菜单，选择（　　）。

A.人民币　　B.试算平衡表　　C.数量　　D.固定资产

（20）在金蝶KIS中进行初始数据试算平衡，可以打开初始数据小窗口下拉菜单，选择（　　）。

A.人民币　　B.试算平衡表　　C.数量　　D.固定资产

（21）金蝶KIS提供了多币种核算，可以在任一科目下设置多币种管理，同时还可以进行的设置是（　　）。

A.结算　　B.核算项目　　C.类别　　D.增减变动

（22）金蝶KIS提供了完整的账证表一体化查询功能，根据总账最终可以查到它所辖的（　　）。

A.记账凭证　　B.多栏账　　C.明细账　　D.日记账

二、多项选择题

（1）对用户的权限进行设置，可以设置以下（　　）权限。

A.操作权限　　B.报表权限　　C.数据权限

D.科目权限　　E.稽核权限

（2）账套中包括了与会计相关的业务资料内容，主要有（　　）。

A.会计科目　　B.记账凭证　　C.账簿

D.会计报表　　E.人事档案

（3）会计核算必须分会计期间进行，金蝶KIS可以按（　　）设置会计期间。

A.自然月份　　B.任意天数　　C.不需设置

D.任意期间数　　E.以上皆可

（4）金蝶KIS的科目结构中不仅包含了编码、名称，同时还包含了科目的（　　）等。

A.类别　　B.余额方向　　C.外币核算
D.数量核算　　E.往来核算

(5) 系统管理员与普通操作员的区别是（　　）。

A.可以进行用户组设置　　B.可以进行用户设置
C.可以修改他人密码　　D.可以授权
E.无

(6) 在金蝶KIS中，下列哪些科目是特别科目（　　）。

A.1001　　B.1002　　C.1601
D.1505　　E.4103

(7) 新建账套时，下列（　　）工作必须做。

A.录入期初余额　　B.选择行业性质　　C.设置会计期间
D.设置会计科目结构　　E.确定本位币

(8) 以下类别的核算项目，（　　）不可以删除。

A.再建工程　　B.往来单位　　C.部门
D.职员　　E.成本中心

(9) 在金蝶KIS中，会计科目除分为“资产类”“负债类”外，还有（　　）。

A.权益类　　B.成本类　　C.损益类
D.表外类　　E.预算类

(10) 在金蝶KIS中，系统提供计提固定资产折旧的方法有（　　）。

A.先进先出法　　B.平均年限法　　C.工作量法
D.双倍余额递减法　　E.年数总和法

(11) 录入固定资产卡片的折旧与减值准备信息时，主要包括以下（　　）内容。

A.折旧信息　　B.账套启用期初数据　　C.折旧费用科目
D.减值准备对方科目　　E.折旧计算方法

(12) 录入固定资产卡片的基本入账信息时，除输入代码、名称以外，还包括（　　）内容等。

A.“固定资产”科目　　B.“累计折旧”科目　　C.“资产减值准备”科目
D.增加方式　　E.入账日期

(13) 上机日志中记录了下列（　　）内容。

A.日期时间　　B.用户名称　　C.状态
D.操作　　E.系统功能

(14) 在金蝶KIS中，设置外币可以（　　）。

A.在初始化界面，点击【币别】图标
B.打开【文件】菜单，选择【币别】选项
C.打开【基础资料】菜单，选择【币别】选项

D.在系统维护模块补充设置外币

E.在设置会计科目时，打开币别选择小窗口，补充设置外币

（15）与工资核算直接相关的初始设置项目有（　　）。

A.部门　　B.职员　　C.职员类别

D.职务　　E.凭证字

（16）与固定资产核算直接相关的初始设置项目是（　　）。

A.部门设置　　B.固定资产初始卡片数据录入

C.固定资产变动方式　　D.固定资产类别

E.科目（包括固定资产、折旧）初始余额直接录入

（17）科目预警功能可以设置会计科目某一会计期间的预算数，这些数据包括（　　）。

A.余额　　B.发生额　　C.累计发生额

D.对方科目的余额　　E.对方科目的发生额

（18）在金蝶KIS财务软件中，财务人员只要输入原始资料，下列哪些数据可由系统自动产生（　　）。

A.工资费用分配　　B.折旧费用分配　　C.期末调汇

D.结转汇兑损益　　E.结转生产成本

（19）可供选择的用户授权范围包括（　　）。

A.本人　　B.本组用户　　C.所有用户

D.总账权限　　E.凭证处理权限

（20）用户权限可分为哪三大类（　　）。

A.出纳权限　　B.科目权限　　C.操作权限

D.报表权限　　E.凭证处理权限

三、简答题

（1）简述企业实施会计信息系统应该具备的条件。

（2）简述会计信息系统实施应该遵循哪些原则。

（3）以金蝶KIS为例，讨论金蝶KIS适合怎样的企业实施会计信息系统，为什么？

（4）解释科目设置中【核算项目】的含义及其特点。

（5）金蝶KIS软件中提供了哪些固定资产折旧方法？分别讨论不同折旧方法的适用范围。

（6）账套参数包含哪些要素？

（7）简述建账的一般程序。

（8）账套建立完成之后，要进行哪些初始设置？

（9）账务初始数据录入时，要录入哪些数据，需要注意什么问题？

（10）启用账套之后，计算机系统要做哪些工作？

（11）何为账套启用日期？举例说明它与记账凭证日期、结算日期有何区别和联系？

（12）什么是会计科目体系结构？金蝶KIS采用的是哪种科目编码体系？

（13）简述什么科目可以进行多项目核算，如何设置多项目核算。

（14）简述在科目维护时输入预算数据的用途。

（15）企业在什么情况下需要往来单位核算、部门核算和个人核算。这些核算如何设置？

（16）上机日志有何用途？如何查询、过滤和引出上机日志？

（17）金蝶KIS是如何进行多币种核算的？

（18）如何使用或不使用预设会计科目表？使用它有什么好处？

（19）如何理解金蝶KIS账套管理与用户管理，对于理解系统和维护系统至关重要？请深入讨论，金蝶KIS系统在账套管理模块默认用户“Admin”，在进入账套之后系统管理员默认用户“Manager”，为什么要设置这两个账号，设一个行不行。你如何理解？

四、业务题

（1）某企业记账凭证种类已设置为现收、现付、银收、银付、转账五类，请填写表2-7固定资产增减变动方式设置表（科目栏填科目代码或科目名称都可以）。

表2-7　　　　固定资产增减变动方式设置表

变动方式	对应科目	凭证字	变动方式	对应科目	凭证字
购入			出售		
接受投资			报废清理		
接受捐赠			盘亏		
融资租入			其他减少		
自建					
盘盈					
其他增加					

（2）请填写表2-8会计科目设置表。

表2-8 **会计科目设置表**

科目代码	科目名称	币别核算	外币名称	期末调汇	账簿种类	核算项目	往来业务	数量核算	计量单位
1001	人民币								
1002	美元								
1002.01	人民币								
1002.02	美元								
1121	应收票据								
1101.01	股票投资								
1122	应收账款								
1401.01	硅油								
1401.02	甘油								
1401.06	冷拉钢								

（3）请填写表2-9固定资产类别设置表。

表2-9 **固定资产类别设置表**

固定资产类别名称	常用折旧方法	预计净残值率
房屋建筑物		
机器设备		
运输设备		
电子设备		

五、综合题

（1）通过对金蝶KIS财务软件的初步了解，分析电算化会计信息系统与传统手工会计信息系统有哪些区别，其优点在哪里。

（2）请根据以前学过的相关会计知识，设计一套企业的基础会计资料，描述在计算机系统中如何建账以及初始化。

第3章　会计信息系统运行和管理

学习目标

通过本章的学习，你将掌握：

1.《会计法》关于会计信息化的规定

2.《企业会计信息化工作规范》的具体规定

3.会计核算软件的基本要求

4.会计信息系统岗位及操作的基本要求

5.计算机代替手工记账的基本要求

6.会计信息系统档案管理的基本要求

7.金蝶KIS初始化操作

对于企业而言，电子化的会计信息系统的建立会带来新的管理问题和挑战。企业要依法管理运行会计信息系统，使其安全合规。同时，要使电子化的会计信息系统达到预期效果，使其有效运行，真正给企业带来收益。

3.1　会计电算化法规制度

《中华人民共和国会计法》（以下简称《会计法》）已于1999年10月31日由第九届全国人大常委会第十二次会议修订通过。《会计法》第十三条和第十五条对会计电算化都作了专门规定。另外按照《会计法》规定，财政部制定并发布了《会计电算化管理办法》等制度[①]。

3.1.1　《会计法》关于会计电算化的条款

《会计法》第十三条第二款规定："使用电子计算机进行会计核算的，其软件及生成的会计凭证、会计账簿、财务会计报告和其他会计资料必须符合国家统一的会计制度规定；会计账簿的登记、更正应当符合国家统一的会计制度规定。"该条款主要是针对实行会计电算化的单位有关在会计软件和会计资料方面的基本要求，主要作了两方面的规定：

第一，用电子计算机进行会计核算的单位，使用的会计软件必须符合国家统一的会计制度的规定。会计软件是会计电算化的主要手段和工具，会计软件符合国家统一的会计制度规定的核算要求是保证会计资料质量和会计工作正常进行的重要前提。因此，法律上要求实行会计电算化的单位，使用的会计软件必须符合国家统一的会计制度的规定。

第二，用电子计算机生成的会计资料必须符合国家统一的会计制度的要求。尽

① 从手工会计处理转化成为以计算机系统处理为主的会计信息系统的过程通常被称为会计电算化。

管一个质量可靠的会计软件可以为生成真实、完整的会计资料提供一定保障，但由于技术上、设备上、操作人员水平等方面的原因，生成的会计资料仍有可能不符合国家统一的会计制度的要求。因此，法律上要求，实行会计电算化的单位，用电子计算机生成的会计凭证、会计账簿、财务会计报告在格式、内容以及会计资料的真实性和完整性等方面，都必须符合国家统一的会计制度的规定。

《会计法》第十五条规定："会计账簿登记，必须以经过审核的会计凭证为依据，并符合有关法律、行政法规和国家统一的会计制度的规定。会计账簿包括总账、明细账、日记账和其他辅助性账簿。会计账簿应当按照连续编号的页码顺序登记。会计账簿记录发生错误或者隔页、缺号、跳行，应当按照国家统一的会计制度规定的方法更正，并由会计人员和会计机构负责人（会计主管人员）在更正处盖章。使用电子计算机进行会计核算的，其会计账簿的登记、更正，也应当符合国家统一的会计制度的规定。"

此条款针对的是会计记录，实行电子化的信息系统，其会计账簿的登记、更正，也应当符合国家统一的会计制度的规定。但有些实行会计电算化的企业，常常采用反记账和反结账方法修改会计数据，这是错误的。所谓反记账、反结账就是将已经记账或已经结账的会计数据恢复到记账或结账前的状态。会计数据记账后不能修改，因为只有这样才能保证会计信息的质量和可信度。结账的目的是保证结账前的数据不能再作任何修改，否则审计工作很难展开。还有一些实行会计电算化的企业对已输入且已保存的记账凭证再作插入和删除操作，这也是不正确的。因为即使这些凭证没有记账，也会使已输入凭证的凭证号顺序发生变动，这同样使得其会计账簿的真实性难以保证。如果这批凭证没有打印出来，则根本无法给审计留下任何线索。所以，这就要求实行会计电算化的企业或单位，在进行会计账簿的登记、更正工作时，也应当符合国家统一的会计制度的规定，以保证会计资料的真实性和完整性。同时，这也要求软件开发企业按照《会计核算软件基本功能规范》的要求进行系统开发。

3.1.2　其他会计电算化法规制度

按照《会计法》的规定，财政部制定并发布了《企业会计信息化工作规范》《企业内部控制应用指引第18号——信息系统》。中国内部审计协会制定并发布了《内部审计具体准则第28号——信息系统审计》。下面章节分别简述有关内容。

3.2　企业会计信息化工作规范

按照《会计法》的规定，财政部制定并发布了《企业会计信息化工作规范》等规章制度，对电子化会计信息系统管理、运行等作出了具体规定。

3.2.1　会计软件和服务

（1）会计软件应当保障企业按照国家统一会计准则制度开展会计核算，不得有违背国家统一会计准则制度的功能设计。

（2）会计软件的界面应当使用中文并且提供对中文处理的支持，可以同时提供外国或者少数民族文字界面对照和处理支持。

（3）会计软件应当提供符合国家统一会计准则制度的会计科目分类和编码功能。

（4）会计软件应当提供符合国家统一会计准则制度的会计凭证、账簿和报表的显示和打印功能。

（5）会计软件应当提供不可逆的记账功能，确保对同类已记账凭证的连续编号，不得提供对已记账凭证的删除和插入功能，不得提供对已记账凭证日期、金额、科目和操作人的修改功能。

（6）鼓励软件供应商在会计软件中集成可扩展商业报告语言（XBRL）功能，便于企业生成符合国家统一标准的XBRL财务报告。

（7）会计软件应当具有符合国家统一标准的数据接口，满足外部会计监督需要。会计软件应当具有会计资料归档功能，提供导出会计档案的接口，在会计档案存储格式、元数据采集、真实性与完整性保障方面，符合国家有关电子文件归档与电子档案管理的要求。

（8）会计软件应当记录生成用户操作日志，确保日志的安全、完整，提供按操作人员、操作时间和操作内容查询日志的功能，并能以简单易懂的形式输出。

（9）以远程访问、云计算等方式提供会计软件的供应商，应当在技术上保证客户会计资料的安全、完整。对于因供应商原因造成客户会计资料泄露、毁损的，客户可以要求供应商承担赔偿责任。客户以远程访问、云计算等方式使用会计软件生成的电子会计资料归客户所有。软件供应商应当提供符合国家统一标准的数据接口供客户导出电子会计资料，不得以任何理由拒绝客户导出电子会计资料的请求。

（10）以远程访问、云计算等方式提供会计软件的供应商，应当做好本厂商不能维持服务情况下，保障企业电子会计资料安全以及企业会计工作持续进行的预案，并在相关服务合同中与客户就该预案做出约定。

3.2.2 企业会计信息化

（1）企业应当充分重视会计信息化工作，加强组织领导和人才培养，不断推进会计信息化在本企业的应用，并应当指定专门机构或者岗位负责会计信息化工作。

（2）企业开展会计信息化工作，应当注重信息系统与经营环境的契合，通过信息化推动管理模式、组织架构、业务流程的优化与革新，建立健全适应信息化工作环境的制度体系。

（3）大型企业、企业集团开展会计信息化工作，应当注重整体规划，统一技术标准、编码规则和系统参数，实现各系统的有机整合，消除信息孤岛。

（4）企业配备会计软件，应当根据自身技术力量以及业务需求，考虑软件功能、安全性、稳定性、响应速度、可扩展性等要求，合理选择购买、定制开发、购买与开发相结合等方式。定制开发包括企业自行开发、委托外部单位开发、企业与外部单位联合开发。

（5）企业应当促进会计信息系统与业务信息系统的一体化，通过业务的处理直接驱动会计记账，减少人工操作，提高业务数据与会计数据的一致性，实现企业内部信息资源共享。

（6）企业应当根据实际情况，开展本企业信息系统与银行、供应商、客户等外部单位信息系统的互联，实现外部交易信息的集中自动处理。

（7）企业进行会计信息系统前端系统的建设和改造，应当安排负责会计信息化工作的专门机构或者岗位参与，充分考虑会计信息系统的数据需求。

（8）企业应当遵循企业内部控制规范体系要求，加强对会计信息系统规划、设计、开发、运行、维护全过程的控制，将控制过程和控制规则融入会计信息系统，实现对违反控制规则情况的自动防范和监控，提高内部控制水平。

（9）对于信息系统自动生成，且具有明晰审核规则的会计凭证，可以将审核规则嵌入会计软件，由计算机自动审核。未经自动审核的会计凭证，应当先经人工审核再进行后续处理。

（10）处于会计核算信息化阶段的企业，应当结合自身情况，逐步实现资金管理、资产管理、预算控制、成本管理等财务管理信息化。处于财务管理信息化阶段的企业，应当结合自身情况，逐步实现财务分析、全面预算管理、风险控制、绩效考核等决策支持信息化。

（11）分公司、子公司数量多、分布广的大型企业、企业集团应当探索利用信息技术促进会计工作的集中，逐步建立财务共享服务中心。

（12）企业会计信息系统数据服务器的部署应当符合国家有关规定。数据服务器部署在境外的，应当在境内保存会计资料备份，备份频率不得低于每月一次。境内备份的会计资料应当能够在境外服务器不能正常工作时，独立满足企业开展会计工作的需要以及外部会计监督的需要。

（13）企业会计资料中对经济业务事项的描述应当使用中文，可以同时使用外国或者少数民族文字对照。

（14）企业应当建立电子会计资料备份管理制度，确保会计资料的安全、完整和会计信息系统的持续、稳定运行。

（15）企业不得在非涉密信息系统中存储、处理和传输涉及国家秘密，关系国家经济信息安全的电子会计资料；未经有关主管部门批准，不得将其携带、寄运或者传输至境外。

（16）企业内部生成的会计凭证、账簿和辅助性会计资料，同时满足下列条件的，可以不输出纸面资料：

（a）所记载的事项属于本企业重复发生的日常业务；

（b）由企业信息系统自动生成；

（c）可及时在企业信息系统中以人类可读形式查询和输出；

（d）企业信息系统具有防止相关数据被篡改的有效机制；

（e）企业对相关数据建立了电子备份制度，能有效防范自然灾害、意外事故和人为破坏的影响；

（f）企业对电子和纸面会计资料建立了完善的索引体系。

（17）企业获得的需要外部单位或者个人证明的原始凭证和其他会计资料，同时满足下列条件的，可以不输出纸面资料：

（a）会计资料附有外部单位或者个人的、符合《中华人民共和国电子签名法》的可靠的电子签名；

（b）电子签名经符合《中华人民共和国电子签名法》的第三方认证；

（c）同时满足（16）第（a）项、第（c）项、第（e）项和第（f）项规定的条件。

（18）企业会计资料的归档管理，遵循国家有关会计档案管理的规定。

（19）实施企业会计准则通用分类标准的企业，应当按照有关要求向财政部报送XBRL财务报告。

3.2.3 会计准则对信息系统的要求

为了完成新会计准则的转换，企业所使用的信息系统要具备以下几个功能：

（1）提供数据转换工具，可自行新增会计科目，定义新旧科目之间的对应关系，方便安全地把原会计制度下的数据在新的年度顺利转换为符合新会计准则的数据（此项工作也可以通过手工录入财务凭证进行转换）。

（2）提供自定义记账本位币功能。

（3）提供先进先出法、加权平均法等存货计价方法，并且能将信息系统中原采用后进先出法计价的存货修改为其他方法。

（4）提供资产类别调整功能，将资产类别细分。

（5）可根据企业需求确定固定资产的折旧时间，同时可自由限制是否对减值准备进行转回。

（6）允许用户根据需要在集团结构树上自由设定和选择财务报表的合并范围。

（7）提供财务报表自定义功能，可对财务报表进行设置、调整。

3.2.4 会计电算化岗位及操作的基本要求

1）会计电算化岗位

实现了会计电算化后，可以把会计信息系统的工作岗位分为基本会计岗位和电算化会计岗位。基本会计岗位包括会计主管、出纳、会计核算、稽核和会计档案管理等工作岗位，基本会计岗位与采用手工模式时的各会计岗位相对应。电算化会计岗位是指系统管理、操作会计电算化系统和系统维护等工作岗位。电算化会计岗位设置参考如下：

（1）电算化主管。

电算化主管负责协调计算机及会计软件系统的运行工作，要求具备会计和计算机知识，以及相关的会计信息系统组织管理经验。该岗位可由会计主管兼任。

（2）软件操作员。

软件操作员负责记账凭证和原始凭证等会计数据的输入，各种记账凭证、账簿、会计报表的输出及部分会计数据处理工作。该岗位要求具备会计软件操作知识，达到会计信息系统初级知识水平。

（3）审核记账员。

审核记账员负责对输入计算机的会计数据进行审核，操作会计软件登记机内账簿，对打印输出的账簿、报表进行确认。该岗位要求具备会计和计算机知识，达到会计信息系统初级知识水平，可以由会计主管兼任。

（4）系统维护员。

系统维护员负责保证计算机硬件、软件的正常运行，管理机内数据。该岗位要求具备计算机和会计知识，达到会计信息系统中级知识水平。采用大型计算机和计算机网络会计软件的单位，应设立这一岗位。

（5）电算审查员。

电算审查员负责监督计算机及会计软件系统的运行，防止利用计算机进行舞弊。该岗位要求具备计算机和会计知识，达到会计信息系统中级知识水平，该岗位可以由会计稽核人员兼任。

（6）数据分析员。

数据分析员负责对计算机内的会计数据进行分析。该岗位要求具备计算机和会计知识，达到会计信息系统中级知识水平，使用大型计算机和实施计算机网络会计系统的单位，可设立这一岗位，可由会计主管兼任。

（7）档案管理员。

档案管理员负责对数据软盘、程序软盘、打印输出的凭证、账簿、会计报表以及系统开发的各种档案资料的保管和保密工作。

（8）系统分析人员。

系统分析人员的主要职责是根据用户的需要，通过对现有手工会计信息系统的接口界面、数据流程和数据结构等进行全面的分析，在可行性分析的基础上确定电算化会计系统的目标，提出系统的逻辑模型。系统分析是开发电算化会计信息系统的第一阶段，也是最重要的阶段，是下一步系统设计的主要依据。会计信息系统是一个复杂的系统，它与企业其他管理信息子系统有着密切的联系，其内部业务处理过程也十分复杂。因此，系统分析人员应当熟练掌握企业财务业务和企业管理知识，同时还需要掌握系统分析技术和方法，如系统调查、可行性研究、数据流程分析、数据结构分析，以及建立逻辑模型等技术和方法。此外，由于逻辑模型是为系统设计提供依据的，因此系统分析人员还必须掌握系统开发的其他一些知识和技术，如设计技术、编程、计算机硬件、软件基本知识等，以使设计的逻辑模型符合系统设计的要求。

（9）系统设计人员。

系统设计人员的主要职责是把系统逻辑模型转化为系统的物理模型，系统分析人员告诉的是系统“做什么”，而系统设计人员告诉计算机“如何做”，即确定系统的硬件资源、软件资源、系统结构模块划分及功能、数据库设计等。对系统设计人员来说，其所需知识主要为系统开发技术和计算机知识，同时为了更好、更快地理解系统逻辑模型，还需要具备一定的财会业务知识和企业管理知识。由系统设计人员提出的系统的物理模型是程序员编制应用程序的依据。

（10）系统程序员。

系统程序员的主要职责是以系统的物理模型为依据编制程序，并进行调试，检验程序的正确性。

实现会计信息系统的单位根据自身情况及电算化会计的特点划分电算化会计岗位，如果单位的会计软件是购入的商品化软件，单位本身没有系统开发任务，单位可以不设置系统分析员、系统设计员和系统程序员等岗位。

上述电算化会计岗位中，软件操作岗位与审核记账、电算维护、电算审查岗位为不相容岗位。

会计电算化岗位及其权限设置一般在系统初始化时完成，平时根据人员的变动可进行相应调整。电算主管负责定义各操作人员的权限。具体操作人员只能修改自己的口令，不能更改自己或他人的操作权限。

2）操作管理制度概要

（1）未经培训合格者不得上机操作。

（2）规定操作人员使用权限，由系统管理员或者会计主管给每个操作人员设置各使用权限的密码。

（3）操作人员必须按照规定的操作规程进行工作。

（4）操作人员必须进行上机登记，填写上机时间、使用情况、机器状况以及故障处理办法等内容。

（5）操作人员不能擅自修改凭证的错误，发现错误应立即报告会计主管或凭证编制人员。

（6）操作人员应及时做好数据备份工作。

（7）所有软盘或存储硬盘使用前必须首先进行病毒检测，确保无病毒后方能使用。

（8）操作人员不得任意改变系统工作环境。

3）系统维护制度概要

（1）机房内硬件必须指定专人负责。

（2）机房内硬件由系统维护员定期全面检查，并做好检查记录，发现问题的硬件应及时修理或更换。

（3）软件维护由专人负责，非指定软件维护人员不得从事软件维护工作。

（4）重大软件维护项目应事先上报会计主管和系统管理员，获得批准方可进行。

（5）做好详细维护记录。

（6）系统参数，包括系统运行环境、系统账的套数、会计科目、使用权限等不得随意变动；若确需变动，应事先报请会计主管和系统管理员批准。

3.3　会计信息系统的控制

3.3.1　会计电算化对内部控制的影响

会计电算化带来了以下会计信息处理方式的改变，使传统的内部控制方法面临挑战：

（1）内部控制形式的变化。手工操作下某些内部控制措施在电算化后没有必要存在了，例如总账和明细账的核对；同时，手工操作下一些内部控制措施在电算化后转移到计算机内了，如余额发生额平衡检查、凭证借贷平衡校验等。由此可见，电算化会计的许多内部控制方法主要是通过会计软件来实现的。程序化的内部控制的有效性取决于应用程序，若程序发生差错或不起作用，由于人们的依赖性以及程序运动的重复性，将使得失效控制的情况长期不被发现，从而增大了系统在特定方面发生错误或违规行为的可能性。

（2）存储介质的变化。手工会计环境下，企业的经济业务发生均记录在纸张之上，按会计数据处理的不同过程分为原始凭证、记账凭证、会计账簿和会计报表。纸张上的书面数据形成会计人员所熟悉的会计证据原件，这些纸质原件的数据若被修改，则容易辨别出修改的线索和痕迹。但是，电算化系统下原来纸质的会计数据被直接记录在磁盘或光盘上，是不可见的，很容易被删除或篡改。因此，在计算机中如何使磁性介质上的数据安全可靠，防止数据被非法修改是一个非常重要的问题。

（3）内容控制的范围变化。传统的内容控制主要针对交易处理。计算机技术的引入给会计工作增加了新的工作内容，同时也增加了新的控制措施。由于计算机系统建立和运行的复杂性，内部控制的范围相应扩大，如网络系统安全的控制、系统权限的控制、修改程序的控制等以及磁盘内会计信息的安全保护、计算机病毒防治、计算机操作管理、系统管理员和系统维护人员的岗位责任制度等。

（4）交易授权的变化。授权、批准控制是一种常见的、基础的内部控制。手工会计系统中，对于一项经济业务的每个环节都要经过某些具有相应权限人员的签章，自然形成了严格的审核复查机制。但在电算化会计信息系统中，大部分处理由计算机完成，审查、复核等控制被削弱，甚至消失了。

（5）财务网络化带来的问题。随着计算机技术和网络通信技术的发展，网络化会计信息系统的日趋普及，财务软件的网络功能主要包括远程报表、远程审计、网上支付、网上报税、网上采购、网上销售和网络银行等，实现这些功能就必须有相应的控制，从而加大了会计系统安全控制的难度。

3.3.2 建立和完善电算化会计信息系统环境下的内部控制

实施会计电算化以后，严格的内控制度和系统正常、安全、有效的运行是会计电算化信息真实可靠的保证。内部控制制度要求处理同一笔经济业务的人员既要相互联系，又要相互制约。此外，严格的内控制度有助于防止违法行为的发生。国内外会计电算化的实践表明，计算机自身处理出错的概率几乎为零；但如果单位管理制度不健全或实施不力，会给各种非法舞弊行为以可乘之机。企业一旦出现舞弊情况，将会遭受巨大损失。因此，制定严格的内控制度是非常有必要的。强化内控管理，提高电算化的科学管理水平是建立现代企业制度的内在要求，也是提高企业竞争能力的重要途径。建立和完善电算化会计信息系统环境下的内部控制可从以下几个方面进行：

1）组织与管理控制

组织与管理控制是指通过部门的设置、人员的分工、岗位职责的制定、权限的划分等形式进行的控制，其基本目标是建立恰当的组织机构和职责分工制度，以达到相互牵制、相互制约、防止或减少舞弊发生的目的。会计信息系统的工作岗位可分为基本会计岗位和电算化会计岗位。其中，属于电算化会计岗位的系统管理岗位的主要任务是负责系统的硬软件管理工作，从技术上保证系统的正常运行，包括掌握网络服务器及数据库的超级口令，安排网络资源分配，监控数据保存方式的安全性、合法性，防止非法修改历史数据，对系统运行各环节进行审查以防止存在漏洞等，以便有效地限制并及时发现错误或违法行为。

2）系统日常操作管理控制

系统操作控制主要表现为操作权限控制和操作规程控制两个方面。操作权限控制是指每个岗位的人员只能按照所授予的权限对系统进行作业，不得超越权限接触系统。系统应制定适当的权限标准体系，以杜绝越权操作，从而保证系统的安全。操作权限控制常采用设置口令的方式来实行。操作规程控制是指系统操作必须遵循一定的标准操作规程进行。操作规程应明确职责、操作程序和注意事项，并形成一套电算化系统文件，如对进入机房内的人员进行严格审查、规定交接班手续和登记运行日志、规定数据备份及机器的使用规范、规定存储盘专用以防病毒感染、规定不准在计算机上玩电脑游戏等。标准操作规程包括软硬件操作规程、作业运行规程、上机时间记录规程等。

3）系统维护控制

系统的维护是指日常为保障系统正常运行而对系统硬软件进行的安装、修正、更新、扩展、备份等方面的工作。系统维护控制就是针对这些工作而实施的控制。系统维护包括硬件维护和软件维护。硬件维护主要包括定期进行检查并做好记录，以及在系统运行过程中出现硬件故障要及时进行故障分析并做好记录。而软件维护包括正确性维护、适应性维护和完善性维护。在软件修改、升级和硬件更换过程中，要保证实际会计数据的连续和安全，并由有关人员进行监督。

4）数据和程序控制

数据和程序控制主要是指对数据、程序的安全控制。程序的安全与否直接影响着系统的运行，而数据的安全与否关系到财务信息的完整性和保密性。

数据控制的目标是要做到任何情况下数据都不丢失、不损毁、不泄露、不被非法侵入，通常采用的控制包括接触控制、丢失数据的恢复与重建等。数据的备份则是数据恢复与重建的基础，是一种常见的数据控制手段，采用磁性介质保存会计档案要进行定期检查和定期复制，防止由于磁性介质损坏而使会计档案丢失。在网络中进行双机镜像映射备份也是一种备份形式。

程序的安全控制是要保证程序不被修改、不损毁、不被病毒感染，常用的控制包括接触控制和程序备份等。接触控制是指非系统维护人员不得接触到程序的技术资料、源程序和加密文件，从而减少程序被修改的可能性；程序备份则是指有关人员要注明程序功能后备份存档，以备系统损坏后重建之需。程序的安全控制还要求系统使用单位制定具体的防病毒措施，包括对所有来历不明的介质在使用前进行病毒检测，定期对系统进行病毒检测，使用网络病毒防火墙以防止日益猖獗的网络病毒侵入等。

5）网络的安全控制

随着网络技术快速发展，公司应加强网络安全的控制，在技术上对整个财务网络系统的各个层次（通信平台、网络平台、操作系统平台、应用平台）都要采取安全防范措施和规则，建立综合的多层次的安全体系。网络安全性指标包括数据保密、访问控制、身份识别等。针对这些方面，可采用一些安全技术，主要包括数据加密技术、访问控制技术、数字签名技术、隧道技术（VPN）等。

数据加密技术是保护信息通过公共网络传输和防止电子窃听的首选方法。现代加密技术分为对称加密（专用密钥，privatekey）和非对称加密（公开密钥，publickey）两大类。对称加密法是最传统的方式，其特点是关联双方共享一把专用密钥进行加密和解密运算，专用密钥法面临的最大难题是密钥网上分发的安全性问题。非对称加密法于1976年问世，它将密钥一分为二，即一把公钥和一把私钥，具有加密钥不同于解密钥并且在计算上不能由加密钥推出解密钥的特点，有效解决了密钥分发的管理问题，特别适合计算机网络的应用环境。例如总公司对下属企业公开其“密钥对”中的公钥，下属企业可以用公钥对上报的报表信息加密，安全地传送给总公司，然后由总公司用其保留的私钥进行解密。

访问控制技术的代表是防火墙技术，特别是已融和了VPN（虚拟专用网及隧道技术）的防火墙技术。防火墙是建立在企业内部网（Intranet）和外部网络接口处的访问控制系统，它对跨越网络边界的信息进行过滤，目的在于既防范来自外部的非法访问又不影响正常工作，从而为企业设立了一道电子屏障。防火墙可能是纯软件、纯硬件或软硬件结合的产品，大体上可分为两大类：一类基于包过滤(packetfilter)，通常直接转发报文，它对用户完全透明，速度较快；另一类基于代理服务（proxyservice)，需要代理服务器建立连接，它可以有更强的身份验证和日志功能。

数字签名是指在Internet环境下，电子符号代替了会计数据，磁介质代替了纸介质，财务数据流动过程中的签字盖章等传统手段将完全改变，为验证对方身份、保证数据真实性和完整性，在计算机通信中采用数字签名这一安全控制手段。基于数字签名还可建立不可否认机制，也就是说，只要用户或应用程序已执行某一动作，就不能否认其行动。数字签名是上述公开密钥密码技术的另一类应用。它的主要方式举例如下：会计信息的披露方从信息文本中通过一种信息摘要算法产生一个固定长度（如128位）的摘要值，用自己的私钥对摘要值加密，来形成披露方的数字签名，连同原文一起发出，而关联方首先用同样的摘要算法对报文计算摘要值，接着再用披露方一同发来的公钥对数字签名解密，如果两个摘要值相同，证明信息在发送途中未被篡改，而且报文确定来自所称的披露方。财务系统中远程处理时可用数字签名技术代替签字盖章的传统确认手段，当然这必须是在国家有相应的财务制度许可的条件下。

另外，VPN解决了财务信息在Internet上传输的安全问题。网络传输介质、接入口的安全性也是应该引起注意的问题，即尽量使用光纤传输，接入口应保密。通过上述技术可提高财务信息在内部网络及外部网络传输中的安全性。

3.3.3 会计信息系统的日常管理与维护

1）会计信息系统的日常管理

在会计信息系统条件下根据会计数据处理和财务管理工作的需要进行了新的工作岗位分工，同样需要对不同的岗位和人员进行工作职责和权限的划分，从而明确各自的权利与责任，保证会计信息系统的有序运行。根据实际情况可以建立会计信息系统主管责任制、软件操作责任制、审核记账员责任制、系统管理员责任制、电算审查人员责任制、数据分析员责任制、会计档案保管员责任制等。

对系统操作过程的控制和管理，建立健全的操作管理制度并严格实施，是系统安全、有效运行的保证。硬件管理制度主要是为保证计算机系统和机房设备的正常运转实施的控制，这是系统安全运行的基本前提和物质保证。对会计软件和会计数据进行安全保密控制，目的是防止软件被他人篡改、更换或破坏。保证会计信息系统内各类文档资料的存档、安全保管和保密工作。这里的文档资料主要是指打印输出的各种账簿、凭证、报表，存储会计数据和程序的软盘及其他存储介质，系统开发运行中编制的各种文档以及其他会计资料。

2）会计信息系统的维护

系统维护的类型主要包括：

（1）正确性维护，目的是改正软件中存在的错误；

（2）适应性维护，目的是使软件能随环境的变化而变化，使软件能够继续使用，从而提高软件的使用寿命；

（3）完善性维护，目的是提高系统的工作效率和性能。

上述三种维护类型中，完善性维护是最主要的。因为从系统的整个生命周期分析，用于完善性维护的时间和投资甚至会超过正确性维护和适应性维护的总和。特别是高质量的软件，一般具有良好的准确性和适应性，其用于正确性维护和适应性维护的时间和投资一般不会很大。

3）系统维护的内容

对于一个系统而言，进行维护的工作量与系统投入使用的时间长短和系统自身的质量好坏有关。通常在系统试用期间的维护工作量较大，系统维护一般包括下列几个方面的内容：

（1）硬件设备维护。硬件设备维护是指对计算机主机、外部设备及机房各种辅助设备进行的检修、保养工作，以保证硬件系统处于良好的运行状态。

（2）数据文件维护。数据文件维护是指对数据文件的结构及内容进行的扩充、修改等工作，以保证数据文件能满足会计数据处理的需要。由于系统的业务处理对数据的需求是不断变化的，因此经常对数据文件进行维护非常重要。

（3）代码系统维护。随着系统环境的变化，旧的代码已经不能适应系统的需求，因此需要对代码进行维护。代码系统维护是指对代码系统的结构及内容进行的扩充、修改等处理，以满足会计数据处理的需要。

（4）软件维护。软件维护是指根据实际需要对软件系统进行的修正或补充工作。由于会计信息系统的业务处理以计算机处理为主，而计算机又是在程序的控制下运行的，因此，如果日常会计业务的处理或数据发生变化时，就可能需要修改某些程序，一般来说，软件维护通常都是在原有的程序基础之上进行修改完成的。

3.4　KIS初始化及实验指导

软件系统安装完成之后，并不能立即进行账务处理，因为其中未包括任何数据。使用电算化系统处理企业日常业务需要用到大量的基础信息，如科目信息、员工、部门等，因此要根据企业的实际情况，结合软件系统信息设置的要求，做好基础数据的整理准备录入工作，作为系统启用的基础条件。

系统初始化工作分五个步骤，首先是【新建账套】，其次对账套进行【系统设置】和【基础资料设置】，再进行【初始数据录入】，最后【启用系统】。

系统初始化需要较为严格的流程，因为软件的许多数据是相互关联的。在进行实验操作时，要注意操作的次序。

系统初始化是指企业账务和业务的基础资料设置和启用账套时期初数据的录入。接下来本节将主要讲述KIS专业版在使用前进行的档案整理、基础资料录入和初始数据录入等操作。

3.4.1 基础资料档案整理

基础资料，就是在系统中使用的各种基础数据的总称，包括用户在录入凭证或者录入单据时，需要输入一些业务资料信息，如会计科目、币别、商品、客户、凭证字、计量单位、金额等信息，见表3-1。对于这些经常使用的基础数据，应当进行统一的设置和管理。基础资料是计算机系统运行必需的基础数据。KIS13专业版是财务业务一体化管理系统，系统的基础数据不仅涉及会计、财务部门，还涉及其他业务部门。因此，对基础数据进行收集和整理是系统正常工作的基础。

表3-1 基础资料

资料分类	目录	用途	要求
机构设置	部门档案	与企业财务核算和管理有关的部门设置	部门编码方案
	职员档案	职能部门中需要对其核算和业务管理的职工信息设置	设置部门之后，在其下增加职员
往来单位	客户档案	便于进行客户管理和业务数据的录入、统计、分析	客户分类、确定编码方案，建立客户分类档案
	供应商档案	便于进行供应商管理和业务数据的录入、统计、分析	供应商分类、确定编码方案，建立供应商分类档案
存货	存货档案	便于存货核算、统计、分析和实物管理	对存货分类、确定编码方案
财务	会计科目	设置企业核算的科目	设置科目编码方案及外币
	凭证类别	设置企业核算的凭证类型	
	外币	设置企业用到的外币种类及汇率	
	项目	设置企业需要对其进行核算和管理的对象、目录	可将存货、成本对象、现金流量直接作为核算的项目
收付结算	结算方式	用来设置资金收付业务中用到的结算方式	
	付款条件	用来设置企业与往来单位协议规定的收、付款折扣优惠方法	
	开户银行	企业在收付结算中对应的开户银行信息	

续表

资料分类	目录	用途	要求
业务	仓库档案	设置企业存放存货的仓库信息	
	收发类别	设置企业的入库、出库类型	
	采购类型	设置企业在采购存货时的各项业务类型	先设置好收发类别为收的收发类别
	销售类型	设置企业在销售存货时的各项业务类型	先设置好收发类别为发的收发类别
	产品结构	用于设置企业各种产品的组成内容，以利于配比出库、成本计算	先设置存货、仓库档案

3.4.2　基础资料录入

我们在第 1 章讲过 KIS13 由多个子系统构成，例如总账、会计科目、工资、固定资产、存货管理、生产等。这些子系统中很多信息是公用的，例如部门、会计科目、系统参数等；另外也有一些基础信息为部分模块所特有，例如收支类别、BOM、仓库档案等为购销存系统所特有，如图 3-1 所示。

实验前准备：将系统时间调整为 2016.12.1。

图 3-1　基础资料示例

1）币别

必须且只能存在一个基本币别，可以核算多种币别。如果企业有外币核算业务，需要事先定义外币种类，并确定外币业务的核算方式。

外币设置时需要定义以下项目：

（1）币符及币名：定义外币的表示符号及其中文名称。

（2）汇率小数位：定义外币的汇率小数位数。

（3）折算方式：分为直接汇率与间接汇率两种。直接汇率即“外币×汇率=本位币”，间接汇率即“外币÷汇率=本位币”。

（4）外币最大误差：在记账时，如果外币×（或÷）汇率-本位币>外币最大误差，则系统给予提示，系统默认最大折算误差为0.00001，在不相等时就提示。

（5）固定汇率与浮动汇率：使用固定汇率作为记账汇率，在填制每月的凭证前，预先录入该月的记账汇率；对于使用变动汇率（即使用当日汇率）作为记账汇率的用户，在填制凭证的当天，应预先在此录入该天的记账汇率。

2）凭证字

录入凭证时使用的用于区别凭证类别的标识，必须指定一个默认凭证字。企业多采用收、付、转三类凭证或银、现、转三类凭证，还有划分为银收、银付、现收、现付、转账五类凭证等分类。

当然也可以不分类，直接采用“记”，就是采用记账凭证一类。

3）计量单位

“计量单位”需要建立编码体系，先建立计量单位组，再建立计量单位，代码不能重复。每个计量单位组中必须有一个系数是1的基本计量单位，其他计量单位通过换算系数与其换算。

4）会计科目

设置会计科目是登记账簿、编制会计报表的基础。在KIS专业版10.0中系统预设了“企业会计制度科目”和“小企业会计制度科目”两种标准模板，企业可以根据实际情况选择相应的模版引入会计科目。会计科目引入后可以修改。软件中预置了现行会计制度规定的一级会计科目和部分二级会计科目，企业可根据本单位实际情况修改科目属性并补充明细科目。

（1）科目属性。

系统内预置行业一级会计科目，企业需要增加的主要是明细科目。增加或修改会计科目时需要输入以下内容：

①科目代码：设置会计科目代码作为数据处理的关键字，便于检索、分类及汇总，可以减少输入工作量、提高输入速度，还能促进会计核算的规范化和标准化。对科目进行编码便于反映上下级会计科目间的逻辑关系，便于计算机识别和处理。一级会计科目代码要符合会计制度的统一要求，明细科目代码要满足建账时设定的编码规则，如图3-2所示。

②科目名称：科目名称是该科目的文字标识，在命名科目名称时只需命名本级科目名称，不必带上级科目名称。科目汉字名称是证、账、表上显示和打印的标志，必须意义明确、用语规范、尽量避免重名。

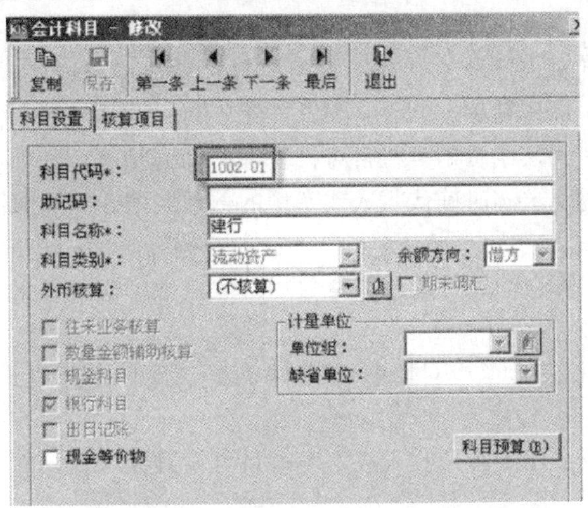

图3-2　增加或修改科目代码

③科目类型：科目类型是按会计科目性质对会计科目进行的划分。系统可以根据科目编码自动识别科目类型。

④账页格式：账页格式一般分为金额式、外币金额式、数量金额式、数量外币式几类。账页格式规定了查询和打印时该科目的会计账页形式。例如，既有外币又有数量核算的科目可设为外币数量式，既无外币又无数量核算的科目可设为金额式。

⑤外币核算：该科目是否核算外币。如果核算外币，则需要选择外币种类。一个科目只能核算一种外币。

⑥数量核算：用于设定该科目是否有数量核算以及数量计量单位，如图3-3所示。

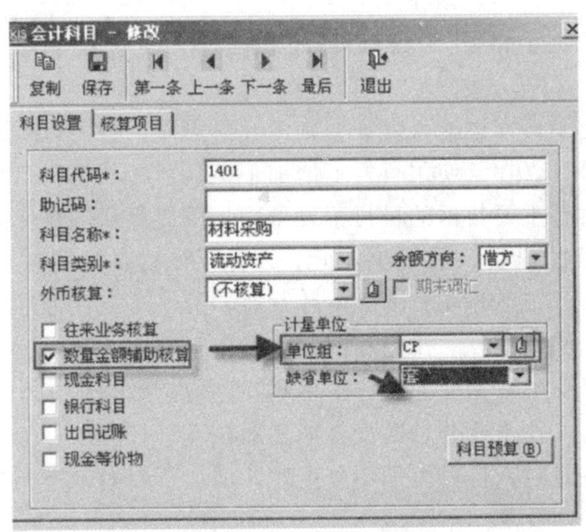

图3-3　数量核算示例

⑦辅助核算：辅助核算是辅助账类，用于规定本科目是否有其他核算要求。一般系统提供以下几种专项核算功能：部门核算、客户往来核算、供应商往来核算、项目核算、个人往来核算等。

• 部门核算：收入或费用类科目可设置部门辅助核算。日常运营中，当收入或费用发生时，系统要求实时确认收入或费用的部门归属，记账时同时登记总账、明细账和部门辅助账。

• 客户往来核算：与客户的往来科目如应收账款、应收票据、预收账款可设置为客户往来核算。

• 供应商往来核算：应付账款、应付票据、预付账款可设置为供应商往来核算。

• 项目核算：在建工程及收入成本类科目可设置为项目核算，用于按项目归集收入或费用。

• 个人往来核算：用于核算企业与员工之间的资金往来业务。

一个科目可同时设置最多四类专项核算。例如，如果希望将主营业务收入既用来核算各部门的使用情况，也用来了解各项目的使用情况，那么就可以同时设置部门核算和项目核算。一般个人往来核算不能与其他专项核算一同设置，客户往来核算与供应商往来核算不能一同设置。

⑧日记账：手工核算下，只对现金和银行科目记日记账；而在计算机环境下，企业可以根据管理需要设置对任意科目记日记账。

⑨银行账：对银行科目需要设置银行账。

（2）注意事项。

①如果科目已录入期初余额或已制单，则不能删除。

②非末级会计科目不能删除。

③被指定为“现金科目”“银行科目”的会计科目不能删除；如想删除，必须先取消指定。

④科目一经使用，即已输入凭证，则不允许删除，但可以增加同级科目或在该科目下增设下级科目（在已使用科目下增加下级科目时，该科目数据有可能会产生错误，因此建议对有重要数据的科目不要做增加下级科目的操作）。

⑤带核算项目的科目，如图3-4所示，需要设置具体的核算项目，如客户往来。一个科目最多只能管理4个核算项目类别。另外注意，带【核算项目】的科目与设立子科目进行辅助核算的作用相同，应避免重复。

⑥损益类科目发生数据业务后，不可删除，包括数据为0的记录科目。

⑦发生业务后，往来业务、数量金额辅助核算、核算项目等属性不可更改。

⑧录入下级科目时，科目类别不可更改，增加资料时，遵循先上级后下级的规则；如果要删除，则反之。

（3）设置会计科目的原则。

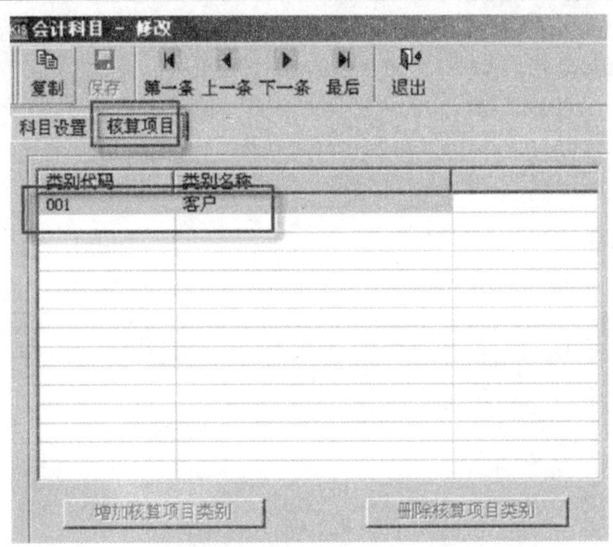

图3-4　带核算项目的科目

设置会计科目时，应该注意以下问题：

①会计科目要保持相对稳定，并且会计科目的设置必须满足会计报表编制的要求，凡是报表所用数据需从系统提取的，必须设立相应科目。

②设置会计科目要考虑总账系统与业务系统的衔接。在总账系统中，只有末级会计科目才允许有发生额，才能接收各个子系统转入的数据，因此，要将业务系统中的核算科目设置为末级科目。

一般来说，当企业规模不大、往来业务较少时，可采用与手工方式一样的科目结构及记账方法，即将往来单位、个人、部门、项目通过设置明细科目来进行核算管理。

当不使用辅助核算功能时，可将科目设置为：

科目编码　科目名称

1122　应收账款

1122.01　大连汽贸公司

1122.02　北京石油销售分公司

……

1221　其他应收款

1221.01　差旅费应收款

1221.01.01　李静

1221.01.02　李野

1221.02　个人借款

1221.02.01　李静

1221.02.02　李野

……

1401　　材料采购

1401.01　　A材料

1401.02　　B材料

……

1605　　在建工程

1605.01　　工程物资

1605.01.01　　部门A

1605.01.02　　部门B

……

6602　　管理费用

6602.01　　办公费

6602.01.01　　部门A

6602.01.02　　部门B

对于那些往来业务频繁、清欠和清理工作量大、核算要求严格的企业，应该采用总账系统提供的辅助核算功能进行管理，即将这些明细科目的上级科目设为末级科目并设为辅助核算科目，同时将这些明细科目设为相应的辅助核算目录。

一个科目设置了辅助核算后，它所发生的每一笔业务都将会登记在总账和辅助明细账上。当启用总账系统的辅助核算功能进行核算时，可将科目设置为：

科目编码	科目名称	辅助核算
1122	应收账款	客户往来
1221	其他应收款	
1221.01	差旅费应收款	个人往来
1221.02	个人借款	个人往来
1401	材料采购	项目核算
1605	在建工程	
1605.01	工程物资	部门项目
6602	管理费用	
6602.01	办公费	部门核算

核算项目在与其他模块连用时可以自动生成凭证。如收到A单位应收款10 000元，如果是明细科目，此张收款单生成凭证时需指定相应科目；如果是核算项目，系统自动确认应收账款——A单位。再如收入、成本和费用按部门核算，可以查询核算项目总账进而查询每个部门发生的收入、成本和费用，如图3-5所示。

5）结算方式

设置结算方式可以提高银行对账的效率，在根据业务自动生成凭证时可以识别相关的科目，如现金结算、支票结算等。

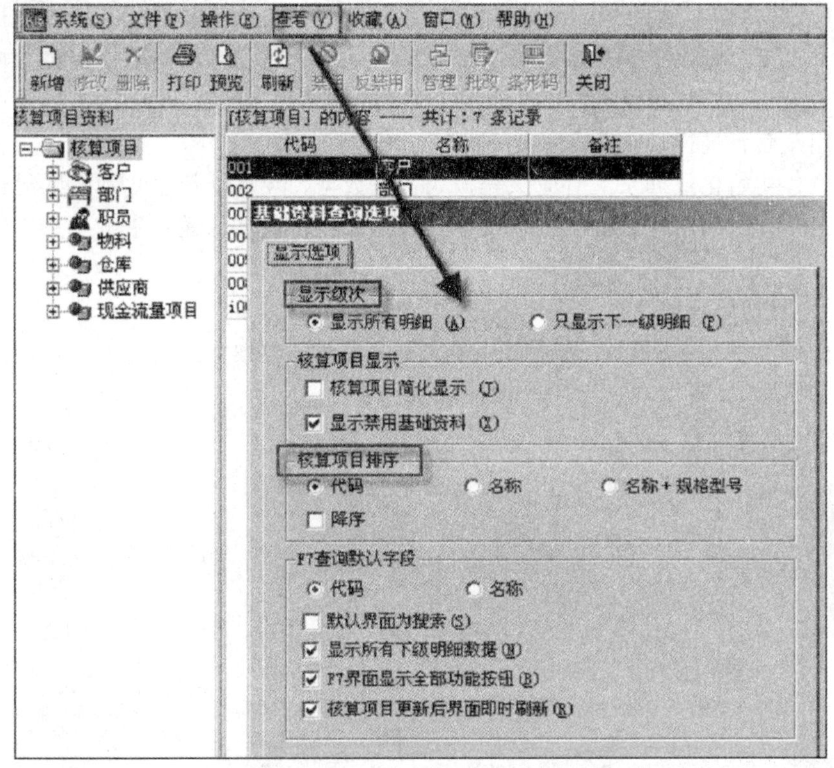

图3-5　查看核算项目设置

6）其他资料

客户、部门、职员、仓库、供应商的设置与部门类似，按照新增操作步骤依次录入案例中基础资料。

物料的设置相对比较复杂，要进行基本资料和物流资料的设置：

（1）物料辅助属性。物料辅助属性类别有基本类和组合类之分：基本类是指单一的辅助属性，如颜色、尺寸等；组合类则由两个或两个以上的基本类组成，新增组合类前必须先进行相应基本类的新增。组合类属性设置完后再进行物料的辅助属性设置。

（2）组装件BOM。KIS专业版支持多级组装，也就是我们常说的嵌套组装。注意组装件的属性必须是组装件，而子件的属性可以是外购、自制或组装件。这里的组装BOM与物料结构清单是有区别的，不能用于生产领料，无法完成生产领料的配套处理。组装件BOM设置完后要审核并设置为使用状态，这样在日常进行组装的时候，可以直接调用。

3.4.3　初始数据录入

企业在启用账套之前，除刚成立的公司外，任何企业都存在初始数据信息。如果为年中启用，也必然存在累计发生数据。为了保证数据的完整性和准确性，应当进行初始数据录入。初始化工作是启用软件的基础，关系着数据的准确性，初始化工作尤为重要。完成了新建账套、系统设置、基础资料设置等基础设置后，接下来要进行的就是初始数据录入，在确保初始数据被准确、完整地录入后可以结束初始化、启用账套，进行日常业务的处理。

注意，初始化数据录入时应该先输入业务数据，导入（传递）到总账科目初始数据。但是，出纳初始数据刚好相反，是将总账科目数据传递到出纳子系统作为初始数据。

1）科目初始数据录入

在此再次强调：初始数据录入时应该先输入业务数据，然后导入（传递）到总账科目初始数据，科目初始数据如图3-6所示。

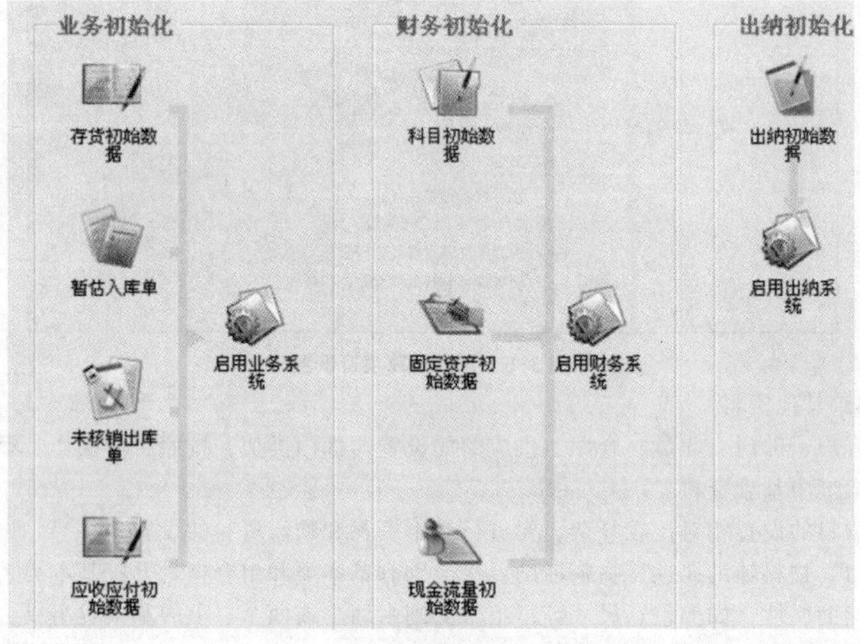

图3-6　科目初始数据

【科目初始数据】是录入科目初始数据的窗口。我们可以根据科目余额表对应录入，初始余额的录入应区分币别。在【初始余额录入】窗口的【币别】下拉列表框中，选择不同的货币币种进行初始余额录入。比如先选择【人民币】录入，如图3-7所示。

设有核算项目的科目不能直接录入其初始数据，在设置了核算项目并启用了往来业务核销的会计科目后，仍然不能直接录入其初始数据，必须点击【科目初始余额】界面【核算项目】列的【√】，调出【核算项目初始余额录入】窗口，点击【业务编号】列的【√】，调出【核算项目初始余额录入—往来业务】窗口，按业务编号一笔一笔地录入初始数据。

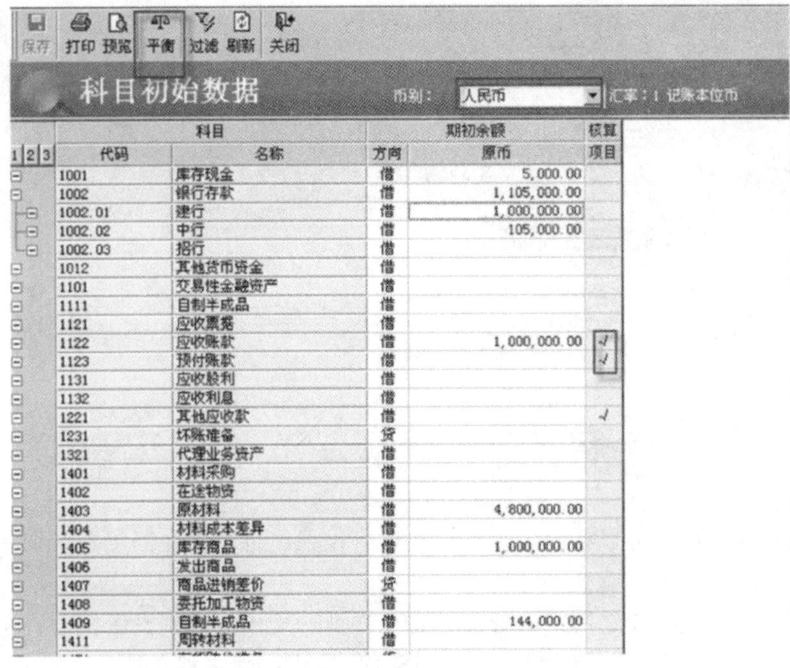

科目		期初余额		核算
代码	名称	方向	原币	项目
1001	库存现金	借	5,000.00	
1002	银行存款	借	1,105,000.00	
1002.01	建行	借	1,000,000.00	
1002.02	中行	借	105,000.00	
1002.03	招行	借		
1012	其他货币资金	借		
1101	交易性金融资产	借		
1111	自制半成品	借		
1121	应收票据	借		
1122	应收账款	借	1,000,000.00	√
1123	预付账款	借		√
1131	应收股利	借		
1132	应收利息	借		
1221	其他应收款	借		√
1231	坏账准备	贷		
1321	代理业务资产	借		
1401	材料采购	借		
1402	在途物资	借		
1403	原材料	借	4,800,000.00	
1404	材料成本差异	借		
1405	库存商品	借	1,000,000.00	
1406	发出商品	借		
1407	商品进销差价	贷		
1408	委托加工物资	借		
1409	自制半成品	借	144,000.00	
1411	周转材料	借		

图3-7　初始余额录入（人民币）

如果科目核算外币业务，并有初始数据或累计发生数据，则要选择外币，本案例中涉及【美元】和【港币】，在【科目初始数据】界面，通过币别下拉菜单选择相应的币别后录入初始数据。

（1）由于损益类科目的结转包括账结法和年结法两种情况。在采用账结法的情况下，损益类科目结转后，余额为零，但是对于在账套启用之前所发生的损益类科目的实际发生额，系统则无法取到，因此这里就需要用户将损益类科目的本年累计实际发生额在初始化时录入系统，这样系统才能对损益类科目的实际发生额进行处理，才能保证有关业务资料数据的准确。

（2）科目初始数据录入完成后，要进行试算平衡，只有科目初始数据试算平衡后才能正常启用账套。首先要在【币别】下拉菜单中选择【综合本位币】，单击【平衡】按钮，或选择菜单【查看—试算平衡】，系统弹出【试算平衡表】窗口对数据进行试算平衡，显示【试算结果平衡】后，可以结束科目初始数据的录入工作，如图3-8所示。系统进行试算平衡时是将所有的账务数据合计在一起进行的，因此只有将所有的本位币、外币、核算项目账、数量金额账等全部数据录入完成之后才能够进行总账数据的试算平衡。因为日常业务有外币发生，所以试算平衡是针对综合本位币数据的试算平衡，且遵循会计恒等式和复式记账的关系平衡借方和贷方数据。

2）固定资产初始数据录入

（1）基础设置。

在录入固定资产卡片之前，可以先进行固定资产类别等基础资料的设置。固定

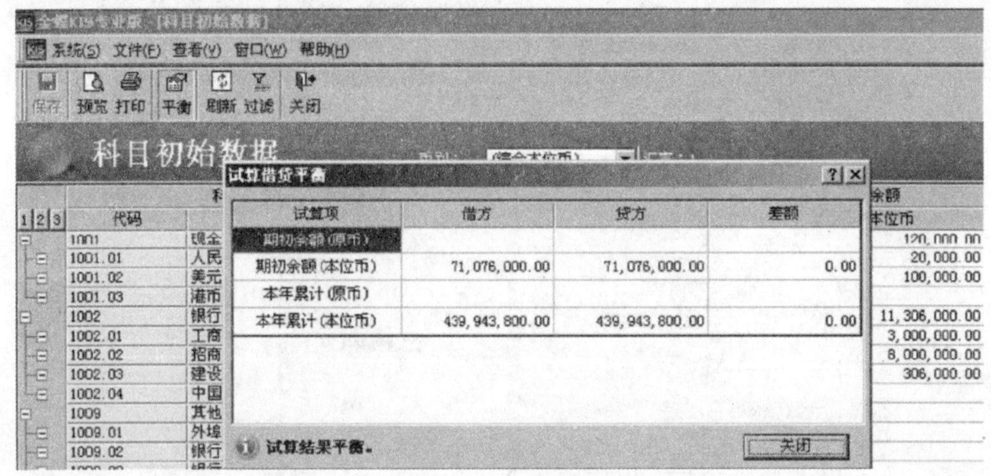

图3-8 试算平衡

资产类别等基础信息可以在固定资产模块进行设置，也可以在固定资产初始数据录入新增卡片的同时进行设置。

①资产类别。按固定资产的形态和特征在资产类别中分别设置机器设备、运输设备、办公设备和其他设备四大类。选择【初始化—固定资产初始数据】，在新增固定资产卡片界面，点击【资产类别】旁边的按钮，调出固定资产类别定义窗口。在固定资产类别定义窗口。通过【新增】进行类别的设置，包括该类别预设折旧方法、使用年限、净残值率等的设置，在新增固定资产卡片时选择了资产类别后，以上设置可以由系统自动带出。

需注意的是，在固定资产类别中，关于折旧有三个互斥的选项：选择【由使用状态决定是否提折旧】时，卡片上的固定资产完全由使用状态类别的属性决定是否提取折旧；当固定资产类别是房屋建筑物时，按会计制度规定不管使用状态，必须计提折旧，可以选择【不管使用状态如何一定提折旧】，此时使用状态类别中关于折旧的设置是不起作用的；第三个选项【不管使用状态如何一定不提折旧】主要用于土地以及不是固定资产但视同固定资产管理的器具等，当然，此时使用状态类别中关于折旧的设置是不起作用的。如果所有的固定资产都不需要计提折旧，可以在【基础设置—系统参数—财务参数—固定资产参数】中选择【不折旧（整个系统）】。

②变动方式。变动方式是指企业固定资产新增、减少或变动的方式。每个企业应根据自己的实际情况，结合管理需要进行设置。系统已设置了增加、减少、其他等三大默认类别。如果在结束初始化后，要求系统对固定资产变动业务自动生成相应的记账凭证，我们就需要对变动方式进行具体的设置，如对方科目代码、凭证字等。变动方式设置，可以在固定资产模块进行，也可以通过初始化录入卡片时点击【变动方式】旁边的按钮调出的窗口进行维护，如图3-9所示。

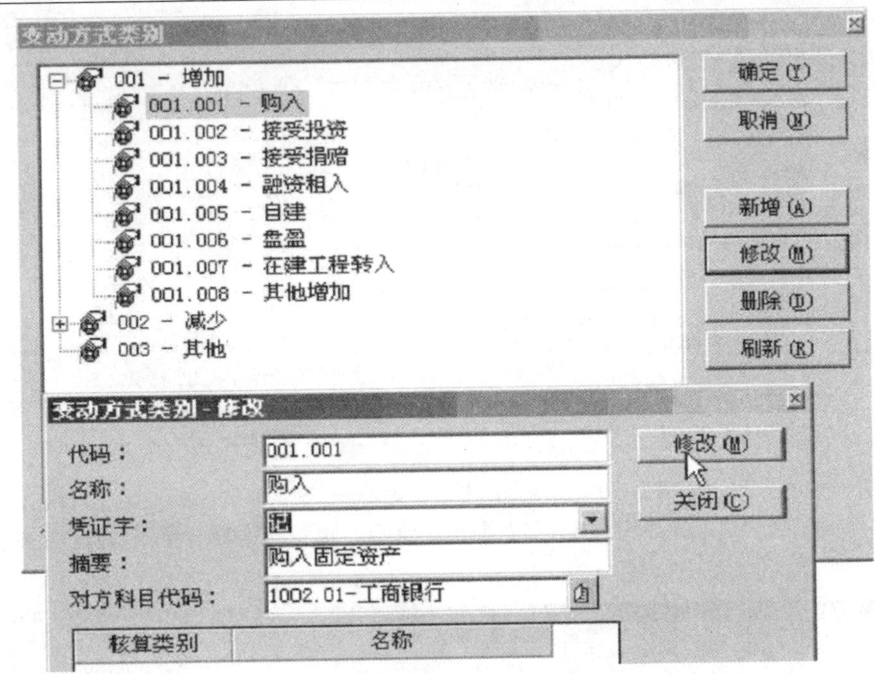

图3-9　变动方式类别-修改

③使用状态。固定资产的使用状态采用系统默认的状态。我们也可以根据实际自己定义，进行新增或修改。固定资产的使用状态将可以决定固定资产是否计提折旧，一般在用的固定资产要计提折旧，未使用的固定资产不提折旧。也有特殊的，比如房屋建筑物，无论是否使用均要提取折旧，土地则一定不提折旧。

④折旧方法。固定资产系统提供了自动计提折旧和分摊折旧费用的功能。这里我们采用系统预设折旧方法不变。系统根据企业会计准则和会计学原理，共预设了六种折旧法，包括直线法和加速折旧法的静态方法与动态方法，能分别针对无变动的固定资产和变动折旧要素后的固定资产计提折旧。进入固定资产系统后，单击【折旧方法】，就可以进入【折旧方法定义】界面，进行折旧方法的查看。

(2) 初始卡片录入。

完成上述基础资料的设置后，我们可以根据固定资产手工账的信息进行固定资产初始数据的录入，包括基本信息、部门及其他、原值与折旧、初始化数据等。如果是年初启用的账套，则不会有【初始化数据】这个页签。

①在【固定资产卡片及变动-新增】窗口【基本信息】页签中，【入账日期】是指入金蝶账套的日期，必须在启用期间以前的一个期间，从启用期间开始计提折旧。系统是由入账日期来确定卡片的期间，如果是启用期间及其以后的卡片则相当于录入初始化后的卡片。其他项目根据实际情况填列，如图3-10所示。

②【部门及其他】页签主要是为固定资产计提折旧和进行费用分摊提供依据的，因此需要设置使用部门、固定资产及累计折旧的核算科目、折旧费用的核算科

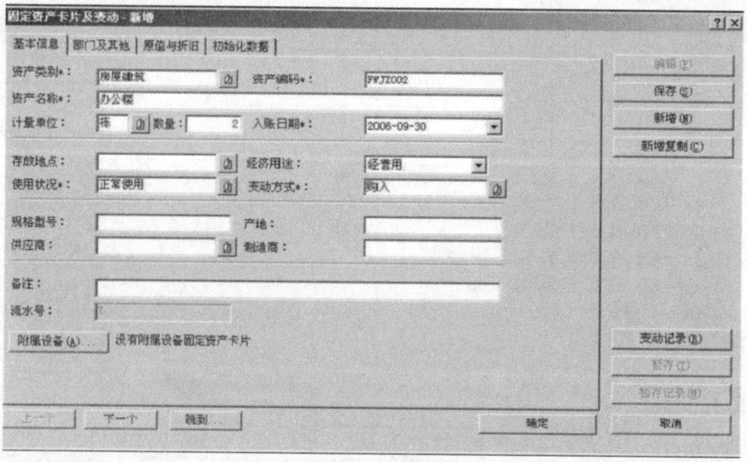

图3-10　固定资产卡片及变动——基本信息

目等。使用部门和折旧费用分配可以是单一部门，也可以是多个部门共同分摊，如图3-11所示。

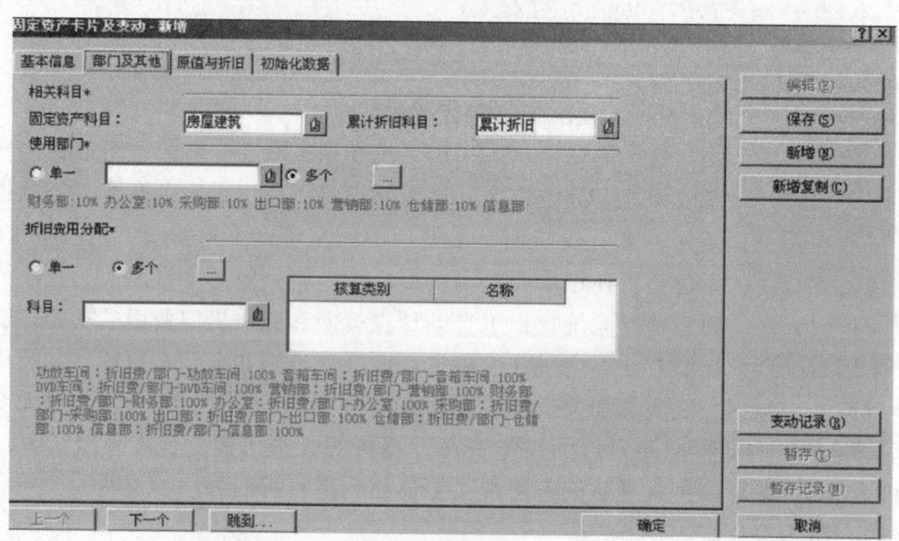

图3-11　固定资产卡片及变动——部门及其他

③【原值与折旧】页签中，原币金额为计提固定资产折旧的原价，也有外币核算的功能，在【币别】中选择外币，然后手工填入汇率；本币金额会根据原币金额与汇率相乘计算后自动填列；入账原值=年初原值+本年原值调增-本年原值调减；购进原值与购进累计折旧是固定资产卡片的一个补充资料，针对购入的是非第一次投入市场的固定资产而设的，不影响固定资产卡片的计提折旧；预计净残值是根据固定资产类别中的净残率与原币金额自动计算填列；减值准备根据实际情况填列；而净残值也由系统自动计算填列；折旧方法一般从类别中自动携带过来，可以根据实际情况进行选择，如图3-12所示。

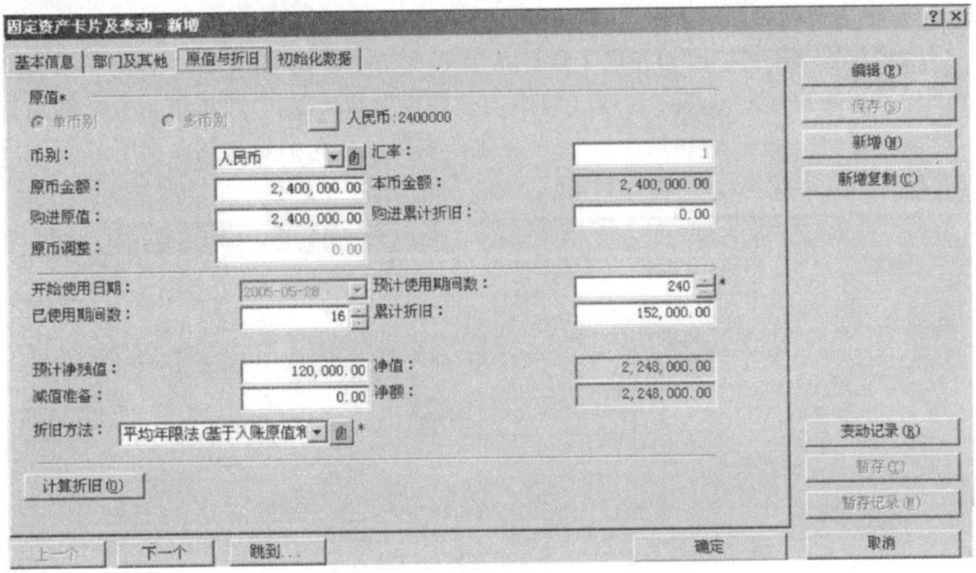

图3-12　固定资产卡片及变动——原值与折旧

④【初始化数据】页签是针对年中启用的账套的，年初启用的账套没有这个页签。值得注意的是，这里有一个参数选项：该固定资产现已报废，此选项是针对固定资产已经报废或者年初未清理而启用期间以前已进行清理的资产，如果是这两种资产就需要将这个选项勾上，启用账套后不论该固定资产是否有净值都不参与计提折旧，如图3-13所示。

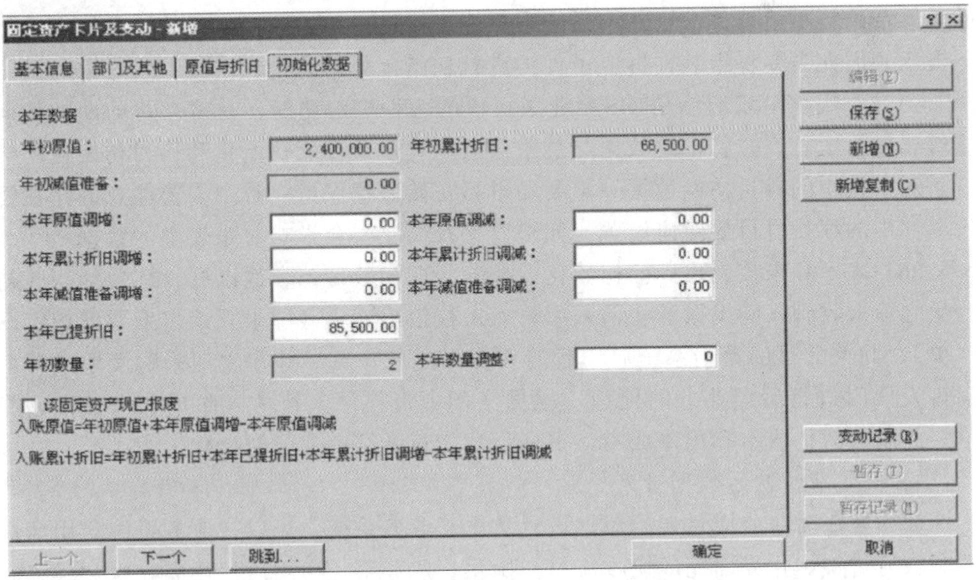

图3-13　固定资产卡片及变动——初始化数据

参考上述操作，完成案例中剩余固定资产初始数据的录入。

3）存货初始数据录入

（1）在基础资料中我们完成了业务系统基础资料的录入工作，下面将结合案例进行存货初始数据的录入。选择【初始化—存货初始数据】，单击进入存货初始数据的录入窗口，如图3-14所示。因为在业务参数中，我们选择的是分仓核算，所以此处初始数据录入分仓库进行录入。

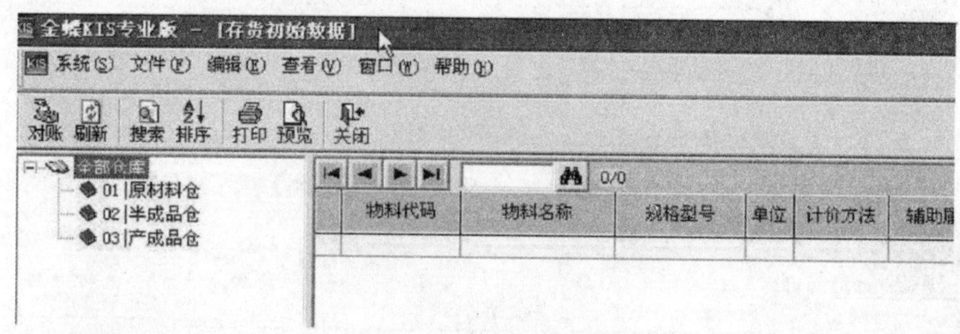

图3-14　存货初始数据录入

（2）单击【原材料仓】，系统显示了在【存货属性】中设置默认仓库为【原材料仓】的所有存货项目。录入结存数量及金额。

（3）当存货的计价方法为加权平均法、移动平均法时，初始数据可以直接录入；如果计价方法为先进先出法、后进先出法、分批认定法，则在录入初始数据时必须通过双击绿色的【批次/顺序号】进行录入。

（4）依次对半成品仓、产成品仓的存货进行初始数据的录入。需要注意的是，如果某个物料是组装件，则在本系统中不能直接进行初始数据的录入，系统会有如下提示，因此需要将组装件拆成子件再进行初始化数据的录入。

（5）对账。对账功能是KIS专业版提供的一种核对功能，是将存货的期初数据按所属科目汇总，并将汇总数据与总账核对。对账是存货初始化和科目初始化的接口。对账表中的科目初始数据一定要和科目初始数据保持一致，需要注意的是在物料属性中的存货科目要对应设置，如果设置有误，将会影响对账表中的数据。

（6）入库和未核销出库。初始化数据除了期初数量、金额以外，还包括一些初始化之前未收到采购发票的暂估入库单、未核销出库单（即未开销售发票的销售出库单），此项的目的是当系统启用后能和实际业务一致，并在收到采购发票或开出销售发票时进行后续业务的处理。根据案例中资料录入暂估入库单和未核销出库单，并录入暂估成本和出库成本，审核后才能正常结束业务初始化。

4）应收应付初始数据录入

期初建账时应收应付初始数据设置从属于业务系统，可以在业务系统启用前进入应收应付初始化界面完成应收应付初始化。业务系统启用后默认应收应付系统启用，如果需要修改应收应付初始数据需要反启用业务系统。在进入应收应付初始界面后，可以选择客户和供应商来分别录入应收和应付的期初数据。首先选择【客户】，进行应收账款初始余额的录入，点击【新增】，输入客户代码，录入期初余额，若录入正数，则计入应收款，若录入负数，则计入预收款。重复此操作，完成客户初始数据的录入，如图3-15所示。

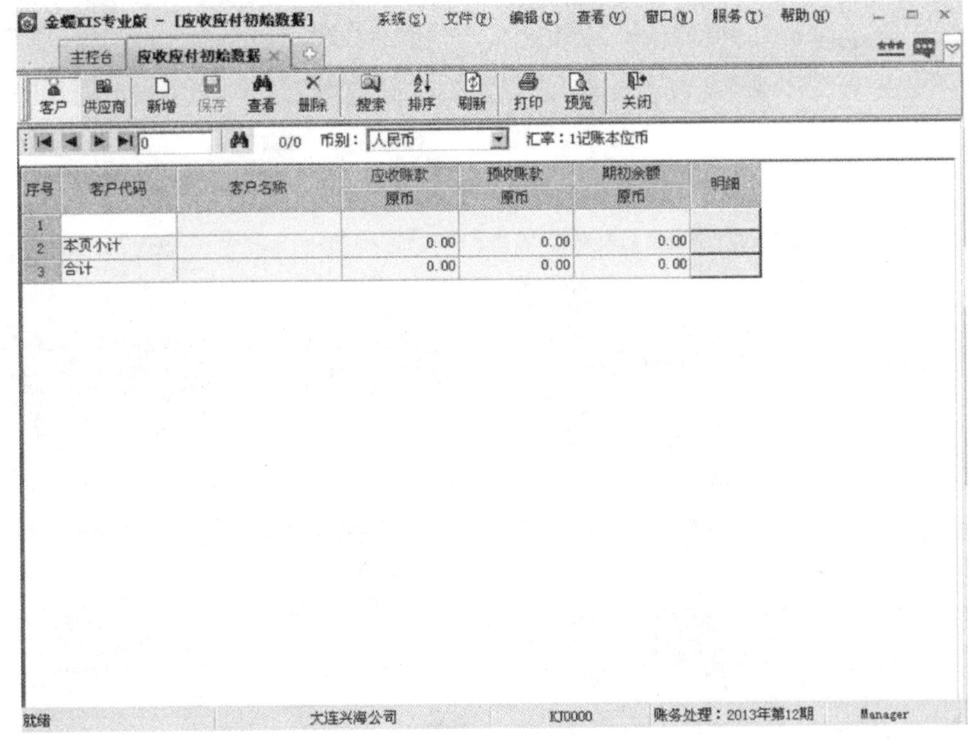

图3-15　应收应付初始数据录入

选择【供应商】页签，依次录入供应商的期初数据。供应商的期初余额，若录入正数，则计入应付款；录入负数，则计入预付款。

需要注意的是，此处客户和供应商的期初余额需要和财务模块的科目余额表中对应科目保持一致。具体来说，就是应收账款、预收账款、应付账款、预付账款四个科目中，客户的期初余额=应收账款-预收账款；供应商的期初余额=应付账款-预付账款。如果此处金额不保持一致，会造成财务和业务系统中的数据差异。由于用户科目设置可能不使用核算项目而直接使用明细科目来记录往来单位，会导致数据无法比对，所以此处没有专门的财务与业务的数据检查功能。

5）出纳初始数据录入

出纳系统的初始化主要包括现金、银行存款、企业未达账和银行未达账。可以从总账导入数据，也可以直接录入初始数据。需要注意的是，银行账号不能为空，如果存在未达账，准确录入未达账后要进行平衡检查，否则不能结束初始化。示例如图3-16、图3-17、图3-18所示。注意，出纳的基础数据可以从总账系统引入。

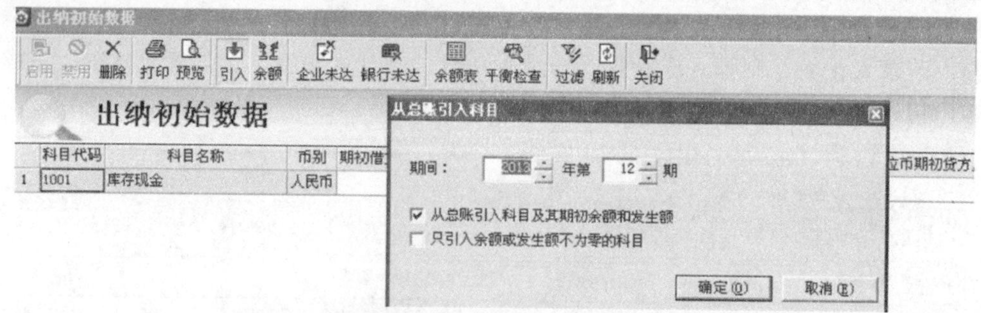

图 3-16 出纳初始数据录入——从总账引入科目

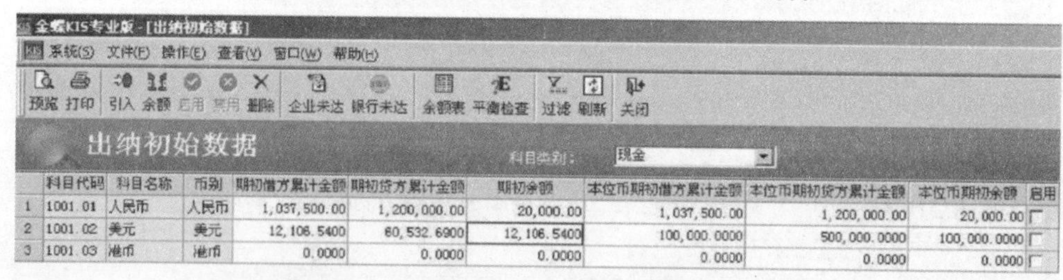

图 3-17 出纳初始数据录入——直接录入数据

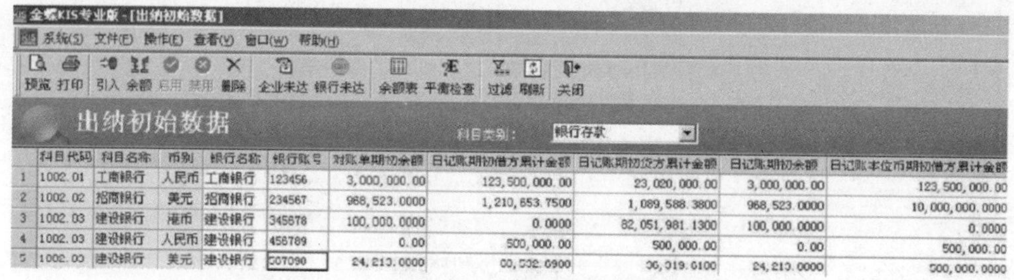

图 3-18 出纳初始数据录入——银行账号

注意：在这里要输入开户银行的账号和银行名称。

小 结

电子化的会计信息系统的建立会带来新的管理问题和挑战。企业要依法管理运行会计信息系统，使其安全合规。《会计法》第十三条第二款规定：“使用电子计算机进行会计核算的，其软件及生成的会计凭证、会计账簿、财务会计报告和其他会计资料必须符合国家统一的会计制度规定；会计账簿的登记、更正应当符合国家统一的会计制度规定。”财政部制定并发布了《会计电算化管理办法》等规章制度，对电子化会计信息系统管理、运行等方面做出了具体规定。

会计电算化的实施，带来了会计信息处理方式的改变，使传统的内部控制方法面临挑战。主要表现为：内部控制形式的变化、存储介质的变化、内容控制的范围变化、交易授权的变化及财务网络化带来的问题。因此，需要建立和完善电算化会计信息系统环境下的内部控制，在以下几个方面构建内控环境：组织与管理控制、系统日常操作管理控制、系统维护控制数据和程序控制、网络的安全控制。

对系统操作过程进行控制和管理，建立健全操作管理制度并严格实施，是系统安全、有效运行的保证。硬件管理制度主要是为保证计算机系统和机房设备正常运转实施的控制，这是系统安全运行的基本前提和物质保证。对会计软件和会计数据进行安全保密控制，目的是防止软件被他人篡改、更换或破坏，保证会计信息系统内各类文档资料的存档、安全保管和保密工作。这里的文档资料主要是指打印输出的各种账簿、凭证、报表，存储会计数据和程序的软盘、硬盘及其他存储介质，系统开发运行中编制的各种文档以及其他会计资料。

关键术语

特别科目：一般是系统自动进行账务处理时所必需的一些会计科目，这些科目在系统中都有特定的含义，有些特别科目还有一些特殊限制条件。用户对这些特别科目只能修改，不能删除。

表外科目：这样的科目数值除不参与总账科目对表内科目的试算平衡外，其他的使用方法与表内会计科目一致，可以由用户自定义表外科目的余额方向，可以下设多项目核算，可以核算所有币别，也可进行往来业务核算和数量金额辅助核算等。

关键操作锁：当多个用户同时使用同一账套时，多用户同时操作，有时会产生一些网络上的冲突，尤其是正在进行如凭证过账、期末结账等关键操作时，并发的相同操作可能导致意料不到的错误。为了避免这些错误的发生，加强数据的安全性，系统在进行这些过程之前及过程中会对账套进行加锁操作，以表示这类操作的排他性。

系统维护：系统维护是指使系统安全可靠的工作事项，主要包括正确性维护、适应性维护、完善性维护等，目的是提高系统的工作效率和性能。

硬件设备维护：硬件设备维护是指对计算机主机、外部设备及机房各种辅助设备进行的检修、保养工作，以保证硬件系统处于良好的运行状态。

数据文件维护：数据文件维护是指对数据文件的结构及内容进行的扩充、修改等工作，以保证数据文件能满足会计数据处理的需要。系统的业务处理对数据的需求是不断变化的，所以需要经常对数据进行维护。

代码系统维护：代码系统维护是指对代码系统的结构及内容进行的扩充、修改等处理，以满足会计数据处理的需要。随着系统环境的变化，旧的代码已经不能适应系统的需求，因此必须对代码进行维护。

软件维护：软件维护是指根据实际需要对软件系统进行的修正或补充工作。由于会计信息系统的业务处理以计算机处理为主，而计算机又是在程序的控制下运行的，因此，如果日常会计业务的处理或数据发生变化，就可能需要修改某些程序。一般来说，软件维护通常都是在原有的程序基础之上进行修改完成的。

实验三 基础资料设置

1.实验要求

1）理解基础档案的作用。

2）掌握基础档案的录入方法。

3）引入实验二的账套数据，进行基础档案设置。

2.实验资料

注意：此实验案例资料基于金蝶KIS13，只启用账务系统。

1）企业的会计基础资料见表3-2。

承接实验二的实验数据资料。

表3-2 **企业会计基础资料**

项目	参数
账套文件名	KJ0000
账套名称	大连兴海公司
行业	股份制企业（新企业会计准则）
记账本位币	人民币
会计科目结构	4、2、2、2、2、2
账套期间	自然月份
会计年度开始日期	1月1日
账套启用会计期间	20××年12月1日

2）外币资料见表3-3。

表3-3 **企业会计外币资料**

项目	参数	
外币代码	USD	浮动汇率
外币名称	美元	原币×汇率=本位币
期初汇率	6.8	

3）计量单位见表3-4。

表3-4　**计量单位**

代码	名称	单位
01	重量组	千克
02	数量组	个

4）导入“新会计准则科目”。

5）凭证字见表3-5。

表3-5　**企业会计凭证字**

项目	参数
现收	现金收款凭证，借方科目必有1001
现付	现金付款凭证，贷方科目必有1001
银收	银行存款收款凭证
银付	银行存款付款凭证
转账	转账凭证

6）结算方式。

（1）现金支票；

（2）转账支票；

（3）商业汇票；

（4）银行汇票；

（5）托收承付；

（6）电汇；

（7）交款单；

（8）进账单。

7）核算项目。

（1）增加核算项目类别“010-个人往来”。

（2）客户、供应商代码、名称，见表3-6。

表3-6　**客户、供应商代码、名称**

	代码	名称
客户	01	北方化工厂
	02	鑫鑫工厂
	03	长江拖拉机厂
供应商	01	华光化工厂
	02	大化工厂
	03	长汉汽车厂

(3) 部门按部门代码、部门名称顺序排列，见表3-7。

表3-7 部门代码

部门代码	往来单位
01	公司总部
02	一车间
03	二车间

(4) 职员类别，见表3-8。

表3-8 职员类别

代码	名称
03	总部管理人员
04	一车间管理人员
05	二车间管理人员
06	聚酯线工厂
07	方向盘工厂

(5) 职务代码、名称，见表3-9。

表3-9 职务代码、名称

代码	名称
FZW015	一般工作人员
FZW016	主任
FZW017	技术工人
FZW018	工程师
FZW019	统计师

(6) 职员详细资料见表3-10。

表3-10 职员资料表

代码	姓名	部门	类别	职务
0101	于木	公司总部	总部管理人员	总经理
0102	孙奇	公司总部	总部管理人员	一般工作人员
0103	赵才	公司总部	总部管理人员	一般工作人员
0104	张雨	公司总部	总部管理人员	一般工作人员

续表

代码	姓名	部门	类别	职务
0105	王光	公司总部	总部管理人员	一般工作人员
0201	刘刚	一车间	一车间管理人员	主任
0202	李明玉	一车间	一车间管理人员	一般工作人员
0203	陈明	一车间	聚酯线工人	技术工人
0204	王朋	一车间	聚酯线工人	技术工人
0205	刘义	一车间	聚酯线工人	技术工人
0301	刘艳	二车间	二车间管理人员	主任
0302	陈齐	二车间	二车间管理人员	一般工作人员
0303	李丽萍	二车间	方向盘工人	技术工人
0304	王婷	二车间	方向盘工人	技术工人
0305	谷时	二车间	方向盘工人	技术工人

（7）个人往来按个人往来代码、名称顺序排列，见表3-11。

表3-11　**个人往来代码及个人**

个人往来代码	个人
01	刘艳
02	王朋
03	李明玉
04	刘义
05	东方汽车厂
06	王光
07	李四
08	张海涛
09	长汉汽车厂
10	房租
11	工会会费

（8）会计科目见表3-12、表3-13、表3-14、表3-15。

表3-12 **会计科目表一**

科目代码	科目名称	余额方向	全名	说明
1001	库存现金	借	库存现金	
1002	银行存款	借	银行存款	
1002.01	人民币	借	银行存款——人民币	
1002.02	美元	借	银行存款——美元	外币核算,期末调汇

表3-13 **会计科目表二**

科目代码	科目名称	余额方向	全名	说明
1012	其他货币资金	借	其他货币资金	
1101	交易性金融资产	借	交易性金融资产	
1101.01	股票投资	借	交易性金融资产——股票投资	
1101.02	债券投资	借	交易性金融资产——债券投资	
1101.03	其他投资	借	交易性金融资产——其他投资	
1121	应收票据	借	应收票据	往来业务，核算项目：客户
1121.01	无息商业承兑	借	应收票据——无息商业承兑	往来业务，核算项目：客户
1121.02	无息银行承兑	借	应收票据——无息银行承兑	往来业务，核算项目：客户
1122	应收账款	借	应收账款	往来业务，核算项目：客户
1123	预付账款	借	预付账款	往来业务，核算项目：供应商
1131	应收股利	借	应收股利	
1132	应收利息	借	应收利息	
1221	其他应收款	借	其他应收款	往来业务，核算项目：个人往来
1231	坏账准备	贷	坏账准备	
1401	材料采购	借	材料采购	核算项目：物料
1401.01	买价	借	材料采购——买价	核算项目：物料
1401.01	运费	借	材料采购——运费	核算项目：物料
1401.01	其他	借	材料采购——其他	核算项目：物料

续表

科目代码	科目名称	余额方向	全名	说明
1402	在途物资	借	在途物资	核算项目：物料
1403	原材料	借	原材料	核算项目：物料 数量辅助核算单位组：重量 缺省单位：千克
1404	材料成本差异	借	材料成本差异	
1405	库存商品	借	库存商品	数量辅助核算
1405.01	聚酯泡沫	借	库存商品——聚酯泡沫	计量单位组：重量 单位：千克
1405.02	方向盘	借	库存商品——方向盘	单位组：数量 单位：个
1406	发出商品	借	发出商品	
1407	商品进销差价	贷	商品进销差价	
1408	委托加工物资	借	委托加工物资	
1411	周转材料	借	周转材料	核算项目：部门
1411.01	办公设备	借	周转材料——办公设备	核算项目：部门
1411.02	办公用品	借	周转材料——办公用品	核算项目：部门
1411.03	工具	借	周转材料——工具	核算项目：部门
1471	存货跌价准备	贷	存货跌价准备	
1501	持有至到期投资	借	持有至到期投资	
1502	持有至到期投资减值准备	贷	持有至到期投资减值准备	
1503	可供出售金融资产	借	可供出售金融资产	
1511	长期股权投资	借	长期股权投资	
1512	长期股权投资减值准备	贷	长期股权投资减值准备	
1521	投资性房地产	借	投资性房地产	
1531	长期应收款	借	长期应收款	

续表

科目代码	科目名称	余额方向	全名	说明
1532	未实现融资收益	贷	未实现融资收益	
1601	固定资产	借	固定资产	
1601.01	房屋及建筑物	借	固定资产——房屋及建筑物	
1601.02	运输设备	借	固定资产——运输设备	
1601.03	机器设备	借	固定资产——机器设备	
1601.04	电子设备	借	固定资产——电子设备	
1602	累计折旧	贷	累计折旧	
1603	固定资产减值准备	贷	固定资产减值准备	
1604	在建工程	借	在建工程	
1605	工程物资	借	工程物资	
1606	固定资产清理	借	固定资产清理	
1701	无形资产	借	无形资产	
1702	累计摊销	贷	累计摊销	
1703	无形资产减值准备	贷	无形资产减值准备	
1711	商誉	借	商誉	
1801	长期待摊费用	借	长期待摊费用	
1811	递延所得税资产	借	递延所得税资产	
1901	待处理财产损溢	借	待处理财产损溢	

表3-14　　会计科目表三

科目代码	科目名称	余额方向	全名	说明
2001	短期借款	贷	短期借款	
2001.01	工行	贷	短期借款——工行	
2001.02	建行	贷	短期借款——建行	
2001.03	交行	贷	短期借款——交行	

续表

科目代码	科目名称	余额方向	全名	说明
2101	交易性金融负债	贷	交易性金融负债	
2201	应付票据	贷	应付票据	核算项目：供应商
2201.01	无息商业承兑	贷	应付票据——无息商业承兑	核算项目：供应商
2201.02	无息银行承兑	贷	应付票据——无息银行承兑	核算项目：供应商
2202	应付账款	贷	应付账款	往来业务，核算项目：供应商
2203	预收账款	贷	预收账款	核算项目：客户
2211	应付职工薪酬	贷	应付职工薪酬	
2211.01	工资	贷	应付职工薪酬——工资	
2211.02	医药费	贷	应付职工薪酬——医药费	
2211.03	困难补助费	贷	应付职工薪酬——困难补助费	
2211.04	煤气费	贷	应付职工薪酬——煤气费	
2211.05	福利费	贷	应付职工薪酬——福利费	
2211.06	教育费附加	贷	应付职工薪酬——教育费附加	
2221	应交税费	贷	应交税费	
2221.01	增值税	贷	应交税费——应交增值税	
2221.01.01	进项税	贷	应交税费——应交增值税——进项税额	
2221.01.02	销项税	贷	应交税费——应交增值税——销项税额	
2221.01.03	已交税金	贷	应交税费——应交增值税——已交税金	
2221.01.04	进项税额转出	贷	应交税费——应交增值税——进项税额转出	
2221.02	个人所得税	贷	应交税费——应交个人所得税	
2221.03	应交所得税	贷	应交税费——应交所得税	

续表

科目代码	科目名称	余额方向	全名	说明
2231	应付利息	贷	应付利息	
2232	应付股利	贷	应付股利	
2241	其他应付款	贷	其他应付款	核算项目：个人往来
2314	代理业务负债	贷	代理业务负债	
2401	递延收益	贷	递延收益	
2501	长期借款	贷	长期借款	
2502	应付债券	贷	应付债券	
2701	长期应付款	贷	长期应付款	
2702	未确认融资费用	借	未确认融资费用	
2711	专项应付款	贷	专项应付款	
2801	预计负债	贷	预计负债	
2901	递延所得税负债	贷	递延所得税负债	

表3-15　　　　会计科目表四

科目代码	科目名称	余额方向	全名	说明
4001	实收资本	贷	实收资本	
4002	资本公积	贷	资本公积	
4101	盈余公积	贷	盈余公积	
4103	本年利润	贷	本年利润	
4104	利润分配	贷	利润分配	
4201	库存股	借	库存股	
5001	生产成本	借	生产成本	
5001.01	聚酯泡沫	借	生产成本——聚酯泡沫	
5001.01.01	直接材料	借	生产成本——聚酯泡沫——直接材料	

续表

科目代码	科目名称	余额方向	全名	说明
5001.01.02	直接工资	借	生产成本——聚酯泡沫——直接工资	
5001.01.03	其他直接费用	借	生产成本——聚酯泡沫——其他直接费用	
5001.01.04	转入制造费用	借	生产成本——聚酯泡沫——转入制造费用	
5001.02	方向盘	借	生产成本——方向盘	
5001.02.01	直接材料	借	生产成本——方向盘——直接材料	
5001.02.02	直接工资	借	生产成本——方向盘——直接工资	
5001.02.03	其他直接费用	借	生产成本——方向盘——其他直接费用	
5001.02.04	转入制造费用	借	生产成本——方向盘——转入制造费用	
5101	制造费用	借	制造费用	核算项目：部门
5101.01	修理费	借	制造费用——修理费	核算项目：部门
5101.02	折旧	借	制造费用——折旧	核算项目：部门
5101.03	工资	借	制造费用——工资	核算项目：部门
5101.04	水费	借	制造费用——水费	核算项目：部门
5101.05	电费	借	制造费用——电费	核算项目：部门
5101.06	工会经费	借	制造费用——工会经费	核算项目：部门
5201	劳务成本	借	劳务成本	
5301	研发支出	借	研发支出	
6001	主营业务收入	贷	主营业务收入	数量金额核算
6001.01	聚酯泡沫	贷	主营业务收入——聚酯泡沫	重量——千克
6001.02	方向盘	贷	主营业务收入——方向盘	数量——个

续表

科目代码	科目名称	余额方向	全名	说明
6051	其他业务收入	贷	其他业务收入	
6101	公允价值变动损益	贷	公允价值变动损益	
6111	投资收益	贷	投资收益	
6111.01	债券利息	贷	投资收益——债券利息	
6111.02	股息	贷	投资收益——股息	
6301	营业外收入	贷	营业外收入	
6301.01	没收包装物押金	贷	营业外收入——没收包装物押金	
6301.02	无法支付的账款	贷	营业外收入——无法支付的账款	
6301.03	捐赠	贷	营业外收入——捐赠	
6401	主营业务成本	借	主营业务成本	
6401.01	聚酯泡沫	贷	主营业务成本——聚酯泡沫	重量——千克
6401.02	方向盘	贷	主营业务成本——方向盘	数量——个
6402	其他业务成本	借	其他业务成本	
6601	销售费用	借	销售费用	
6601.01	展销费	借	销售费用——展销费	
6601.02	广告费	借	销售费用——广告费	
6601.03	房租	借	销售费用——房租	
6602	管理费用	借	管理费用	
6602.01	培训费	借	管理费用——培训费	
6602.02	福利费	借	管理费用——福利费	
6602.03	差旅费	借	管理费用——差旅费	
6602.04	工资	借	管理费用——工资	
6602.05	退休职工医药费	借	管理费用——退休职工医药费	
6602.06	印花税	借	管理费用——印花税	
6602.07	印刷费	借	管理费用——印刷费	

续表

科目代码	科目名称	余额方向	全名	说明
6602.08	交际应酬费	借	管理费用——交际应酬费	
6602.09	拖车费	借	管理费用——拖车费	
6602.10	电话费	借	管理费用——电话费	
6602.11	交通补贴	借	管理费用——交通补贴	
6602.12	工会会费	借	管理费用——工会会费	
6602.13	水费	借	管理费用——水费	
6602.14	电费	借	管理费用——电费	
6602.15	坏账损失	借	管理费用——坏账损失	
6602.16	咨询费	借	管理费用——咨询费	
6602.17	通勤费	借	管理费用——通勤费	
6602.18	劳保统筹	借	管理费用——劳保统筹	
6602.19	折旧	借	管理费用——折旧	
6602.20	报刊费	借	管理费用——报刊费	
6602.21	养路费	借	管理费用——养路费	
6603	财务费用	借	财务费用	
6603.01	利息收入	借	财务费用——利息收入	
6603.02	利息支出	借	财务费用——利息支出	
6603.03	手续费	借	财务费用——手续费	
6603.04	汇兑损益	借	财务费用——汇兑损益	
6603.05	佣金	借	财务费用——佣金	
6701	资产减值损失	借	资产减值损失	
6711	营业外支出	借	营业外支出	
6801	所得税费用	借	所得税费用	
6901	以前年度损益调整	贷	以前年度损益调整	

（9）物料。

生产原料的资料如下：计量单位——千克，物料属性——外购，计价方法——加权平均法，存货科目代码——1403，销售科目代码——6051，销售成本代码——6402，见表3-16。

表3-16　生产原料资料

代码	名称
01	硅油
02	甘油
03	重油
04	炭黑
05	冷拉钢
06	聚醚

（10）初始数据见表3-17至表3-22。

“固定资产减值准备”科目代码为1603，减值准备对方科目为“营业外支出——固定资产减值准备”（6711）。各项固定资产关键性数据见表3-20，卡片其他数据项可酌情输入。

表3-17　科目期初余额表　单位：元

科目代码	科目名称	结存数量	方向	期初余额
1001	库存现金		借	9 200
1002	银行存款		借	1 200 000
1002.01	人民币		借	609 000
1101	交易性金融资产		借	500 000
1101.01	股票投资		借	200 000
1101.02	债券投资		借	300 000
1122	应收账款		借	304 050
1221	其他应收款		借	11 000
1231	坏账准备		贷	10 000
1403	原材料	92 200	借	1 930 000
1405	库存商品		借	1 660 000
1405.01	聚酯泡沫	28 400	借	710 000

续表

科目代码	科目名称	结存数量	方向	期初余额
1405.02	方向盘	10 000	借	950 000
1411	周转材料		借	80 000
1411.01	办公设备——公司总部		借	21 000
1411.02	办公用品——公司总部		借	35 000
1411.03	工具——二车间		借	24 000
1511	长期股权投资		借	300 000
1601	固定资产		借	5 000 000
1601.01	房屋及建筑物		借	3 000 000
1601.02	运输设备		借	400 000
1601.03	机器设备		借	1 600 000
1601.04	电子设备		借	
1602	累计折旧		贷	178 626
2001	短期借款		贷	500 000
2001.01	工行		贷	300 000
2001.02	建行		贷	200 000
2202	应付账款		贷	400 000
2211	应付职工薪酬		贷	14 684
2211.02	医药费		贷	8 000
2211.03	困难补助费		贷	3 500
2211.04	煤气费		贷	3 184
2221.01.03	应交税费——已交税金		贷	25 000
2231	应付利息		贷	30 000
2241	其他应付款		贷	204 000
4001	实收资本		贷	7 930 640
4002	资本公积		贷	700 000
4101	盈余公积		贷	541 300
4104	利润分配		贷	460 000

表3-18　**原材料明细表**　金额单位：元

	期初数量（千克）	期初余额
01硅油	15 000	600 000
02甘油	15 000	240 000
03重油	15 000	150 000
04炭黑	15 000	232 500
05冷拉钢	5 000	500 000
06聚醚	27 200	207 500

表3-19　**周转材料明细表**

科目代码	项目	备注
1411.01	办公设备	21 000元为总部所有
1411.02	办公用品	35 000元为总部所有
1411.03	工具	12 000元为一车间；12 000元为二车间

表3-20　**期初往来明细表**　单位：元

科目	项目	业务	日期	摘要	方向	发生额	余额
1122应收账款	01北方化工厂	001	2016.10.28	售货款	借	300 050	300 050
1122应收账款	02鑫鑫沙发厂	002	2016.10.28	售方向盘	借	4 000	4 000
1221其他应收款	02王朋	003	2016.05.30	出差借款	借	3 000	3 000
1221其他应收款	03李明玉	004	2016.05.30	出差借款	借	1 000	1 000
1221其他应收款	04刘义	005	2016.09.30	出差借款	借	7 000	7 000
2202应付账款	01华光化工厂		2016.10.28	购料欠款	贷	100 000	100 000
2202应付账款	02大化工厂		2016.10.28	购料欠款	贷	300 000	300 000
2241其他应付款	09长汉汽车厂		2016.11.30	应付款	贷	200 000	200 000
2241其他应付款	05东方汽车厂		2016.11.30	应付款	贷	4 000	-4 000

表3-21　**固定资产卡片初始数据资料**　金额单位：元

资产代码	GD01	GD02	GD03	GD04	GD05	GD06
资产名称	办公楼	车间厂房	东风载重车	黄海客车	磨床	冲床
入账日期	2015.10.28	2014.06.30	2014.04.30	2015.08.30	2013.05.16	2014.04.16
使用期限	240（20年）	240（20年）	50万千米	50万千米	240（20年）	240（20年）
原始价值（万元）	200	100	15	25	100	60
已提折旧（元）	100 000	20 000	18 626	5 000	20 000	15 000
使用部门	公司总部	一、二车间共用	公司总部	公司总部	一车间	二车间
折旧费用负担科目及已用工作量	6602.19 管理费用——折旧	5101.02 制造费用一、二车间折旧各负担50%	6602.19 管理费用折旧，已用5万千米	6602.19 管理费用折旧，已用1万千米	5101.02 制造费用一车间	5101.02 制造费用二车间
使用状况	正常使用	正常使用	正常使用	正常使用	正常使用	正常使用
变动方式	自建	自建	购入	购入	购入	购入

表3-22　**固定资产类别表**

代码	名称	须设折旧方法	净残值率
01	房屋建筑物	平均年限法	5%
02	运输设备	工作量法	10%
03	机器设备	平均年限法	10%
04	电子设备	双倍余额递减法	10%

习题与案例

一、单项选择题

（1）下列（　　）不是有关《会计法》对会计电算化的规定。

A. 会计账簿的登记

B. 使用电子计算机进行会计核算必须符合国家统一的会计制度规定

C. 必须采用借贷复式记账

D. 会计账簿的更正应当符合国家统一的会计制度规定

（2）采用电子计算机替代手工记账的，其会计凭证、会计账簿、会计报表等会计档案保管期限按照（　　）的规定执行。

A.《会计档案管理办法》　　B.《电算化会计档案管理办法》

C.《会计工作管理办法》　　D.《会计操作管理办法》

（3）会计核算软件应当提供输入记账凭证的功能，下列不属于记账凭证输入项目的是（　　）。

A.填制凭证日期　　B.经济业务内容摘要

C.凭证编号　　D.序号

（4）关于凭证输入，正确的说法是（　　）。

A.审核通过后即再提供对机内凭证的修改

B.提供输入但未登账记账凭证的审核功能

C.可随时修改凭证

D.用户可以同时审核、输入、修改凭证权限

（5）发现已经输入并审核通过或者登账的记账凭证有错误的，可以采用（　　）进行更正。

A.红字凭证冲销法或补充凭证法　　B.直接修改法

C.反结账法　　D.重新结账法

（6）关于会计核算软件结账的说法正确的是（　　）。

A.结账后，会计核算软件应当自动检查本期输入的会计凭证是否全部登记入账

B.机内明细分类账进行核对，如果一致，总分类账不能结账

C.结账后，上一会计期间的会计凭证即不能再输入

D.机内总分类账和明细分类账不可以同时结账

（7）关于会计核算软件打印输出功能说法正确的是（　　）。

A.应当提供机内记账凭证打印输出的功能

B.国家统一会计制度没有规定记账凭证打印格式和内容

C.会计核算软件必须提供机内原始凭证的打印输出功能

D.打印输出原始凭证的格式和内容国家统一会计制度并没规定

（8）实施会计电算化后的工作岗位可分为基本会计岗位和电算化会计岗位，属于基本会计岗位的有（　　）。

A.操作员　　B.会计核算各岗

C.计算机维护员　　D.系统开发人员

（9）会计电算化后的工作岗位可分为基本会计岗位和电算化会计岗位。下列岗位中属于电算化会计岗位的有（　　）。

A.维护　　B.稽核　　C.核算　　D.会计

（10）下列关于实施会计电算化过程中工作岗位划分说法正确的是（　　）。

A.有统一的模式

B.岗位不能合并

C.不分企业大小

D.可根据内部牵制制度的要求和本单位的工作需要划分

(11) 下列关于实施会计电算化过程中工作岗位划分说法不正确的是（　　）。

A.各单位可根据内部牵制制度的要求和本单位的工作需要

B.各岗位人员要保持相对稳定

C.不能交叉设置

D.小型企事业单位可以进行适当合并

(12) 下列（　　）不属于会计电算化操作管理制度的范畴。

A.明确规定上机操作人员对会计软件的操作工作内容和权限

B.经常对有关设备清洁、保养

C.保存必要的上机操作记录

D.预防输入错误

(13) 根据本单位情况，一般由专人记录上机操作，下列属于记录内容的是（　　）。

A.设备整洁　　B.维护制度　　C.故障情况　　D.上级巡查

(14)（　　）操作必须有审批手续。

A.会计核算软件进行升版　　B.防治计算机病毒

C.计算机硬件设备清洁　　D.交办

(15) 会计人员办理移交手续前，操作不当的是（　　）。

A.已经受理的经济业务尚未填制会计凭证的，应当填制完毕

B.尚未登记的账目，应当登记完毕，并在最后一笔余额后加盖经办人员印章

C.对未了事项口头交代

D.编制移交清册

二、多项选择题

(1) 用电子计算机生成的会计凭证、会计账簿、财务会计报告（　　）方面，都必须符合国家统一的会计制度的规定。

A.格式　　B.内容　　C.真实性　　D.完整性

(2) 登记会计账簿必须按照记账规则，下列（　　）属于会计电算化记账规则。

A.会计账簿应当按照连续编号的页码顺序登记

B.反结账必须经过领导批准

C.会计数据记账后不能修改

D.隔页、缺号、跳行等必须明确责任

(3) 财政部制定并发布了（　　）等一系相关国家统一的会计制度。

A.《会计电算化管理办法》　　B.《会计核算软件基本功能规范》

C.《会计电算化工作规范》　　D.《会计档案管理办法》

（4）采用电子计算机替代手工记账的单位，应当具备（　　）等基本条件。

A.用电子计算机进行会计核算与手工会计核算同时运行3个月以上，取得相一致的结果

B.有严格的操作管理制度

C.企业信息化

D.必要的上机操作记录制度

（5）会计电算化必须有严格的操作管理制度，主要内容包括（　　）。

A.预防原始凭证和记账凭证等会计数据未经审核而输入计算机的措施

B.预防已输入计算机的原始凭证和记账凭证等会计数据未经核对而登记机内账簿的措施

C.操作人员的工作职责和工作权限

D.必要的上机操作记录制度

（6）会计核算软件具备的初始化功能，主要应当包括（　　）内容。

A.输入会计核算所必需的期初数字及有关资料

B.选择会计核算方法

C.输入需要在本期进行对账的未达账项

D.输入操作人员岗位分工情况

（7）会计核算软件具备的初始化功能，应当包括输入会计核算所必需的期初数字及有关资料，包括（　　）。

A.总分类会计科目和明细分类会计科目名称

B.年初数

C.累计发生额

D.有关数量指标

（8）会计核算软件初始化功能选择会计核算方法，包括（　　）。

A.记账方法　　B.存货计价方法

C.固定资产折旧方法　　D.成本核算方法

（9）发现已经输入并审核通过或者登账的记账凭证有错误的，可以采用（　　）的方法进行更正。

A.红字凭证冲销　　B.补充凭证

C.反结账　　D.重新结账

（10）下列关于会计核算软件银行对账功能正确的是（　　）。

A.应当提供自动进行银行对账的功能

B.根据机内银行存款日记账与输入的银行对账单及适当的手工辅助

C.自动生成银行存款余额调节表

D.自动对账

（11）下列关于会计核算软件结账的说法正确的是（　　）。

A.结账前，会计核算软件应当自动检查本期输入的会计凭证是否全部登记入账

B.机内总分类账结账时，应当与机内明细分类账进行核对；如果不一致，总分类账不能结账

C.结账后，上一会计期间的会计凭证即不能再输入

D.结账后，下一个会计期间的会计凭证才能输入

（12）会计核算软件应当提供对机内会计数据的查询功能，查询内容包括（　　）。

A.总分类会计科目和明细分类会计科目

B.机内记账凭证、原始凭证

C.当期及以前各期的总分类账和明细分类账簿

D.往来账款项目的结算情况

（13）关于会计核算软件打印输出功能说法正确的是（　　）。

A.应当提供机内记账凭证打印输出的功能

B.记账凭证打印格式和内容应当符合国家统一会计制度的规定

C.会计核算软件可以提供机内原始凭证的打印输出功能

D.打印输出原始凭证的格式和内容没有国家制度无规定

（14）会计核算软件必须提供会计账簿、会计报表的打印输出功能，（　　）应当符合国家统一会计制度的规定。

A.打印输出的会计账簿　　　　B.打印输出的会计报表的格式

C.打印输出的会计报表的内容　　D.打印输出的各种查询

（15）会计电算化后的工作岗位可分为基本会计岗位和电算化会计岗位。基本会计岗位可包括（　　）。

A.电算主管　　B.会计主管　　C.出纳　　D.会计档案管理

（16）电算主管负责协调计算机及会计软件系统的运行工作，要求具备（　　）。

A.会计和计算机知识

B.会计电算化组织管理的经验

C.基本操作知识

D.达到会计电算化初级知识培训的水平

（17）审核记账员的主要工作是（　　）。

A.会计数据进行审核

B.操作会计软件登记机内账簿

C.打印输出的账簿、报表进行确认

D.负责输入记账凭证和原始凭证

（18）会计人员办理移交手续前，必须及时做好（　　）工作。

A.编制移交清册

B.已经受理的经济业务尚未填制会计凭证的，应当填制完毕

C.尚未登记的账目，应当登记完毕，并在最后一笔余额后加盖经办人员印章

D.整理应该移交的各项资料，对未了事项写出书面材料

（19）下列属于国家统一的会计制度规定对会计核算软件要求的是（　　）。

A.符合GB/T19581国家标准的要求　　B.划分会计期间

C.分期结算账目　　D.编制会计报表

（20）电算化方式下对会计科目进行编码，最主要的作用是（　　）。

A.利用计算机对会计数据进行分类

B.减少输入汉字，增加输入速度

C.提高保密性

D.简化会计数据的表现形式，利于会计数据的收集、处理和传输

（21）实现会计电算化以后，制定岗位责任制的意义是（　　）。

A.保证会计数据的安全和完整

B.坚强内部牵制

C.保护资金财产安全

D.提高工作效率，充分发挥系统的作用

（22）申请计算机替代手工记账的单位应具备的条件是（　　）。

A.配备了相应的计算机硬件设备和使用的会计软件

B.配备了相应的会计电算化人员

C.建立了严格的内部管理制度

D.计算机会计核算与手工核算并行3个月以上，且结果一致

（23）必须进行数据备份的情况是（　　）。

A.每月结账前和业务处理结束后　　B.消除计算机病毒前

C.更新软件版本　　D.会计年度终了结账时

（24）进行操作人员分工的作用是（　　）。

A.避免与业务无关的人员或无权限的人员对系统进行非法操作

B.便于保证看见数据的系统性和完整性

C.明确人员的职责和权限，以便会计人员各司其职

D.保证会计数据的安全性和会计信息的保密性

（25）进行操作人员分工的主要依据是（　　）。

A.基本的会计岗位分工

B.会计电算化岗位责任制的有关规定

C.无要求，可随意

D.会计软件的需要

三、判断题

（1）使用电子计算机进行会计核算的，其软件及生成的会计凭证、会计账簿、

财务会计报告和其他会计资料必须符合国家统一的会计制度规定。（　）

（2）使用电子计算机进行会计核算的，会计账簿的登记、更正应当符合国家统一的会计制度规定。（　）

（3）会计软件是会计电算化的主要手段和工具。会计软件是否符合国家统一的会计制度规定的核算要求和会计人员的习惯，是保证会计资料质量和会计工作正常进行的重要前提。（　）

（4）会计软件是会计电算化的主要手段和工具。会计软件要符合国家统一的会计制度规定的核算要求，不必考虑会计人员的习惯。（　）

（5）用电子计算机生成的会计凭证、会计账簿、财务会计报告在格式、内容以及会计资料的真实性和完整性等方面，都必须符合国家统一的会计制度的规定。（　）

（6）用电子计算机生成的会计凭证、会计账簿、财务会计报告在格式和内容必须符合国家统一的会计制度的规定，但是不强调会计资料的真实性和完整性等方面。（　）

（7）会计账簿应当按照连续编号的页码顺序登记。（　）

（8）会计账簿记录发生错误或隔页、缺号、跳行，应当按照国家统一的会计制度规定的方法更正，并由会计人员和会计机构负责人（会计主管人员）在更正处盖章，以明确责任。（　）

（9）会计账簿应当按照连续编号的页码顺序登记。（　）

（10）实行会计电算化的单位，其会计账簿的登记、更正，也应当符合国家统一的会计制度的规定。（　）

（11）实行会计电算化的单位，对于其会计账簿的登记、更正，国家有其特殊规定。（　）

（12）会计数据记账后不能修改，只有这样才能保证会计信息的质量和可信度。（　）

（13）使用的会计核算软件必须达到财政部发布的《会计核算软件基本功能规范》的要求。（　）

（14）使用的会计核算软件必须配有专门、熟练的专职操作人员。（　）

（15）用电子计算机进行会计核算与手工会计核算同时运行3个月以上，取得相一致的结果。（　）

四、简答题

（1）会计信息系统总体规划的主要内容有哪些？

（2）基础设置的重要性是什么？

（3）你认为应该怎么面对ERP系统在国内的推广局面？

（4）如何设置会计部门的组织机构及工作内容来满足会计信息系统实施的需要？

(5) 通常实行会计信息系统的单位需要设置哪些工作岗位？

(6) 会计信息系统的维护工作有哪些？

(7) 凭证处理模块提供了哪些凭证数据的校验和控制功能？

(8) 什么是模式凭证？使用模式凭证有何益处？如何设置和使用模式凭证？

五、综合题

(1) 通过对金蝶KIS中“用户管理”功能的学习，请分析电算化会计信息系统与传统会计信息系统的财务机构设置与人员配置有什么不同？权限划分有何不同？

(2) 按照财务业务一体化管理软件的要求，企业需要准备哪些基础数据？

第4章　会计信息系统日常账务处理（一）

学习目标

通过本章的学习，你将掌握：

1.会计信息系统账务处理内容和特点

2.会计信息系统账务处理流程和数据流程

3.金蝶KIS账务处理凭证处理

总账管理系统是会计信息系统软件的核心子系统，适合各行各业进行账务核算及管理工作。总账管理系统既可以独立运行，也可以同其他系统协同运转。

4.1　账务处理概述

账务处理是财务会计系统中最核心的系统，以凭证处理为中心，进行账簿报表的管理。可与各个业务系统无缝链接，实现数据共享。企业所有的核算最终在总账中体现。

账务处理是以“证—账—表”为核心的企业财务信息加工系统。账务处理模块共分三大块：凭证处理、期末处理和账簿报表查询。金蝶KIS账务处理如图4-1所示。

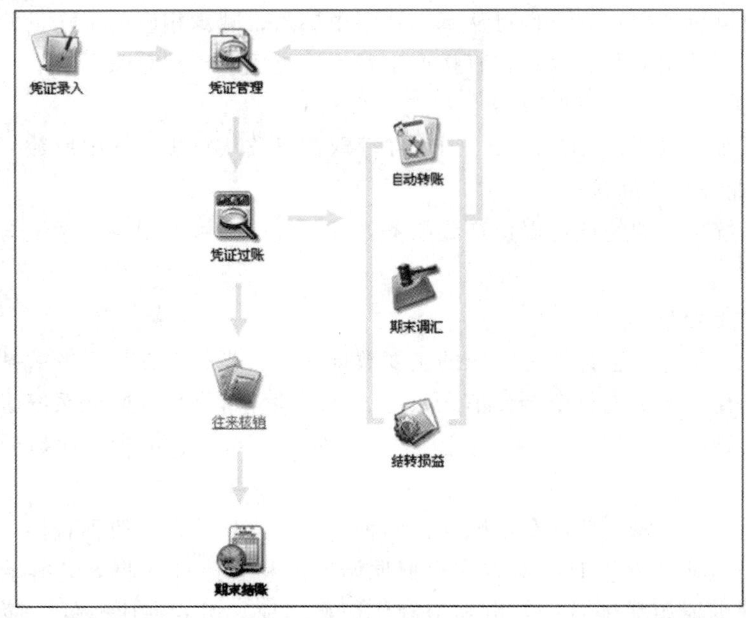

图4-1　金蝶KIS账务处理

账务处理与其他子系统的关系（如图4-2所示）。

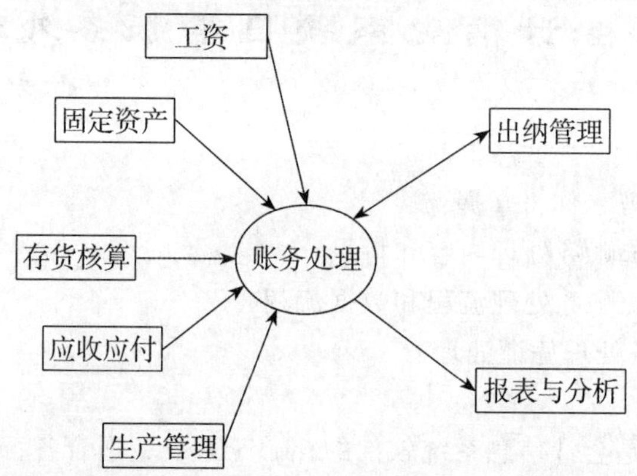

图4-2　账务处理与其他子系统的关系示意图

1）与固定资产系统的接口

固定资产初始余额可以传递到总账初始余额；固定资产新增、变动、清理，折旧计提与费用分摊均可生成凭证，并传递到总账系统。

2）与出纳管理系统的接口

出纳管理系统的库存现金日记账和银行存款日记账可以从总账系统中引入。

3）与工资系统的接口

工资管理系统与KIS专业版账务处理系统联用时，其基本设置中的部门、职员与币别信息既可独立建立，也可从基础资料中导入，减少相应的工作量，月末工资数据可以根据费用分配的设定，直接产生费用分配凭证传到总账系统。

4）与报表系统的接口

报表系统可以通过ACCT、ACCTEXT等取数函数从总账系统中取数。

5）与业务系统的接口

业务系统生成的凭证可以传递到账务处理系统，并可实现业务系统与总账系统的对账功能。

4.1.1　凭证处理

会计凭证是整个会计核算系统的主要数据来源，是整个核算系统的基础。会计凭证的正确性直接影响整个会计信息系统的真实性、可靠性，因此系统必须保证会计凭证录入数据的正确性。KIS系统提供十分安全、可靠、准确、快捷的会计凭证处理功能。

会计凭证分为原始凭证和记账凭证两种。会计信息系统一般不直接处理原始凭证。因此，在业务发生时，应首先根据原始凭证和其他有关业务资料手工填制凭证，或者根据原始凭证直接在电脑上制作记账凭证，但效率比较低，而且容易出错，一般不提倡这样做。

KIS系统已经达到了相当高的自动化水平。所有与固定资产、工资有关的业务及期末调汇、结转损益等日常处理业务，系统都可以根据原始数据资料自动生成记账凭证。这类记账凭证不要求用户自己制作。

为方便用户使用，KIS系统提供了多种凭证数据的校核和控制功能；会自动检验记账凭证借贷方是否平衡；检验科目是否为最明细级；检验本位币金额是否等于汇率乘原币；检验金额是否等于数量乘单价；检验往来核算的客户是否已超出授信值等。系统在对凭证内数据进行控制的同时，还对凭证在记账前的审核检验提供控制。为了使系统更加灵活，这些控制可以根据企业的实际情况进行设定。

4.1.2 期末处理

为了总结某一会计期间（如月度和年度）的经营活动情况，必须定期进行结账。结账之前，按企业财务管理和成本核算的要求，必须进行制造费用、生产成本的结转，期末调汇和结转损益等工作。若为年底结转，还必须结平本年利润和利润分配账户。

期末处理包括期末调汇、结转本期损益、自动转账和期末结账4个方面的工作。期末处理所产生的凭证一般不允许用户再直接修改，但如果确有必要，且用户能保证系统数据的准确性，可修改自动转账、期末调汇和结转损益产生的凭证。

4.1.3 账簿报表

会计账簿是以会计凭证为依据，对全部的经济业务进行全面、系统、连续、分类地记录和核算，并按照专门的格式以一定的形式联结在一起的账页所组成的簿籍。

在凭证过账处理中，系统已将记账凭证自动记入账簿。只要所录入的凭证经过过账，就可以在此功能中迅速查询和打印总账、明细账、多栏式明细账、数量金额总账、数量金额明细账、核算项目总账中的有关数据资料及各类账簿的有关本位币、各种外币以及综合本位币的发生额和余额数据。

会计报表是以货币为计量单位，总括反映企业在某一时点的资产状况以及一定时期内的财务状况和经营成果的表式报告。会计报表所提供的指标比其他会计资料更具综合性。它系统与全面地反映企业经营活动的情况和成果。KIS系统不仅能提供财务会计规范性的两张报表——资产负债表和利润表，而且还为使用者提供试算平衡表、科目余额表、核算项目明细表等一系列管理性会计报表。

KIS账务处理流程图如图4-3所示。

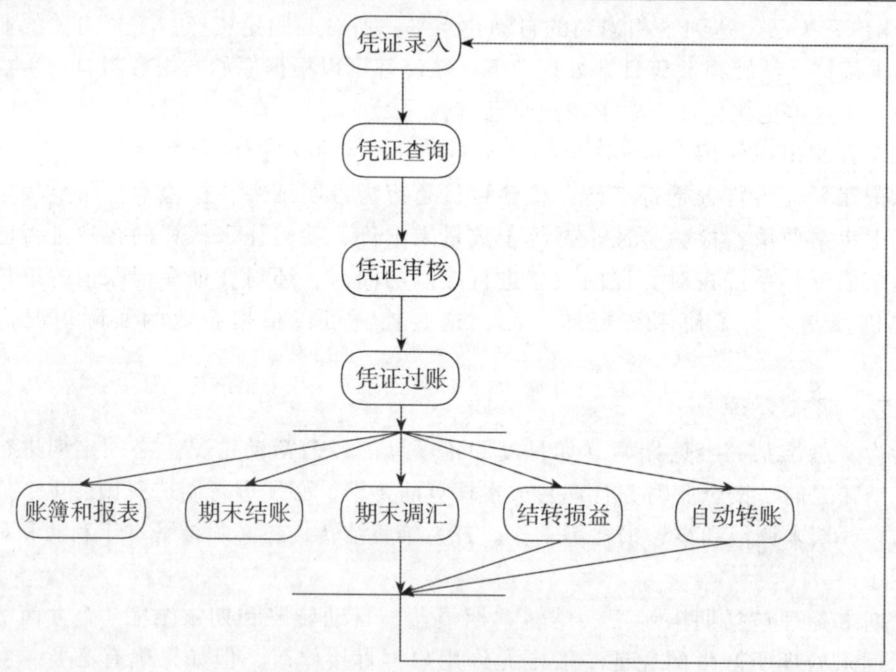

图4-3 KIS账务处理流程图

4.2 凭证录入

凭证录入功能就是为用户提供了一个仿真的凭证录入环境。在这里，使用者可以将制作的记账凭证录入电脑，或者根据原始单据直接在这里制作记账凭证。在凭证录入功能中，KIS系统提供许多功能操作，以方便使用者高效、快捷地输入记账凭证。

在“金蝶KIS专业版主界面”，选择【账务处理】→【凭证录入】，进入【记账凭证—新增】界面。记账凭证输入如图4-4所示。

4.2.1 功能介绍

凭证录入功能见表4-1。

常用的功能键：

1）F7

按F7，系统即可弹出相关资料供选择，如凭证摘要库、科目代码库、核算项目代码库等。在科目代码界面查看所有的代码。您可以从代码中选择您所需的科目。代码查询功能是凭证录入中十分有用的一项功能。它是一种具有智能化的功能，能根据光标所在位置自动选择您需要查看的代码内容。

【摘要库】界面包含摘要类别、摘要代码、摘要名称。用户可以自定义这些内容。界面下方有【凭证对应科目】一栏。用户可以从中选择摘要对应的科目。录入凭证时选择摘要后，对应科目将自动带出。

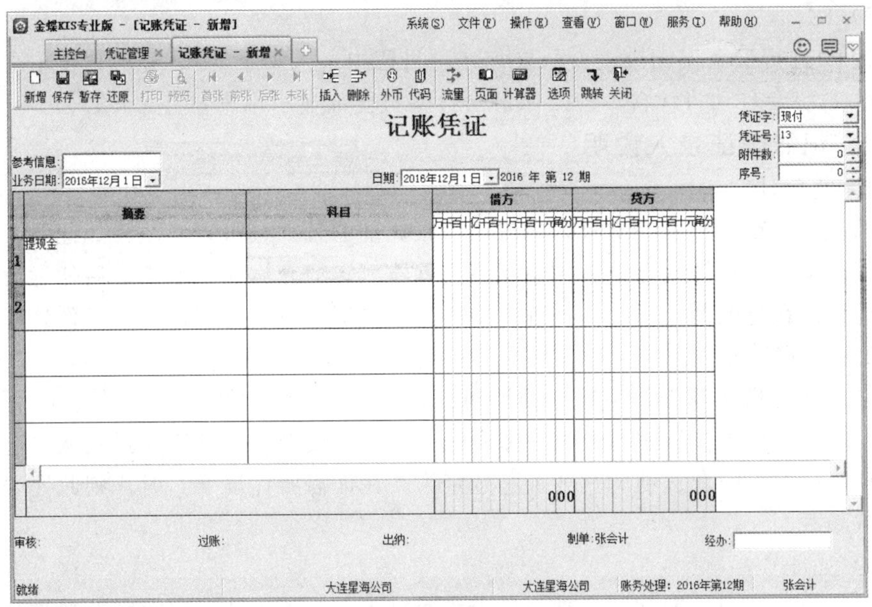

图4-4　记账凭证输入示意图

表4-1　凭证录入功能表

功能	说明
新增	用于新增凭证
保存	用于保存录入的凭证内容
还原	发现凭证录入错误，要将凭证内容整个删除，可以单击该按钮
插入	插入凭证中的某一条分录
删除	删除凭证中的某一条分录
外币	用于切换记账凭证的输入格式。系统提供了两种记账凭证输入查看格式：一种是一般格式，另一种是外币格式，系统默认为一般输入格式，在一般格式中不显示录入凭证的外币原币及汇率数据。如果要查看全部凭证中的外币汇率及原币数据，可用此功能转换成外币格式查看
代码	查询功能，按F7也可。用于查询系统提供的各种资料和参数，在凭证录入时有“摘要”“会计科目”和各种“核算项目”可以查询
流量	针对科目属性中指定为现金类或现金等价物的会计科目，可以在此定义其现金流量内容，是做现金流量表的一种方法

2）F8

按F8，即以下拉框形式弹出摘要库、会计科目、核算项目等，并即时过滤显示。

3）F9

按F9进行汉字模糊查询。只要您在科目栏中录入汉字，如“应”，再单击功能键F9，系统会自动将包含“应”字的会计科目全部显示出来。

4.2.2 记账凭证录入说明

1）制单日期

系统会自动给出上一次录入的最后一张凭证的日期，可以修改。凭证录入的日期若在当前的会计期间之前，则系统不允许输入，但允许输入本期以后任意期间的记账凭证。在过账时，系统只处理本期的记账凭证，以后期间的凭证不作处理。

2）凭证字

凭证字是指实际工作中凭证的类别，如“收”“付”“转”“记”等。在凭证字输入窗口中，用下拉按钮可调出在账套选项中已经设定的凭证字，然后从中选择一个凭证字；如果账套选项的“凭证”选定为“凭证需要凭证字”时，则此处“凭证字”被隐藏。

3）凭证号

系统会按照当前期间同类凭证的最大号加1给出凭证号。我们可以修改此凭证号，但修改的凭证号不能与当前已有的凭证号重复；如果重号，系统会发出警告，重号凭证不能存盘。

4）摘要栏

在摘要栏中输入凭证摘要。在输入凭证摘要时，如果每一行都输入了摘要，在记账时按科目前的摘要内容记录；如果科目前未输入摘要，则在记账时，系统会自动按第一条记录中的摘要记账。为了提高凭证录入的速度，系统还设计了摘要库。在录入凭证过程中，当光标定位于摘要栏时，按F7键或单击【获取】按钮，即可调出凭证摘要库。

5）会计科目栏

在科目栏中录入会计科目的方法有多种。如果记得会计科目代码，则可以直接录入。在录入过程中，底部状态栏会随时动态提示代码所对应的科目名称，以便录入时检查。如果输入完代码后状态栏中没有科目名称显示，则说明输入的代码不全或有错误。

在录入会计科目及后面的核算项目过程中，要看到底部状态栏动态提示的当前科目全名，则应该将操作系统的显示器分辨率设置为800×600以上。

如果在科目设置中定义了助记码，则可以在此处直接输入助记码。系统会根据助记码查到我们需要的科目。最简便的方法是用系统提供的查看代码功能。当光标定位于会计科目栏时，按F7键或用鼠标单击窗口中的【获取】按钮，即可调出会计科目代码表，在科目代码表上用鼠标或箭头键选择所要录入的科目，双击鼠标左键或回车键，或选定后单击【确定】按钮，即可获取科目代码。

如果所选的科目下设核算项目，则在选定了该科目后，科目代码栏中就会出现两栏。前面的一栏中可以输入核算项目代码。如果该科目选定了下设往来核算，则后面的一栏要求输入业务编号，在这两项中都能够使用F7功能键或【查看代码】功能查看并录入相应的代码。

当用户不用F7功能键，而是手工录入核算项目代码时，如果录入了一个当前系统不存在的代码，系统会自动提示是否立即增加该核算项目。如果用户手工录入会计科目或核算项目的前面部分再按F7键，则系统会在选择界面中依据部分输入，自动定位相关的项目记录，从而加速选择输入操作。

如果会计科目中设定了【核算单——外币】选项，则在输入科目代码之后，系统会显示出外币输入格式，显示币别代码、汇率数据，要求输入原币金额。如果选择了【核算所有外币】，在输入外币时还必须进行格式转换。输入原币金额后，系统会自动根据汇率折算为折合本位币金额并显示在金额栏中，折合本位币金额可以修改。若原币乘以汇率不等于金额，系统会提示是否继续。

6）金额栏

在输入完前面的项目以后，就可以输入金额了，金额分为借方金额和贷方金额两栏。每条分录的金额只能在借方或贷方，不能在借贷双方同时存在。要将已录入的金额转换到另一方，只需将光标定位于要转换的金额栏上，然后按【空格】键进行切换。若要输入负金额，在录入数字后再输入“-”号，系统即会以红字显示。

如果在凭证录入时需要对当前分录作自动借贷平衡，可使用快捷键Ctrl+F7完成。

7）结算方式、结算号、结算日期

如果所录入的科目是银行存款，并且在账套选项中将银行对账选为【是】，那么就可以在这里选择结算方式、结算号和结算日期。

8）数量、金额

如果会计科目中选择了下设数量金额核算，系统会要求您输入数量和单价。系统会检验数量单价的乘积是否与原币金额相等。如不相等，系统会提示是否继续。如果选择【是】，则系统按输入的金额保存；如果选择【否】，则系统要求修改相应项目，以使金额=数量×单价。

此外，系统还可以由数量、金额自动计算出单价。

在凭证录入、修改窗口中，如果凭证分录中的会计科目为核算所有币别或单一外币属性，则系统除了保持原来的由汇率、原币算出金额外，还可以由汇率、金额自动算出原币金额。

在输入了借方及贷方金额后，系统会自动将借方金额和贷方金额合计数分别显示在合计栏中。只有借方、贷方合计栏数值相等，记账凭证才能存盘。凭证录入完毕后，单击【存盘】按钮，系统即可保存所录入的凭证。如果当【账套选项】凭证参数被设置为【保存后立即新增】，系统会显示空白凭证，等待继续录入凭证；否则，必须按【复原】键才能新增凭证。

4.3 凭证审核

从图4-1的界面中可以清晰地看出凭证处理的主要业务流程。输入记账凭证后，就需要相关人员对这些凭证进行审核。在这里需要注意的是，制单人与审核人不能为同一操作员，否则系统会拒绝审核签章。凭证一旦进行了审核，就不允许对其进行修改和删除；用户必须进行反审核操作后，才能对凭证进行修改和删除。

对输入的凭证进行审核，有单张审核和成批审核两种方式。

4.3.1 单张审核

制作完一张凭证后，如果确认无误，下一步就是对凭证进行审核（如图4-5所示）。

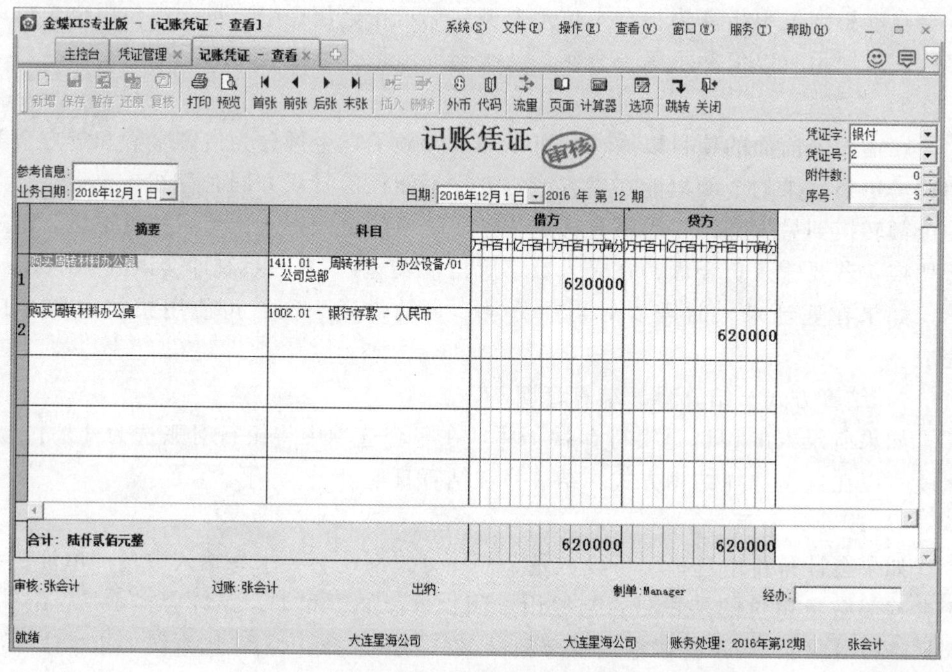

图4-5 单张审核

（1）在【凭证查询】界面，将光标定位于需要审核的凭证上，然后选择菜单【操作】→【审核凭证】，或者单击工具条的【审核】，系统即进入【记账凭证】界面。

（2）此界面中的凭证项目不能修改，只能查看。如果发现凭证有错，凭证上提供了一个【批注】录入框，您可以在【批注】录入框中注明凭证出错的地方，以便凭证制单人修改。录入批注后，表明凭证有错，此时不允许审核，除非清空批注或凭证完成修改并保存。凭证修改后，批注内容自动清空。查看完毕并确认无误后，单击【审核】按钮或按F3键，表示审核通过，在【审核】处签章显示该用户名。

4.3.2　成批审核[①]

KIS系统提供了成批审核、成批销章功能，以便减少由于单个凭证审核或冲销所花费的大量时间。用鼠标点凭证审核，系统首先需要过滤出所需要审核的凭证，在会计分录序时簿文件菜单，单击【成批审核】或按Ctrl+H，系统弹出对话框【批量审核序时簿中的凭证吗?】。单击【是】后，系统随即出示一份审核报告。成批销章的具体操作与成批审核类似（如图4-6所示）。

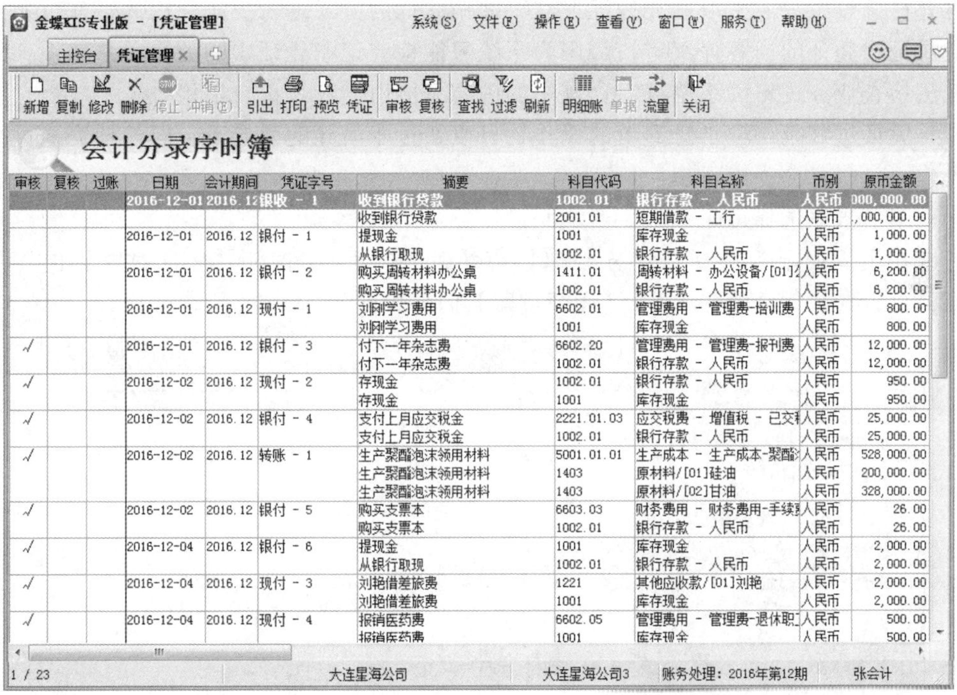

金蝶KIS专业版 - [凭证管理]　系统(S)　文件(F)　操作(E)　查看(V)　窗口(W)　服务(T)　帮助(H)

主控台　凭证管理

新增　复制　修改　删除　停止　冲销(Z)　引出　打印　预览　凭证　审核　复核　查找　过滤　刷新　明细账　单据　流量　关闭

会计分录序时簿

审核	复核	过账	日期	会计期间	凭证字号	摘要	科目代码	科目名称	币别	原币金额
			2016-12-01	2016.12	银收 - 1	收到银行贷款	1002.01	银行存款 - 人民币	人民币	000,000.00
						收到银行贷款	2001.01	短期借款 - 工行	人民币	,000,000.00
			2016-12-01	2016.12	银付 - 1	提现金	1001	库存现金	人民币	1,000.00
						从银行取现	1002.01	银行存款 - 人民币	人民币	1,000.00
			2016-12-01	2016.12	银付 - 2	购买周转材料办公桌	1411.01	周转材料 - 办公设备/[01]	人民币	6,200.00
						购买周转材料办公桌	1002.01	银行存款 - 人民币	人民币	6,200.00
			2016-12-01	2016.12	现付 - 1	刘刚学习费用	6602.01	管理费用 - 管理费-培训费	人民币	800.00
						刘刚学习费用	1001	库存现金	人民币	800.00
√			2016-12-01	2016.12	银付 - 3	付下一年杂志费	6602.20	管理费用 - 管理费-报刊费	人民币	12,000.00
						付下一年杂志费	1002.01	银行存款 - 人民币	人民币	12,000.00
√			2016-12-02	2016.12	现付 - 2	存现金	1002.01	银行存款 - 人民币	人民币	950.00
						存现金	1001	库存现金	人民币	950.00
√			2016-12-02	2016.12	银付 - 4	支付上月应交税金	2221.01.03	应交税费 - 增值税 - 已交	人民币	25,000.00
						支付上月应交税金	1002.01	银行存款 - 人民币	人民币	25,000.00
√			2016-12-02	2016.12	转账 - 1	生产聚酯泡沫领用材料	5001.01.01	生产成本 - 生产成本-聚酯	人民币	528,000.00
						生产聚酯泡沫领用材料	1403	原材料/[01]硅油	人民币	200,000.00
						生产聚酯泡沫领用材料	1403	原材料/[02]甘油	人民币	328,000.00
√			2016-12-02	2016.12	银付 - 5	购买支票本	6603.03	财务费用 - 财务费用-手续	人民币	26.00
						购买支票本	1002.01	银行存款 - 人民币	人民币	26.00
√			2016-12-04	2016.12	银付 - 6	提现金	1001	库存现金	人民币	2,000.00
						从银行取现	1002.01	银行存款 - 人民币	人民币	2,000.00
√			2016-12-04	2016.12	现付 - 3	刘艳借差旅费	1221	其他应收款/[01]刘艳	人民币	2,000.00
						刘艳借差旅费	1001	库存现金	人民币	2,000.00
√			2016-12-04	2016.12	现付 - 4	报销医药费	6602.05	管理费用 - 管理费-退休职	人民币	500.00
						报销医药费	1001	库存现金	人民币	500.00

1 / 23　大连星海公司　大连星海公司3　账务处理：2016年第12期　张会计

图4-6　成批审核

4.3.3　出纳复核

如果在系统初始化时选择了【凭证过账前必须出纳复核】，则在凭证审核后，出纳要进行复核。

在【记账凭证】界面，查看完毕并确认无误后，单击【复核】，表示复核通过，在【出纳】处签章显示该用户名。

出纳复核允许修改结算方式、结算号，其他凭证字段不允许修改。进入会计分录序时簿，选择凭证，点击工具栏/文件菜单/右键菜单的【复核】，进入凭证复核界面，光标定位于“银行存款”科目，修改结算方式、结算号，再点凭证工具栏上的【复核】。

操作人员修改结算方式、结算号后，点【复核】，即凭证打上出纳复核标记，

① 关于审核的操作，尤其是“成批审核”，不同的版本不尽相同。

原制单人名称不变。凭证已复核状态下，再次进入凭证复核界面，则结算方式与结算号不允许修改；如需修改，需取消复核标记。

4.4 凭证过账

在会计凭证审核完毕之后就可以开始过账了。凭证过账就是系统将已录入的记账凭证根据其会计科目登记到相关的明细账簿中的过程。经过记账的凭证以后将不再允许修改，只能采取补充凭证或红字冲销凭证的方式进行更正。因此，在过账前应对记账凭证的内容仔细审核，因为系统只能检验记账凭证中的数据关系错误，而无法检查业务逻辑关系错误，这其中的内容只能由会计人员自己检查。

凭证过账是一项十分简单的操作，可以在过账向导的引导下，轻松地完成过账操作。过账可分为以下3个步骤：

第一步，选择过账参数。

在主界面上，选择【账务处理】→【凭证过账】，打开【凭证过账】向导界面，首先选择凭证过账参数。【凭证过账】向导界面如图4-7所示。

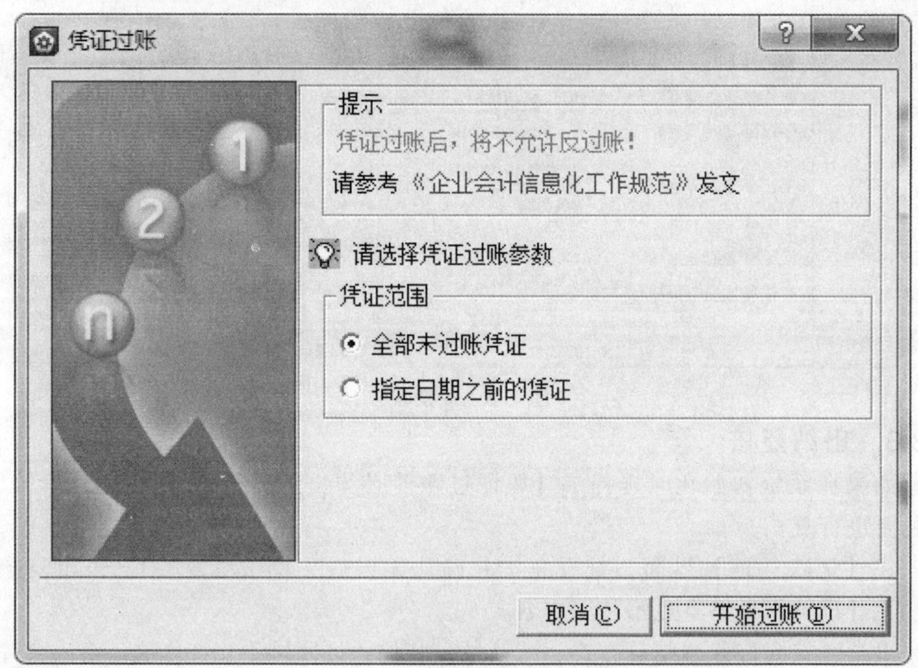

图4-7 【凭证过账】向导界面

在该界面中，我们可以通过参数控制当【凭证号不连续时】和【过账发生错误时】是【停止过账】还是【继续过账】。如果需要查看凭证是否存在断号，可单击【断号检查】，系统将会提供一个凭证断号检查表，列示系统断号情况。

在该界面，还可以确定凭证过账的范围。如果选择【全部未过账凭证】，则系统将所有未过账的凭证进行全部过账操作；如果选择【指定日期之前的凭证】，则在右边出现一个日期列表框，用户可以选择一个日期，系统将对该日期之前的所有未过账凭证进行过账操作。

第二步，开始过账。

凭证过账参数设置完成后，单击【开始过账】，系统开始自动过账操作。在过账过程中，系统会对所有的记账凭证数据关系进行检查。有错误发生时，如在第一步选择过账参数时，【过账发生错误时】选择【停止过账】，则系统会给出错误提示信息，并中止过账，在修正完错误之后重新过账；否则，将在过账全部结束后才显示错误信息。在凭证过账的过程中，您也可以中止过账，单击【中止】，系统提示【是否中止过账】，点击【确定】后将中止凭证过账。

第三步，显示过账信息。

在这个步骤中，系统显示成功过账的凭证数及发生错误数信息，在看完过账信息之后，可以单击【关闭】，结束本次过账操作，还可以将过账的信息打印保存下来。

4.5　期末处理

当期凭证全部录入完毕后，就要进行期末的账务处理和结账了。期末处理主要包括：

（1）期末调汇；

（2）结转损益；

（3）自动转账；

（4）期末结账。

除了期末结账外，其他业务操作都不是每期必须做的，可根据业务的需要进行相关操作。

自动转账功能可按比例转出指定科目的“发生额”“余额”等项数值，并自动生成相关凭证。

4.5.1　期末调汇

期末调汇主要用于外币核算账户在期末自动计算汇兑损益，生成“汇兑损益转账凭证”及“期末汇率调整表”。

注意：只有在【会计科目】中设定为【期末调汇】的科目才会进行期末调汇处理，并且所有涉及外币业务的凭证和要调汇的会计科目全部录入完毕并审核过账后，才能进行期末调汇。

在主界面选择【账务处理】→【期末调汇】，进入【期末调汇】向导界面，该界面将引导进行期末调汇操作。

调汇凭证生成设置如图4-8所示。

（1）参与期末调汇的会计科目及核算项目下的汇兑差额转入汇兑损益科目。

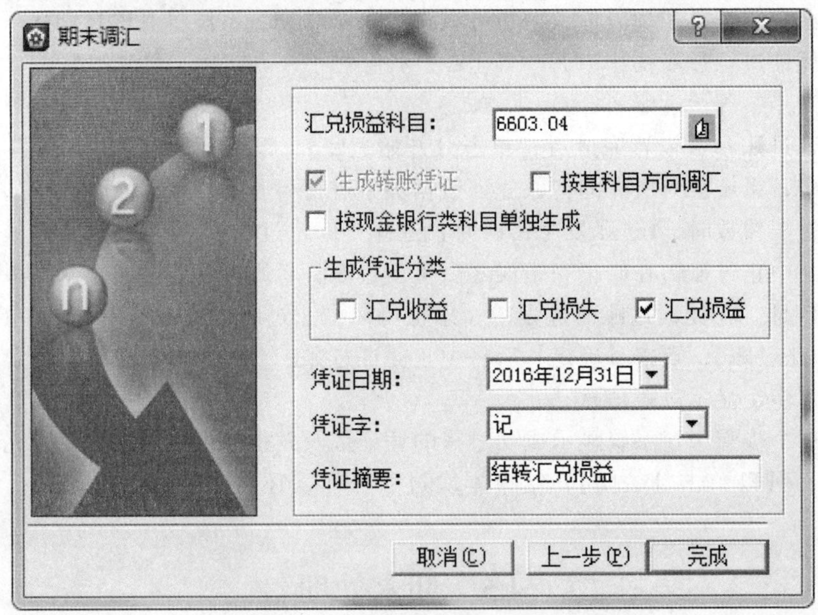

图4-8 【期末调汇】设置界面

（2）自动生成汇总损益凭证，自动生成汇率调整表。

4.5.2 结转损益

期末，应将各损益类科目的余额转入“本年利润”科目，以反映企业在一个会计期间内实现的利润或亏损总额。系统提供的结转损益功能就是将所有损益类科目的本期余额全部自动转入“本年利润”科目，并生成一张结转损益记账凭证。

在主界面选择【账务处理】→【结转损益】，进入【结转损益】向导界面，单击【下一步】，该界面将引导你进行结转损益操作（如图4-9所示）。

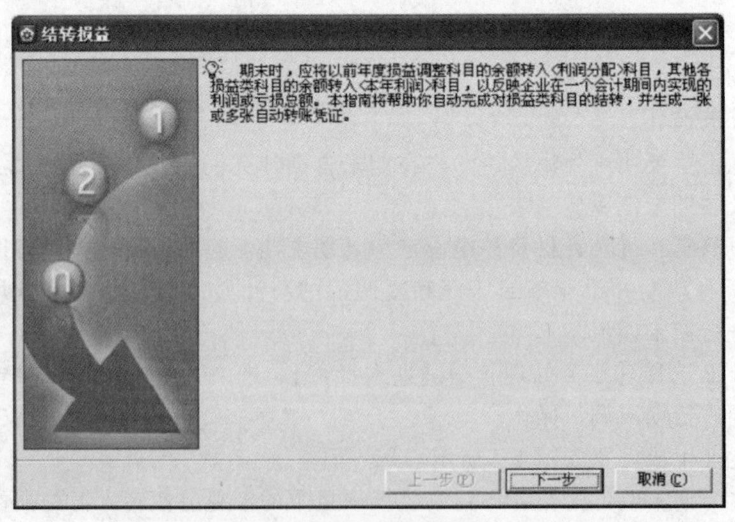

图4-9 【结转损益】向导界面

系统显示损益类对应本年利润科目列表，单击【下一步】。

录入有关记账凭证参数后，单击【完成】，系统自动完成结转损益的过程，并提示生成转账凭证的信息。损益结转完成之后，系统提示【结转完毕】，并列示生成转账凭证的凭证号，可以在【凭证查询】模块中查询结转损益生成的凭证。单击【确定】，完成损益的结转过程。

4.5.3 自动转账

为了总结某一会计期间（如月度和年度）的经营活动情况，必须定期进行结账。结账之前，按企业财务管理和成本核算的要求，必须进行制造费用与生产成本的结转，期末调汇及损益结转等工作。例如，月末要将“制造费用”科目中数据转入“生产成本”科目。若为年底结转，还必须结平“本年利润”和“利润分配”账户。

1）转账模板设置

在主界面，选择【账务处理】→【自动转账】，打开【自动转账凭证—新增】界面，如图4-10所示。

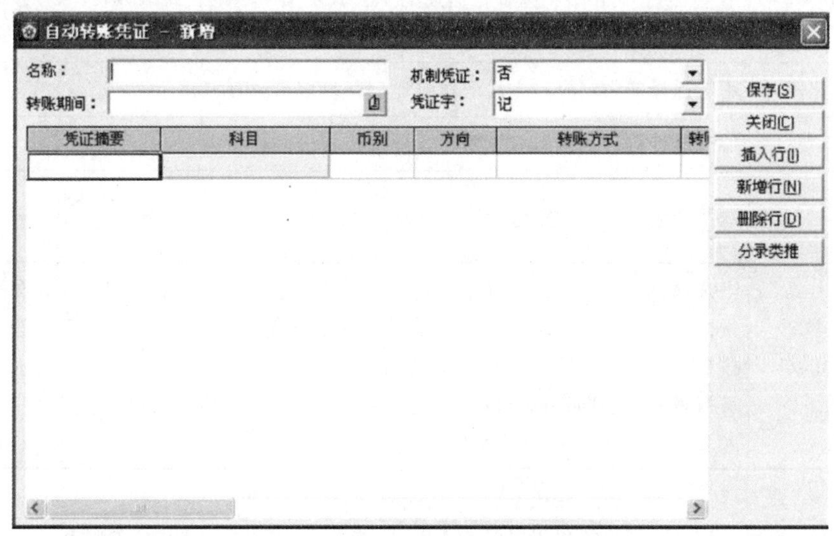

图4-10 自动转账凭证设置

自动转账凭证设置说明（见表4-2）：

2）生成转账凭证

自动转账凭证格式或自动转账方案设置完毕之后，在需要生成相应的转账凭证时，点击设置界面中的【生成凭证】就可以了。

4.5.4 期末结账

在本期所有的会计业务全部处理完毕之后，就可以进行期末结账了。系统的数据处理都是针对本期的。在进行下一期间的处理前，必须将本期的账务活动全部进行结账处理，这样系统才能进入下一期间。

表4-2　　　　　　　　　　　　自动转账凭证设置说明

数据项	说明
转账期间	系统提供了1~12个会计期间
凭证字	选择生成凭证的凭证字
凭证摘要	手工录入正确的意思表达
科目	选择科目时必须注意要选择科目最明细的一级，如非明细科目则只能转出
方向	会计分录的借贷方向，可以根据转账方式“自动判断”；除非确定，否则选择“自动判断”
转账方式	科目的“余额”“借方发生额”“贷方发生额”等转出的金额和方式，共有6种：“转入”指该会计科目属于转入科目；“按比例转出余额”指按该科目余额的一定比例转出；“按比例转出贷方发生额”指按该科目的贷方发生额的一定比例转出；“按比例转出借方发生额”指按该科目的借方发生额的一定比例转出；“按公式转出”指根据后面的“公式定义”中的公式取数转出；“按公式转入”指根据后面的“公式定义”中的公式取数转入
转账比例	用于选择转入（出）方式的转账比例，直接录入百分比
核算项目	如果会计科目下还有核算项目，则选择相应的核算项目
包含本期末过账凭证	选择“包含”或“不包含”
公式定义	当选择“按公式转入或转出”时，在此定义公式，根据科目是否下设外币及数量，可以录入原币取数公式、本位币取数公式、数量取数公式。公式设置可以按F7或点击工具条中【获取】按钮进入公式向导辅助输入。公式的语法与自定义报表完全相同，通过取数公式可取到账上任何数据。另外，在公式中还可录入常数

1）结账

在主界面，选择【账务处理】→【期末结账】，打开【期末结账】向导界面，如图4-11所示。

结账时需要注意以下几点：

(1) 如果系统发现本期内还有未过账的记账凭证，系统会发出警告，然后中断结账。

(2) 若选择【结账时检查凭证断号】选项，那么如果在结账时当期存在凭证断号的情况，系统将不予结账。

(3) 账务处理的期末结账包括总账、固定资产和工资模块，即这3个模块是同时结账的。

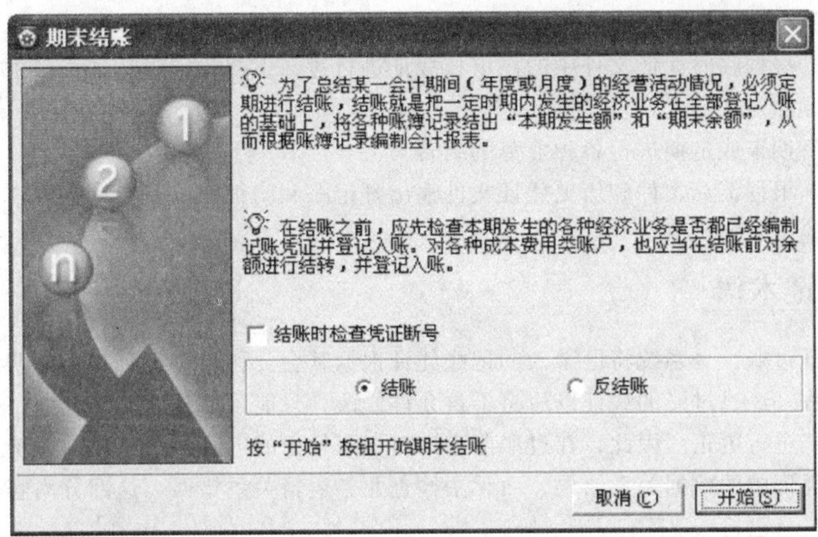

图 4-11　【期末结账】向导界面

在全部事项处理完毕后，单击【开结】，系统开始结账。结账完成之后，系统进入下一个会计期间，并返回到主界面。

2）反结账

结账后如果需要对上一个会计期间的数据进行重新处理，此时，可以通过反结账的功能使系统返回上一个会计期间。

小　结

账务处理是指会计凭证组织、账簿组织、记账方法、记账程序的相互结合方式。凭证、账簿组织是指会计凭证和账簿的种类、格式以及凭证、账簿与各种账簿之间的关系。记账方法是指在会计账簿中登记经济业务的方法。记账程序是指从填制凭证、登记账簿到编制报表的整个过程的程序。

账务处理系统是会计电算化信息系统的一个子系统，是整个会计信息系统的中枢，也是最基本的系统。它综合、全面、概括地反映企业各个方面的会计工作内容。其他各子系统的数据必须传输到账务系统，同时还要把账务系统中的某些数据传输给其他子系统。许多单位的会计电算化工作往往都是从账务处理系统开始的。

实际业务比较简单、数据量较少的小型企业，只使用账务系统，按照制单、审核、记账、查询、结账的业务流程进行即可。如果企业业务比较复杂，可以使用账务系统提供的各种辅助功能进行管理，如项目、部门、个人往来、客户与供应商往来管理等。

账务处理系统的数据流程可描述如下：

（1）会计人员通过键盘录入记账凭证、原始凭证或系统自动获取记账凭证，然后将有关凭证写入临时凭证文件。

（2）会计人员对临时凭证文件进行审核。

（3）根据临时凭证文件中的已审核凭证进行过账，并将临时凭证文件中已过账的凭证删除。

（4）期末或定期进行各种业务的结转。

（5）根据汇总文件和历史凭证文件输出日记账和明细账以及会计报表，根据汇总文件输出总账。

关键术语

凭证过账：是系统将已录入的记账凭证根据其会计科目登记到相关的明细账簿中的过程。经过过账的凭证以后将不再允许修改，只能采取补充凭证或红字冲销凭证的方式进行更正。因此，在过账前应该对记账凭证的内容仔细审核。系统只能检验记账凭证中的数据关系错误，而无法检查业务逻辑关系错误。这部分内容只能由会计人员自己检查。

自动转账：自动转账功能可按比例转出指定科目的“发生额”“余额”“最新发生额”“最新余额”等项数值，并自动生成相关凭证。

期末结账：在本期所有的会计业务全部处理完毕之后，可以进行期末结账处理。系统的数据处理都是针对本期的。在进行下一期间的处理前，必须将本期的账务全部进行结账处理，系统才能进入下一期间。系统在过账之前要对账务处理进行检查，必须将本期间的所有会计凭证及业务资料全部录入电脑并且过账之后才能结账。如果系统发现本期内还有未过账的记账凭证，将会发出警告，然后中断结账。系统在进行结账之前，还要检查“期末调汇”、“结转损益”、“出纳轧账”以及“计提折旧”4项处理事项是否已经完成。如果当前的会计期间是年度的最后一个会计期间，则此时结账是执行年结过程。年结基本上与日常结账没有什么区别，但年结的实际内容完全不同于日常结账。年结时，系统将强制用户做系统备份。

实验四　金蝶KIS凭证处理

会计凭证是整个会计核算系统的主要数据来源。会计凭证的制作与录入是每个会计期间最繁琐的工作，我们必须保证会计凭证录入的及时性与准确性。

1.实验要求

1）能够将业务编制成记账凭证；

2）了解账务处理的功能；

3）熟练掌握凭证录入的方法；

4）能够快速查找凭证；

5）能够修改、审核凭证；

6）学会查询各种账簿、报表；

7）备份恢复账套。

2.实验资料

1）大连兴海公司20××年12月份发生的会计业务如下：

（1）1日，企业收到工商银行贷款1 000 000元，转账支票1001号，已存入银行。

（2）1日，提现金1 000元以备零用。结算方式：现金支票；结算号：2001。

（3）1日，用支票购办公桌2个，供公司总部办公人员使用，费用6 200元。结算方式：转账支票；结算号：1201。

（4）1日，一车间刘刚参加管理学习班，学费800元，用现金支付。

（5）1日，用支票支付下一年报纸杂志费12 000元。结算方式：转账支票；结算号：1202。

（6）2日，根据1009号交款单，编制记账凭证，将送存银行的现金950元登记入账。

（7）2日，用支票支付上月应交税费25 000元。结算方式：转账支票；结算号：1203。

（8）2日，一车间领用硅油5 000千克，单价40元；甘油20 000千克，单价16.4元，用于生产聚酯泡沫。

（9）2日，用银行存款购现金支票、转账支票各一本，共26元。结算方式：转账支票；结算号：1204。

（10）4日，提现金2 000元用于支付差旅费。结算方式：现金支票；结算号：2002。

（11）4日，二车间刘艳借差旅费2 000元。

（12）4日，退休职工赵淑兰报销医药费500元，用现金支付。

2）根据以上经济业务编制的参考会计分录如下：

（1）1日，企业收到工商银行贷款。结算方式：转账支票；结算号：1001。

借：银行存款——人民币（1002.01）　　1 000 000

　贷：短期借款——工行（2001.01）　　1 000 000

（银收1）

（2）1日，提现金以备零用。结算方式：现金支票；结算号：2001。

借：库存现金（1001）　　1 000

　贷：银行存款——人民币（1002.01）　　1 000

（银付1，建议保存为模式凭证）

（3）1日，用支票购办公桌。结算方式：转账支票；结算号：1201。

借：周转材料——办公设备（1411.01）　　6 200

　贷：银行存款——人民币（1002.01）　　6 200

（银付2）

（4）1日，用现金付刘刚学习班学费。

借：管理费用——培训费（6602.01）　　800
　贷：库存现金（1001）　　800
（现付1）

（5）1日，付下一年报纸杂志费。结算方式：转账支票；结算号：1202。
借：管理费用——报刊费（6602.20）　　12 000
　贷：银行存款——人民币（1002.01）　　12 000
（银付3）

（6）2日，现金送存银行登记入账。结算方式：交款单；结算号：1009。
借：银行存款——人民币（1002.01）　　950
　贷：库存现金（1001）　　950
（现付2）

（7）2日，支付上月应交税费。结算方式：转账支票；结算号：1203。
借：应交税费——应交增值税——已交税金（2221.01.03）　　25 000
　贷：银行存款——人民币（1002.01）　　25 000
（银付4）

（8）2日，生产聚酯泡沫领用材料。
借：生产成本——聚酯泡沫——直接材料（5001.01.01）　　528 000
　贷：原材料——硅油（1403.01）（数量：5000）　　200 000
　　　　　——甘油（1403.02）（数量：20000）　　328 000
（转账1）

（9）2日，购支票本。结算方式：转账支票；结算号：1204。
借：财务费用——手续费（6603.03）　　26
　贷：银行存款——人民币（1002.01）　　26
（银付5）

（10）4日，提现金。结算方式：现金支票；结算号：2002。
借：库存现金（1001）　　2 000
　贷：银行存款——人民币（1002.01）　　2 000
（银付6，建议调用模式凭证）

（11）4日，刘艳借差旅费。
借：其他应收款——刘艳（1221）（项目代码：01往来编号：006）　　2 000
　贷：库存现金（1001）　　2 000
（现付3）

（12）4日，报销医药费。
借：管理费用——退休职工医药费（6602.05）　　500
　贷：库存现金　　500
（现付4）

习题与案例

一、单项选择题

（1）凭证查询时，允许使用功能键查找符合条件的下一条记录。该功能键是（　　）。

A.F2　　B.F3　　C.F6　　D.F7

（2）当输入记账凭证的金额为负数时，应采用的方法是（　　）。

A.在数据前面加“-”　　B.在数据后面加“-”

C.在相反方向输入　　D.用红字输入

（3）下列可以直接修改的凭证是（　　）。

A.已记账凭证　　B.已审核凭证　　C.未审核凭证　　D.上月凭证

（4）输入到系统的记账凭证，要记账必须（　　）。

A.盖章　　B.打印　　C.审核　　D.修改

（5）发现已审核的凭证有误，要修改必须（　　）。

A.取消审核　　B.取消记账　　C.重新录入　　D.另外保存

（6）对于已经保存到系统的未审核记账凭证，要彻底删除此凭证需（　　）。

A.做一次删除　　B.做二次删除　　C.做三次删除　　D.都不对

（7）对于输入到系统的最后一张未审核记账凭证，要彻底删除此凭证需（　　）。

A.做一次删除　　B.做二次删除　　C.做三次删除　　D.都不对

（8）要想将当前的凭证保存为模式凭证，除在编辑菜单下选择【保存为模式凭证】功能外，还可使用以下（　　）快捷键。

A.Ctrl+C　　B.Ctrl+V　　C.Ctrl+S　　D.Ctrl+A

（9）凭证的复原功能是用于（　　）。

A.恢复记账凭证修改之前的状态　　B.恢复记账凭证修改之后的状态

C.恢复记账凭证审核之前的状态　　D.恢复记账凭证记账之前的状态

（10）对于审核凭证，下列说法正确的是（　　）。

A.审核人可以修改此凭证　　B.审核人与制单人不是同一人

C.审核人可以删除此凭证　　D.审核人与制单人可以为同一人

（11）在录入凭证过程中，当手工输入一个系统不存在的核算项目代码时，系统会显示（　　）。

A.错误的代码，请重新输入　　B.提示是否增加该核算项目代码

C.系统不予接受　　D.系统不做任何提示

（12）要将记账凭证的借方金额转换到贷方，可以使用（　　）。

A.Ctrl+F7　　B.Ctrl+S　　C.空格键　　D.回车键

（13）单张审核凭证时，功能键F3的作用是（　　）。

A.跳到下一张凭证　　B.跳到上一张凭证

C.审核凭证　　　　　　　　　　D.删除凭证

(14) 查询明细账中，下面说法错误的是（　　）。

A.可以查询当前科目的余额　　　　B.可以查询对方科目的明细账

C.可以查询当前科目的记账凭证　　D.不能查询当前科目的本期合计

(15) 查询凭证汇总表时，下面数据中不能查到的是（　　）。

A.凭证日期　　B.科目名称　　C.借方金额　　D.贷方金额

(16) 查询科目日报表时，下列查询条件不存在的是（　　）。

A.日期　　　　　　　　　　　　B.科目范围

C.是否包含未记账凭证　　　　　D.凭证号

(17) 查询试算平衡表时，下列数据查询不到的是（　　）。

A.连续不同会计期间的会计数据　　B.不同级别科目的会计数据

C.不同币别的会计数据　　　　　　D.不同核算项目的会计数据

(18) 查询科目余额表时，下列数据查询不到的是（　　）。

A.连续不同会计期间的会计数据　　B.不同级别科目的会计数据

C.不同币别的会计数据　　　　　　D.数量核算的会计数据

(19) 使用对应科目汇总表，是针对（　　）而设置的。

A.损益类科目　　　　　　　　　B.库存现金、银行类科目

C.成本类科目　　　　　　　　　D.表外科目

(20) 在金蝶KIS会计软件中，回填计算器计算结果的快捷键是（　　）。

A.F1　　B.F8　　C.F11　　D.F12

二、多项选择题

(1) 在金蝶KIS中，凭证查询可以使用逻辑条件，以下（　　）是允许使用的逻辑条件。

A.加　　B.乘　　C.或

D.非　　E.且

(2) 在金蝶KIS中，账务处理模块共分（　　）三大模块。

A.凭证处理　　B.期末处理　　C.出纳

D.往来管理　　E.账簿报表查询

(3) 凭证录入的文件菜单，包含了以下（　　）功能。

A.保存凭证　　B.编辑　　C.复原

D.审核　　E.打印

(4) 对于已经作过删除标志的凭证，可以做以下（　　）操作。

A.删除　　B.打印　　C.恢复

D.修改　　E.记账

(5) 输入凭证时，可以利用编辑功能对当前凭证进行（　　）操作。

A.插入分录　　B.删除分录　　C.粘贴分录

D. 复制分录　　E. 生成收据

（6）凭证从录入到记账处理完毕，必须要经过以下（　　）的签字。

A. 制单人　　B. 系统管理员　　C. 审核人

D. 出纳　　E. 过账人

（7）在检查凭证时，可以选择以下（　　）条件。

A. 日期　　B. 凭证字　　C. 凭证号

D. 制单人　　E. 是否包括已记账凭证

（8）账簿查询可以查询到下列（　　）账簿。

A. 总分类账　　B. 明细账　　C. 多栏账

D. 数量金额总账、明细账　　E. 核算项目分类总账

（9）对于总账查询，以下说法中正确的是（　　）。

A. 只能查询一个会计期间的会计数据

B. 只能查询一级会计科目的会计数据

C. 可以查询各种币别的会计数据

D. 可以查询不同年度的会计数据

E. 可以同时查询多个会计科目的会计数据

（10）对于明细账查询，以下说法中正确的是（　　）。

A. 可以查询多个会计期间的会计数据

B. 只能查询明细级会计科目的会计数据

C. 可以查询各种币别的会计数据

D. 一个科目设置一个账页

E. 可以同时查询多个会计科目的会计数据

（11）设置多栏账时，以下项目中必须设置的是（　　）。

A. 多栏账科目代码　　B. 币种

C. 多栏明细科目代码　　D. 借贷方向

E. 多栏账名称

（12）查询凭证汇总表时，下列可以使用的条件是（　　）。

A. 日期　　B. 凭证字　　C. 凭证号

D. 范围　　E. 是否包含表外科目

（13）查询科目日报表时，可以看到下列（　　）数据。

A. 前一天余额　　B. 当天发生额　　C. 当天余额

D. 借贷方发生笔数　　E. 科目名称

（14）查询科目余额表时，如果选择了“包含未记账凭证”，下列条件中不可选的是（　　）。

A. 不同会计期间　　B. 不同级别科目　　C. 所有币别

D. 当前会计期间　　E. 包含核算项目

(15) 查询核算项目明细表时，可以使用下列（ ）条件。

A.会计期间　　B.会计科目　　C.不同币别

D.核算项目类别　　E.是否包含未记账凭证

(16) 出纳员AA可以审核的记账凭证有（ ）。

A.Manager填制的未审核凭证

B.AA填制的未审核凭证

C.BB填制的未审核凭证

D.Manager填制的已过账凭证

E.CC生成的固定资产业务自动转账凭证

(17) 可以修改的记账凭证有（ ）。

A.正在填制的凭证　　B.未审核的凭证

C.已审核的凭证　　D.经过销章的已审核凭证

E.已过账凭证

(18) 可以删除的记账凭证有（ ）。

A.正在填制的凭证　　B.未审核的凭证

C.已审核的凭证　　D.经过销章的已审核凭证

E.已过账凭证

三、简答题

(1) 简述账务处理的主要功能。

(2) 凭证处理模块提供了哪些凭证数据的校验和控制功能？

(3) 简述账务处理的主要业务流程，并讨论这些业务之间的关系。

(4) 凭证录入菜单中【收据】和【通知单】功能选项在何时使用？【收据】和【通知单】功能选项有何用途？

(5) 什么是模式凭证？使用模式凭证有何益处？如何设置和使用模式凭证？

(6) 凭证输入时，可以使用查阅获取某些项目。举例说明哪些项目可以使用查阅功能。

(7) 请说明单张和成批两种方式审核凭证的优缺点。

(8) 简述计算机系统的凭证过账过程。过账过程中应注意哪些问题？

(9) 可以根据哪些条件对凭证进行查询？讨论查询条件的逻辑组合关系。这些查询组合在什么情况下使用？

(10) 凭证删除操作应注意哪些问题？

(11) 请列举账簿的种类。每种账簿包含什么财务数据？一般有何用途？

(12) 什么是一体化查询？如何实现一体化查询？

(13) 什么是总分类账？如何设置总分类账查询条件？

(14) 什么是明细账？如何设置明细账查询条件？

(15) 什么是多栏账？如何设置多栏账查询格式？

（16）账务处理模块提供了哪些报表？简述这些报表的特点。

四、业务题

（1）某企业记账凭证已设置为现收、现付、银收、银付、转账五类。请填写20××年12月发生下述业务的记账凭证（见表4-3）。3日，用1203号转账支票支付下年度报纸杂志费12 000元。

表4-3　　**记账凭证**　　单位：元

凭证字：　　日期：　　附单据：

摘要	会计科目	借方金额	贷方金额

结算方式：　　结算号：　　结算日期：

外币金额：　　汇率：　　本位币金额：

数量：　　单价：

（2）某企业记账凭证设置为现收、现付、银收、银付、转账五类。请填写20××年12月11日的记账凭证（见表4-4）。一车间领用重油5 000千克，单价10元，用于生产聚酯泡沫。

表4-4　　**记账凭证**　　单位：元

凭证字：　　日期：　　附单据：

摘要	会计科目	借方金额	贷方金额

结算方式：　　结算号：　　结算日期：

外币金额：　　汇率：　　本位币金额：

数量：　　单价：

（3）填写如下记账凭证查询条件选择表（见表4-5）：

表4-5　　**记账凭证查询条件选择表**

查询目的	过账	审核	全部	查询条件表达式
查询所有未记账转账凭证				
查已记账的支票号1208凭证				
查找借方金额为30 000元的凭证				
查银付002号已审核未记账凭证				
查20××年12月18日未审核凭证				

（4）某企业记账凭证已设置为现收、现付、银收、银付、转账五类。请填写20××年12月16日的记账凭证（见表4-6）。销售给中国香港大华公司聚酯泡沫2 000千克，单价30美元，收到电汇单0306号，货款60 000美元，存入美元存款账户。

表4-6　　**记账凭证**　　单位：元

凭证字：　　日期：　　附单据：

摘要	会计科目	借方金额	贷方金额

结算方式：　　结算号：　　结算日期：

外币金额：　　汇率：　　本位币金额：

数量：　　单价：

五、综合题

（1）电算化会计信息系统的日常账务处理与传统会计信息系统有什么不同？

（2）分析金蝶KIS账务处理模块中账簿报表的特点。如何使用这些账簿报表？

第5章　会计信息系统日常账务处理（二）

学习目标

通过本章的学习，你将掌握：

1. 会计信息系统出纳业务内容和处理流程
2. 会计信息系统工资核算业务内容和处理流程
3. 会计信息系统固定资产业务内容和处理流程
4. 会计信息系统往来业务内容和处理流程
5. 金蝶KIS账务处理凭证、结转、期末处理

5.1　出纳业务

出纳管理是金蝶KIS用于出纳业务的辅助管理系统，是KIS专业版的组成部分之一。它既可同账务处理系统联合起来使用，也可单独提供给出纳人员使用。出纳管理系统能处理企业中的日常出纳业务，包括现金业务、银行业务、相关报表、系统维护等内容。也就是说，出纳管理系统既可独立使用，也可与总账系统集成。

5.1.1　出纳业务流程

出纳管理系统结合单位的会计出纳制度，将出纳业务纳入全面正规化管理。它能及时地了解、掌握某时间范围内的现金收支记录和银行存款收支情况，并做到日清月结，随时查询、打印有关出纳报表。出纳管理流程如图5-1所示，出纳管理界面如图5-2所示。

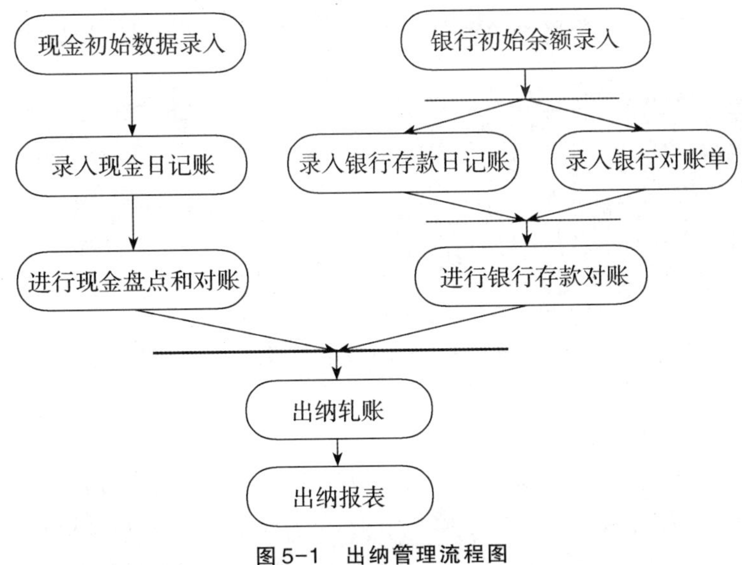

图5-1　出纳管理流程图

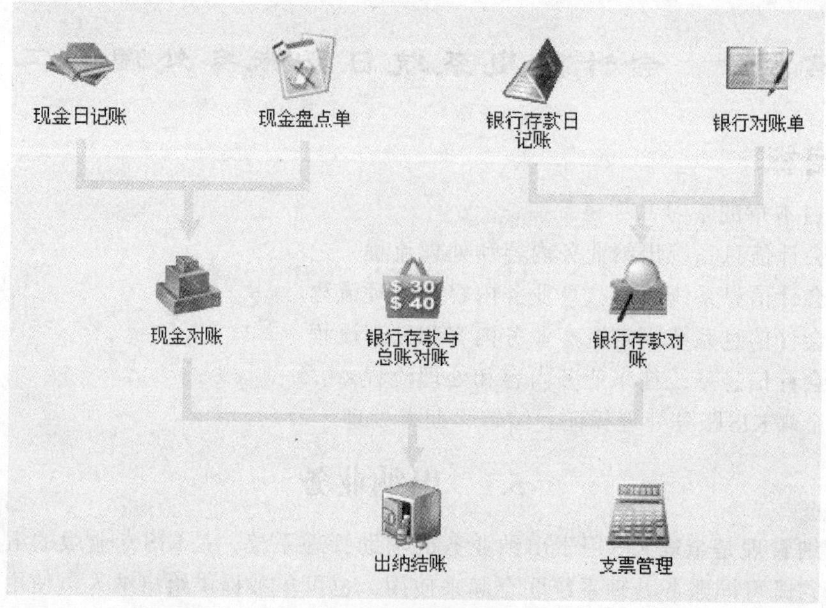

图5-2 出纳管理界面

5.1.2 出纳系统初始化

出纳管理初始化设置主要要求定义好出纳系统的启用期间并进行“现金初始余额”录入和“银行存款初始余额”录入，下面分别说明初始设置的有关问题。

选择【初始化】→【出纳初始数据】，如图5-3所示，在进行出纳初始化前首先需要到系统参数中设置出纳的启用年度和启用期间。在【初始数据录入】界面中，包括单位的现金科目与银行存款科目的期初余额、累计发生额的引入和录入，银行未达账、企业未达账初始数据的录入，余额调节表的平衡检查，综合币的定义等内容。

主控台　应用平台　出纳初始数据

启用　禁用　删除　打印　预览　引入　余额　企业未达　银行未达　余额表　平衡检查　过滤　刷新　关闭

出纳初始数据　　科目类别：银行存款

	科目代码	科目名称	币别	银行名称	银行账号	对账单期初余额	日记账期初借方累计金额	日记账期初贷方累计金额	日记账
1	1002.01	工商银行	欧元	工商银行	6000000001	0.00	0.00	0.00	
2	1002.01	工商银行	港币	工商银行	6000000002	0.00	0.00	0.00	
3	1002.01	工商银行	人民币	工商银行	6000000034	8,223,599.77	0.00	1,100,000.00	8,2
4	1002.01	工商银行	美元	工商银行	6000000003	0.00	0.00	0.00	
5	1002.02	建设银行	人民币	建设银行	8867000001	0.00	0.00	0.00	

图5-3 出纳初始数据录入

1）初始数据导入

（1）从总账引入科目。

选择【编辑】→【从总账引入科目】或单击工具栏的【引入】，系统将从总账系统中导入设置好的现金、银行存款科目。【银行名称】可以自动取银行存款科目的名称，也可以由用户自定义。另外，在初始化结束前，还需要给引入的银行存款科目添加相应的【银行账号】；如果没有添加，系统将给予相应的提示。

（2）从总账引入余额。

引入科目后，选择【操作】→【从总账引入余额】或单击工具栏【余额】，系统将从总账中导入有关科目余额。分别在银行存款日记账期初余额、银行对账单期初余额相应的位置中显示。

（3）启用。

在初始化结束后，系统会自动将所有引入的科目默认为启用状态。如果暂时不需要使用，可以对其进行禁用。也可启用已被禁用的科目。将光标放置于已被禁用的科目上，单击【启用】即可。

2）未达账设置

所谓未达账项，就是结算凭证在企业与银行之间（包括收付双方的企业及双方的开户银行）流转时，一方已经收到结算凭证作了银行存款的收入或支出账务处理，而另一方尚未收到结算凭证尚未入账的账项。归纳起来，未达账项有四种类型：

第一种是银行已收，企业未收；

第二种是银行已付，企业未付；

第三种是企业已收，银行未收；

第四种是企业已付，银行未付。

存在未达账的情况下，企业单位银行存款日记账的余额和银行对账单的余额往往是不相等的。这时需要分别站在企业和银行的立场，按未达账项分别对银行存款日记账的余额和银行对账单的余额进行调整。具体调整方法如下：银行存款日记账的余额+（银行已收，企业未收的金额）-（银行已付，企业未付的金额）=调整后（企业账面）余额；银行对账单的余额+（企业已收，银行未收的金额）-（企业已付，银行未付的金额）=调整后（银行对账单）余额。调整后两者的余额相等，表明企业银行存款账实相符。

在工具栏上单击【企业未达】，点击【新增】后就即可录入企业未达账。

在工具栏上单击【银行未达】，点击【新增】后就即可录入银行未达账。

在工具栏上单击【余额表】，就可以查看银行存款余额调节表。

【平衡检查】是检查所有的银行存款科目的余额调节表是否都平衡，如果银行存款科目的余额已经平衡，系统会给予提示，否则会给予另外的相应提示。

新增未达账时，单击F7键，系统自动调用总账的摘要库；结算号可以单独录入，但如果录入结算方式时，必录结算号；借贷方金额只允许录入一方。

实验五　出纳管理初始设置和凭证处理

1.实验要求

本次上机实验主要进行出纳系统的日常操作使用，通过实践了解出纳管理的日常业务内容、处理程序、软件功能，能够得心应手地操作使用本软件较好地完成出纳工作，并从中体会出纳工作的特点和管理控制措施。

本次实验主要完成如下任务：

1）出纳系统的初始设置；

2）支票本购置登记；

3）支票领用登记；

4）输入第13笔至第22笔业务的记账凭证；

5）凭证的查询、修改和删除；

6）备份恢复账套。

2.实验资料

1）20××年12月1日，大连兴海公司现金日记账月初余额9 200元，银行存款日记账月初余额600 000元，银行对账单余额600 950元。

2）银行对账单中有月初企业未达账1笔：20××年11月28日，1009号交款单，现金存入银行，银行贷方950元，经手人孙奇。

3）本企业开户行：工商行大连分行星海办，账号1234567890（人民币、美元相同）。

4）20××年11月26日购入支票两本，有效期都是45天，其中转账支票号码为1201~1240号，现金支票号码为2001~2010号。

5）第13笔业务：购入的固定资产详细资料见表5-1。

表5-1 **购入的固定资产详细数据**

基本信息		折旧信息1		折旧信息2	
代码	GD07	类别	运输设备	原值本位币金额（元）	300 000
名称	宝马轿车	使用情况	使用中	折旧方式	工作量法
固定资产科目	1601.02	使用部门	公司总部	预计使用工作总量（千米）	500 000
累计折旧科目	1602	固定资产减值准备科目	1603	已使用工作量	
入账日期	20××/12/04	折旧费用科目	6602.20		
增加方式	购入	减值准备对方科目	6711		

6）大连兴海公司20××年12月4日至7日发生如下会计业务：

（13）4日，购轿车一台300 000元，车款已用于木2日领用的1205号转账支票支付。

（14）5日，购入甘油2 000千克，单价16元；聚醚1 000千克，单价10元，增值税7 140元，款项已用赵才3日领用的1206号转账支票支付。

（15）5日，用赵才3日领用的1207号转账支票支付上述材料运输费1 200元。

（16）5日，上述材料验收入库，结转材料成本。

（17）6日，一车间领用重油2 000千克，单价10元，用于生产聚酯泡沫。

（18）6日，用赵才6日领用的1208号转账支票支付9月份欠大化工厂重油款300 000元。

（19）6日，用赵才5日领用的1209号转账支票，预付北方化工厂购料款500 000元。

（20）6日，二车间领用材料：炭黑10 000千克，单价15.5元；冷拉钢800千克，单价100元，用于生产方向盘。

（21）7日，从辽化购入炭黑5 000千克，单价15元，增值税税款12 750元，材料已经验收入库，货款未付。

（22）7日，用张雨5日领用的1210号转账支票，支付退休职工赵淑兰住院医药费3 500元。

3.实验指导

1）恢复账套。

2）以出纳员身份进入出纳系统并进行初始设置。

（1）现金日记账初始余额9 200元。

（2）银行存款日记账月初余额600 000元，银行对账单余额600 950元。输入月初企业未达账一笔，日期为20××-11-28，1009号交款单，银行存款贷方950元，经手人孙奇。进行期初银行对账，调整后余额要相等（600 950元）。然后，退出期初银行对账。

3）进入支票管理功能，进行支票本购置登记。

在【出纳系统】，点击【支票管理】图标，进入支票本购置登记画面，再点击【新增】按钮，录入一笔记录："工商行大连分行星海办，账号1234567890，购入日期：20××-11-26，有效期45天，支票号码：1201~1240，2001~2010"（1201~1240号为转账支票，2001~2010号为现金支票），然后，点击【确认】按钮退出支票购置登记。

4）支票领用登记。

在【出纳系统】点击【领用及报销】图标，进入支票过滤选择画面，点击【确定】按钮，进入支票领用及报销管理窗口。再点击【新增】按钮，录入每张支票领用记录。

支票领用记录，要自己参考实验四、实验五第1笔至第22笔业务，凡是本企业签发的支票（包括现金支票和转账支票）都要进行支票领用登记。它们是：第2、10笔业务的2001、2002号现金支票，第3、5、7、9、13、14、15、18、19、22笔业务的1201、1202、1203、1204、1205、1206、1207、1208、1209、1210号转账支票，共计12张支票。

每张支票（如2001号支票）要输入对应科目：1002.01；支票号：2001；用

途：提取现金；领用日期：20××-12-01；预计报销日期：20××-12-02；领用人：孙奇；限额：1 000元（参考第2笔业务）。其他数据项不用输入。

注意：领用日期应比报销日期（凭证填制日期）早几天，限额应大于或等于报销金额。

5）编制记账凭证并审核记账。

根据实验资料，编制第13至第22笔经济业务的记账凭证并审核记账。参考会计分录如下：

（13）购入新轿车，1205号转账支票支付。[①]

借：固定资产——运输设备（1601.02）　　300 000

　贷：银行存款——人民币（1002.01）　　300 000

（银付7，由固定资产模块自动生成）

注：此凭证不能直接录入，需要在【固定资产——固定资产增加】模块中输入该项新增资产详细数据，建立该项固定资产卡片，然后自动生成这笔业务的记账凭证。

以上信息录入完毕，点击【记账凭证】按钮，系统弹出对话框，系统自动生成该业务的记账凭证，补充输入相关信息，保存凭证，返回固定资产增加窗口，点击【确定】按钮。然后返回【凭证处理】模块，可查询该凭证或继续录入以下凭证。

（14）支付购入材料款，1206号转账支票支付。

借：材料采购——买价（甘油）（1401.01.02）　　32 000

　　　　　——买价（聚醚）（1401.01.06）　　10 000

　　应交税费——应交增值税（进项税额）（2221.01.01）　　7 140

　贷：银行存款——人民币（1002.01）　　49 140

（银付8，保存为模式凭证）

（15）运输费按材料重量比例分摊：分配率=1 200÷（2 000+1 000）=0.4（元/千克）；甘油负担费用=0.4×2 000=800（元）；聚醚负担费用=0.4×1 000=400（元）。支付材料运输费，1207号转账支票支付。

借：材料采购——运输费（甘油）（1401.02.02）　　800

　　　　　——运输费（聚醚）（1401.02.06）　　400

　贷：银行存款——人民币（100201）　　1 200

（银付9，建议调用模式凭证并修改）

（16）材料验收入库。

借：原材料——甘油（1403.02，数量：2000）　　32 800

　　　　——聚醚（1403.06，数量：1000）　　10 400

---

① 本书在固定资产核算问题中，为了处理简便，忽略了固定资产的增值税处理。

贷：材料采购——买价（甘油）（1401.01.02）　　32 000
——买价（聚醚）（1401.01.06）　　10 000
——运输费（甘油）（1401.02.02）　　800
——运输费（聚醚）（1401.02.06）　　400

（转账2）

（17）生产聚酯泡沫领用重油。

借：生产成本——聚酯泡沫（直接材料）（5001.01.01）　　20 000
贷：原材料——重油（1403.03，数量：2 000）　　20 000

（转账3）

（18）支付欠大化工厂重油款，1208号转账支票支付。

借：应付账款——大化工厂（2202，核算项目代码：10）　　300 000
贷：银行存款——人民币（1002.01）　　300 000

（银付10）

（19）预付北方化工厂购料款，1209号转账支票支付。[①]

借：预付账款——北方化工厂（1123）　　500 000
贷：银行存款——人民币（1002.01）　　500 000

（银付11）

（20）生产方向盘领用材料。

借：生产成本——方向盘（直接材料）（5001.02.01）　　235 000
贷：原材料——炭黑（1403.04，数量：10 000）　　155 000
——冷拉钢（1403.05，数量：800）　　80 000

（转账4）

（21）购入炭黑，材料已经验收入库，货款未付，应该编制两张记账凭证。

【21-1】登记材料采购、进项税和应付账款。

借：材料采购——买价（炭黑）（1401.01.04）　　75 000
应交税费——应交增值税（进项税额）（2221.01.01）　　12 750
贷：应付账款——辽化（2202，核算项目代码：08）　　87 750

（转账5）

【21-2】结转入库材料成本。

借：原材料——炭黑（1403.04，数量：5000）　　75 000
贷：材料采购——买价（炭黑）（1401.01.04）　　75 000

（转账6）

（22）支付退休职工赵淑兰住院医药费，1210号转账支票支付。

借：管理费用——退休职工医药费（6602.05）　　3 500

① 核算项目随着业务发生，可随时增减。例如，此处可增加供应商“北方化工厂”。

贷：银行存款——人民币（1002.01） 3 500

（银付12）

请输入第13至第22笔业务的记账凭证。

6）凭证查询、修改和删除。

凭证查询和修改在凭证处理窗口，选【凭证查询】功能，输入查询表达式即可查询。查询时要注意凭证审核和记账状态，如【已审核】、【未记账】等，还要注意只能查询、修改、删除自己编制的凭证。一次点击【删除】按钮是加标记，二次点击是真正删除凭证。凭证修改后要点击【保存】按钮保存修改结果。

7）更换操作员，审核以上所有凭证，并登记账簿。

8）查阅已记账凭证、总账、明细账和科目汇总表等账表。

9）备份账套。

5.2 工资核算业务

5.2.1 工资管理业务

工资管理是会计信息系统的重要组成部分。在通用会计软件中，工资管理系统可为企业、行政、事业及科研单位等提供工资管理，可按不同单位要求设置工资管理项目，定义工资计算公式，输入、修改工资数据和资料，选择工资发放形式；自动计算所得税费用；自动进行工资数据的计算和汇总；在会计期末对工资费用进行分配和有关费用的计提与分配，并通过转账向总账系统和成本核算系统传递数据，同时根据需要进行职员工资的维护。此外，工资管理系统还提供了强大的工资分析和管理功能，制作各种类型的工资表。在企业中，工资核算是一项工作量大、准确性要求高、涉及面广的工作，每月计算工资、编制工资报表耗费了会计人员大量的时间和精力。金蝶KIS提供的工资核算系统可减轻会计人员的工作量、提高工作效率，系统根据输入的原始数据自动计算工资和编制报表，根据职员类别自动结转工资费用，并生成转账凭证。工资管理模块主要功能如图5-4所示。

图5-4 工资管理模块

与工资系统相关的模块包括：职员管理、职员类别定义、工资项目定义、数据输入、费用分配和报表输出。金蝶KIS工资管理使用流程图如图5-5所示。

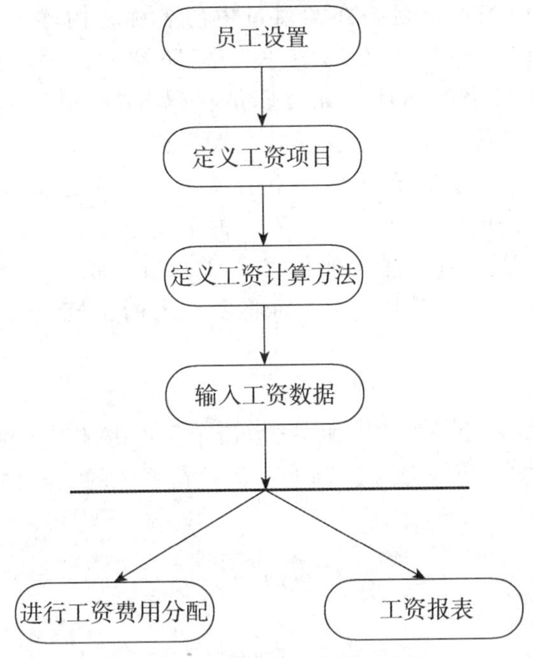

图5-5　金蝶KIS工资管理流程

5.2.2　工资项目设置

1）定义职员

要进行工资核算，首先要做的工作就是定义核算项目——职员。在系统维护窗口点击【核算项目】，进入【职员】标签页进行职员的定义。

关于职员的新增、修改、删除等操作方法请参见关于职员设置的帮助文件。在这里要特别说明的是，职员定义中【类别】如果是【不参与工资核算】，则该职员不会在工资管理模块中看到，不能对该职员进行工资的管理。定义好职员，就可以进入工资管理模块进行工资的处理了。

2）项目设置（如图5-6所示）

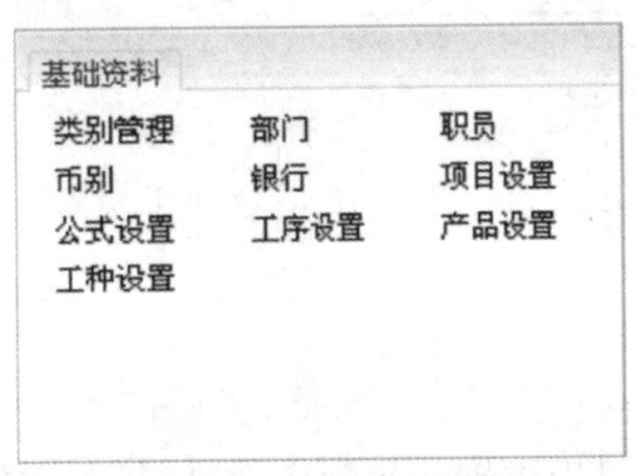

图5-6　项目设置

工资计算即根据建立的不同计算方案，利用计算机进行高速运算，提高工资核算的工作效率。在工资项目窗口中，根据实际情况，设置工资项目。单击【新增】按钮，增加工资项目。在此窗口中的名称栏内输入需要的工资项目名称，如“基本工资”“应发工资”“实发工资”等。也可以用下拉列表按钮调出【职员】核算项目中的属性，如“职员代码”“职员姓名”“文化程度”等选项作为工资项目名称。名称栏也可以输入字符和数字。输入名称后，系统要求设定该工资项目的类型，有两种类型供选择：一种是数值型，数值型的工资项目只能输入数字，可以参加计算；另一种是文字型，文字型的工资项目可以作为逻辑判断的条件，但不能参加数据计算，如“职员”核算项目中的属性。工资项目输入完毕，选择好类型后，可将所录入的工资项目名称增加到工资项目中去。

3）公式设置

在工资管理窗口，设置公式，如图5-7所示。单击【引导输入】选项，相应的运算符号和项目内容即可显示在屏幕上。然后在系统的【条件】提示下进行公式设置。

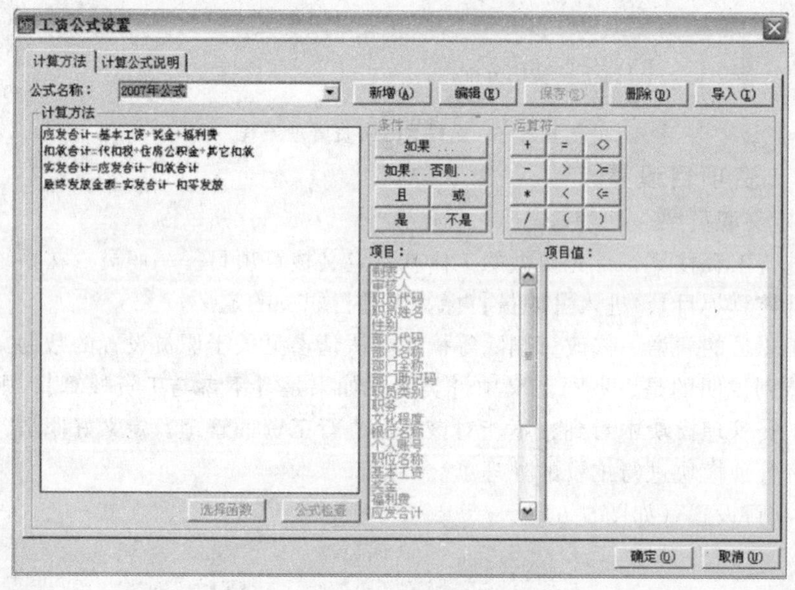

图5-7 工资公式设置

在此窗口，可用简单的公式设置方法将企业工资制度用计算公式表达。

设置计算方法的语句：

（1）报警。

作用：产生报警提示窗口。

用法：在计算公式窗口中设置：报警选择【报警信息或ALERT报警信息】。例如：在计算公式窗口中输入报警“工资不够扣”或ALERT“工资不够扣”，则在执行到该语句时，系统就会弹出报警窗口。

（2）判断语句。

作用：根据条件判断执行，可用中文或英文。

用法：如果…则…如果完；

（IF...THEN...ENDIF）。

如果…则…否则…如果完；

（IF...THEN...ELSE...ENDIF）。

如果…则…否则如果…则…如果完；

（IF...THEN...ELSEIF...THEN...ENDIF）。

示例：在计算公式窗口中输入：

```
实发=应发-税款-扣款
如果实发<0则
报警“工资不够扣”
如果完
```

报警设置：

```
如果病假天数>WorkDays则
报警“病假天数不能超过月工作日”
如果完
```

季度奖计算公式设置：

```
如果月份=2或月份=5或月份=8或月份=11则
    季度奖=120
否则
    季度奖=0
如果完
```

个人所得税计算公式设置：

```
不含税所得额=应发工资-2 000
如果不含税所得额<=500则
    税率=.05扣除=0
否则如果不含税所得额<=2 000则
    税率=.10扣除=25
否则如果不含税所得额<=5 000则
    税率=.15扣除=125
否则如果不含税所得额<=20 000则
    税率=.20扣除=375
否则如果不含税所得额<=40 000则
    税率=.25扣除=1 375
```

否则如果不含税所得额<=60 000则

税率=.30扣除=3 375

否则如果不含税所得额<=80 000则

税率=.35扣除=6 375

否则如果不含税所得额<=100 000则

税率=.40扣除=10 375

否则

税率=.45扣除=15 375

如果完

如果不含税所得额<=0则

所得税=0

否则

应纳税所得额=（不含税所得额-扣除）÷（1-税率）

个人所得税=应纳税所得额×税率-扣除

如果完

（3）注释。

在核算方法模块中，系统增设【设置注释块】和【解除注释块】功能；其具体操作是，将光标移动至计算方法编辑框中的某一行，单击【设置注释块】按钮后，系统将在该行首添加“//”，表示该行条件值不参与工资计算。

（4）函数功能。

例如，四舍五入函数，ROUNDX（数字，n）

n——一整数，用于指定取整开始的位置。此位置是以小数点为基准的，小数点以前为负值，小数点以后为正值。

X的值为267 634.6874；

那么四舍五入取两位小数的公式为：ROUNDX（X，2）=267634.69；

那么取小数点前两位的公式为：ROUNDX（X，-2）=267600.00。

工资项目：

薪点工资

浮动工资

奖金

补贴

上月扣零

应付工资

扣水电

扣房租

扣款总额

<u>本月扣零</u>

实发工资

注：带下划线项目为必设项目。

公式：

//以下公式为工资扣零处理，此公式应放在所有公式的最后；

//同时要严格按下列顺序排列，否则结果可能有误。

换算系数=1//本系数用于换算要扣零的位数

应付工资=薪点工资+浮动工资+奖金+补贴+上月扣零

扣款总额=扣水电+扣房租

实发工资=应付工资-扣款总额

本月扣零=（实发工资/换算系数-fix（实发工资/换算系数））×换算系数

实发工资=应付工资-扣款总额-本月扣零

//两次实发工资计算都不可少，而且要注意顺序

if标志<>月份then

上月扣零=扣零

标志=月份

endif

扣零=本月扣零

说明："换算系数"用于设定要扣零的位数，如要将百元以下的数额做为零数，将"换算系数=1"改为"换算系数=100"即可。

设置此公式时，须按照上述顺序进行设置。应将本公式放在其他自行设定公式的最后面，这样才能保证运算的正确。

使用此扣零公式时，如果进行了反结账操作，并且在反结账之后又修改了工资数据，那么在结账时就必须将固定项目复制到下一期。否则，下一期工资中的扣零计算结果可能会是错误的。

计算公式设置完毕后，单击【确认】按钮返回，系统提示是否进行重计算工资，单击【是】重新计算工资，否则不重新计算。

5.2.3　工资费用分配

工资系统提供了与总账系统的接口，即工资费用分配并生成凭证传到总账系统。金蝶KIS提供了灵活的工资费用分配功能并自动生成工资费用分配转账凭证。在录入完全部工资数据之后，需要将工资费用进行分配，设置分配方案。

对于费用分配方案的建立，举例说明：建立一工资分配方案，名称为"工资费用分配"，在此分配方案中，需要将公司管理人员类别的"应付工资"数据，分配到总账的"管理费用——工资"科目中去。操作如下：

在费用分配的编辑界面中新增一方案，并在【分配名称】中录入"工资费用分

配”；在【凭证】中输入总账中对应的凭证字；在【摘要内容】中输入凭证的摘要；在【分配比例】中输入本费用分配的工资项目数额的百分比，系统将据此计算应该分配的工资费用比例；在【部门】栏目中选择对应的部门；在【职员类别】选项中选择“管理人员”项目；在【工资项目】选项框中选择“应发合计”项；在【费用科目】中选择会计科目“管理费用——工资”的科目代码；在【工资科目】选项中选择会计科目“应付职工薪酬”的科目代码。如果会计科目带有核算项目，则在核算项目处需要录入对应的核算项目代码。这些项目输入完成后即可保存方案了。

在费用分配参数设置界面中，需要注意的是只要选项中存在内容就形成一组对应关系。有对应关系在进行工资分配时就会按该项目对应关系进行分配。因此，在设置完参数对应关系之后，应作一下检查，以防误输入对应关系。要取消对应关系只要将对应的科目代码框清空即可。

工资费用分配完毕之后，系统要自动生成一张费用分配记账凭证，需先对生成记账凭证的有关参数进行设定。

实验六　工资核算和凭证处理

1.实验要求

本次上机实验主要进行工资系统初始设置、录入第23笔到第49笔业务领用的支票、进行第23笔到第49笔业务的凭证处理、设置工资项目和工资计算公式、输入本月职工工资、分配本月工资费用并生成该凭证、第49笔以前业务的审核记账等工作，从而了解工资核算的日常业务内容、处理程序、软件功能，学会得心应手地操作使用本软件，较好地完成工资核算和凭证处理工作。

本次实验主要完成如下任务：

1）工资系统初始设置，检查、修改职员类别和职员设置情况；

2）进行第23笔到第49笔业务领用的支票登记；

3）输入第23、24笔业务的记账凭证；

4）进行工资项目和工资计算公式的设置、输入本月职工工资、分配本月工资费用，审核以前未记账凭证并登记账簿；

5）输入第25笔到第49笔业务的记账凭证、审核、记账；

6）备份恢复账套。

2.实验资料

1）职员类别：总部管理人员、一车间管理人员、二车间管理人员、聚酯线工人、方向盘工人。

2）职员信息见表5-2。

表5-2 **职员信息表**

序号	代码	姓名	所属部门	人员类别	职务	学历	入职日期
1	0101	于木	公司总部	总部管理人员	总经理	大学	1960-10-05
2	0102	孙齐	公司总部	总部管理人员	工程师	硕士	1954-02-12
3	0103	赵才	公司总部	总部管理人员	工程师	大学	1964-05-04
4	0104	张雨	公司总部	总部管理人员	会计师	大学	1972-06-24
5	0105	王光	公司总部	总部管理人员	统计师	大专	1981-11-12
6	0201	刘刚	一车间	一车间管理人员	车间主任	大专	1950-08-02
7	0202	李明玉	一车间	一车间管理人员	工程师	大学	1956-04-07
8	0203	陈明	一车间	聚酯线生产工人	工人	中专	1974-02-24
9	0204	王朋	一车间	聚酯线生产工人	工人	中专	1972-03-31
10	0205	刘义	一车间	聚酯线生产工人	工人	中专	1978-10-14
11	0301	刘艳	二车间	二车间管理人员	车间主任	大学	1966-05-06
12	0302	陈齐	二车间	二车间管理人员	工程师	硕士	1968-08-07
13	0303	李丽萍	二车间	方向盘生产工人	工人	大专	1975-05-03
14	0304	王婷	二车间	方向盘生产工人	工人	中专	1981-07-15
15	0305	谷时	二车间	方向盘生产工人	工人	中专	1979-12-25

注：这里的职员代码，前二位为部门码，由于已有“所属部门”，所以没有部门码亦可，加上了查看报表时能更清晰一点。

3）工资项目。

有关工资的项目有：基本工资、奖金、津贴、其他补助、应付工资、其他扣款、所得税、实发工资。

4）计算公式。

需要设置如下计算公式：

应付工资=基本工资+奖金+津贴+其他补助

所得税=（应付工资-2 000）×0.1

如果所得税<0则

所得税=0

如果完

实发工资=应付工资-其他扣款-所得税

如果实发工资<0则

报警“工资不够扣”

如果完

5）工资基础数据见表5-3。

表5-3 **工资基础数据表**

序号	代码	姓名	基本工资	奖金	津贴
1	0101	于木	5 000	1 500	500
2	0102	孙齐	5 000	1 500	500
3	0103	赵才	4 000	1 200	400
4	0104	张雨	4 000	1 200	400
5	0105	王光	3 000	1 000	400
6	0201	刘刚	4 000	1 500	400
7	0202	李明玉	4 000	1 200	400
8	0203	陈明	2 500	1 000	300
9	0204	王朋	2 500	1 000	300
10	0205	刘义	2 500	1 000	300
11	0301	刘艳	4 000	1 500	400
12	0302	陈齐	4 000	1 200	400
13	0303	李丽萍	2 500	1 000	300
14	0304	王婷	2 500	1 000	300
15	0305	谷时	2 500	1 000	300

6）大连兴海公司20××年12月7日至12月20日发生的会计业务如下：

（23）7日，从银行提现金100 000元备发工资。结算方式：现金支票，结算号：2003。

（24）7日，用现金发工资100 000元，其中：在职人员工资82 500元，代扣房租600元、个人所得税6 900元，退休人员工资10 000元。并要在工资系统自动生成分配职工工资费用凭证。

（25）8日，以银行存款12 000元支付一车间机器修理费。结算方式：转账支票，结算号：1211。

（26）8日，以现金支付职工孙奇困难补助费2 000元。

（27）8日，付参加产品展销会会务费20 000元。结算方式：转账支票，结算号：1212。

（28）11日，从银行提现金2 000元以备零用。结算方式：现金支票，结算号：2004。

（29）11日，采购炭黑10 000千克，单价15.5元；冷拉钢1 500千克，单价100元，运达企业，增值税为51 850元，款已预付（北方化工厂）。

（30）11日，上述材料已验收入库，结转成本。

（31）11日，收到北方化工厂退回余款143 150元。结算方式：转账支票，支票号：1002。

（32）11日，交印花税3 600元。结算方式：转账支票，结算号：1213。

（33）11日，收到银行存款利息336.60元。结算方式：进账单，结算号：1003。

（34）12日，一车间领用重油5 000千克，单价10元，用于生产聚酯泡沫。

（35）12日，支付印刷费3 000元。结算方式：转账支票，结算号：1214。

（36）13日，归还到期贷款500 000元。结算方式：转账支票，结算号：1215。

（37）13日，销售给长江拖拉机厂方向盘2 000个，单价135元，增值税45 900元，货款未收到。

（38）14日，以银行存款支付运输费3 000元。结算方式：转账支票，结算号：1216。

（39）14日，采购员李明玉报销差旅费1 200元，不足部分200元用现金支付。

（40）14日，销售给红星沙发厂聚酯泡沫5 000千克，单价36元，增值税30 600元，货款已收到。结算方式：转账支票，支票号：1004。

（41）15日，预收长汉汽车厂购货款157 000元。结算方式：转账支票，支票号：1005。

（42）15日，收到长江拖拉机厂欠款318 900元。结算方式：转账支票，支票号：1006。

（43）16日，二车间领用冷拉钢1 000千克，单价100元；炭黑20 000千克，单价15.5元，用于生产方向盘。

（44）16日，销售给香港大华公司聚酯泡沫2 000千克，单价30美元，收到6万美元，存入银行。结算方式：进账单，结算号：1007。

（45）18日，以现金支付总部复印费115元。

（46）18日，付餐费2 200元。结算方式：转账支票，结算号：1217。

（47）19日，职工刘刚报销医药费80元。

（48）19日，支付广告费15 000元。结算方式：转账支票，结算号：1218。

（49）20日，销售给星海汽车厂方向盘1 000个，单价135元，增值税22 950元，货款未收到。

7）第23笔至第49笔业务的参考会计分录如下：

（23）7日，提现金备发工资，结算方式：现金支票，结算号：2003。

借：库存现金（1001）　　100 000

　贷：银行存款——人民币（1002.01）　　100 000

（银付13，建议调用模式凭证）

（24）7日，用现金发工资，其中：在职人员工资75 400元，个人所得税6 900元[①]，退休人员工资10 000元，要编制三张凭证，并在工资系统自动生成一张工资费用分配转账凭证。

【24-1】发放在职人员工资。

① 个人所得税数据，根据不同的纳税规则可能不同。

借：应付职工薪酬——工资（2211.01）　　82 500
　贷：库存现金（1001）　　82 500
（现付5）

【24-2】结转代扣款。

借：应付职工薪酬——工资（2211.01）　　6 900
　贷：应交税费——个人所得税（2221.02）　　6 900
（转账7）

【24-3】发放劳保工资。

借：管理费用——统筹劳保（6602.18）　　10 000
　贷：库存现金（1001）　　10 000
（现付6）

【24-4】自动生成的工资费用分配凭证。

借：生产成本——聚酯泡沫（直接工资）（5001.01.02）　　11 400
　　　　——方向盘（直接工资）（5001.02.02）　　11 400
　制造费用——工资（一车间）（5101.03.02）　　11 500
　　　　——工资（二车间）（5101.03.03）　　11 500
　管理费用——工资（6602.04）　　29 600
　贷：应付职工薪酬——工资（2211.01）　　75 400
（转账8）

（25）8日，支付一车间机器修理费，结算方式：转账支票，结算号：1211。

借：制造费用——修理费（一车间）（5101.01.02）　　12 000
　贷：银行存款——人民币（1002.01）　　12 000
（银付14）

（26）8日，支付职工孙奇困难补助费。

借：管理费用——福利费（6602.02）　　2 000
　贷：库存现金（1001）　　2 000
（现付7）

（27）8日，付参加产品展销会会务费，结算方式：转账支票，结算号：1212。

借：销售费用——展销费（6601.01）　　20 000
　贷：银行存款——人民币（1002.01）　　20 000
（银付15）

（28）11日，提取现金，结算方式：现金支票，结算号：2004。

借：库存现金（1001）　　2 000
　贷：银行存款——人民币（1002.01）　　2 000
（银付16）

（29）11日，采购炭黑和冷拉钢，款已预付北方化工厂。

借：材料采购——买价（炭黑）(1401.01.04)　　155 000
　　　　　　——买价（冷拉钢）(1401.01.05)　　150 000
　应交税费——应交增值税（进项税额）(2221.01.01)　　51 850
　贷：预付账款——北方化工厂（1123.01）　　356 850

（转账9）

（30）11日，上述材料验收入库，结转其成本。

借：原材料——炭黑（1403.04）(数量：10 000）　　155 000
　　　　　——冷拉钢（1403.05）(数量：1 500）　　150 000
　贷：材料采购——买价（炭黑）(1401.01.04)　　155 000
　　　　　　　——买价（冷拉钢）(1401.01.05)　　150 000

（转账10）

（31）11日，收到北方化工厂退回购料余款，结算方式：转账支票；支票号：1002。

借：银行存款——人民币（1002.01）　　143 150
　贷：预付账款——北方化工厂（1123.01）　　143 150

（银收2）

（32）11日，交印花税，结算方式：转账支票，结算号：1213。

借：管理费用——印花税（6602.06）　　3 600
　贷：银行存款——人民币（1002.01）　　3 600

（银付17）

（33）11日，收到银行存款利息，结算方式：进账单，结算号：1003。

借：银行存款——人民币（1002.01）　　336.60
　贷：财务费用——利息收入（6603.01）　　336.60

（银收3）

（34）12日，一车间领用重油，用于生产聚酯泡沫。

借：生产成本——聚酯泡沫（直接材料）(5001.01.01)　　50 000
　贷：原材料——重油（1403.03）(数量：5 000）　　50 000

（转账11）

（35）12日，支付印刷费，结算方式：转账支票，结算号：1214。

借：管理费用——印刷费（6602.07）　　3 000
　贷：银行存款——人民币（1002.01）　　3 000

（银付18）

（36）13日，归还到期贷款，结算方式：转账支票，结算号：1215。

借：短期借款——交行（2001.03）　　200 000
　贷：银行存款——人民币（1002.01）　　200 000

（银付19）

（37）13日，销售方向盘，货款未收。

借：应收账款——长江拖拉机厂（1122.03）（往来业务编号：007） 315 900
贷：主营业务收入——方向盘（6001.02）（数量：2 000） 270 000
应交税费——应交增值税（销项税额）（2221.01.05） 45 900
（转账12）

（38）14日，支付运输费，结算方式：转账支票，结算号：1216。
借：应收账款——长江拖拉机厂（1122.03）（往来业务编号：008） 3 000
贷：银行存款——人民币（1002.01） 3 000
（银付20）

（39）14日，李明玉报销差旅费1 200元，不足部分200元用现金支付，要编制一张转账凭证和一张现金付款凭证。

【39-1】冲减先前的其他应收款1 000元。
借：管理费用——差旅费（6602.03） 1 000
贷：其他应收款——李明玉（1221.03）（往来业务代码：009） 1 000
（转账13）

【39-2】直接报销并支付现金200元。
借：管理费用——差旅费（6602.03） 200
贷：库存现金（1001） 200
（现付8）

（40）14日，收销售聚酯泡沫款，结算方式：转账支票，支票号：1004。
借：银行存款——人民币（1002.01） 210 600
贷：主营业务收入——聚酯泡沫（6001.01）（数量：5 000） 180 000
应交税费——应交增值税（销项税额）（2221.01.02） 30 600
（银收4）

（41）15日，预收长汉汽车厂购货款，结算方式：转账支票，支票号：1005。
借：银行存款——人民币（1002.01） 157 000
贷：预收账款——长汉汽车厂（2203.11） 157 000
（银收5）

（42）15日，收到长江拖拉机厂欠款，结算方式：转账支票，支票号：1006。
借：银行存款——人民币（1002.01） 318 900
贷：应收账款——长江拖拉机厂（1122.03）（往来业务代码：010） 318 900
（银收6）

（43）16日，二车间生产方向盘领用材料。
借：生产成本——方向盘（直接材料）（5001.02.01） 410 000
贷：原材料——冷拉钢（1403.05）（数量：1 000） 100 000
——炭黑（1403.04）（数量：20 000） 310 000
（转账14）

（44）16日，收到销售聚酯泡沫款，存入美元户，结算方式：进账单，结算号：1007。

借：银行存款——美元（1002.02）（美元60 000，汇率6.9）　　414 000

　贷：主营业务收入——聚酯泡沫（6001.01）（数量：2 000）　　414 000

（银收7）

（45）18日，支付总部复印费。

借：管理费用——印刷费（6602.07）　　115

　贷：库存现金（1001）　　115

（现付9）

（46）18日，付餐费，结算方式：转账支票，结算号：1217。

借：管理费用——交际应酬费（6602.08）　　2 200

　贷：银行存款——人民币（1002.01）　　2 200

（银付21）

（47）19日，刘刚报销医药费。

借：管理费用——福利费（6602.02）　　80

　贷：库存现金（1001）　　80

（现付10）

（48）19日，付广告费，结算方式：转账支票，结算号：1218。

借：销售费用——广告费（6601.02）　　15 000

　贷：银行存款——人民币（1002.01）　　15 000

（银付22）

（49）20日，销售方向盘，货款未收到。

借：应收账款——星海汽车厂（1122）（核算项目代码：04，往来业务代码：011）

157 950

　贷：主营业务收入——方向盘（6001.02）（数量：1 000）　　135 000

　　应交税费——应交增值税（销项税额）（2221.01.05）　　22 950

（转账15）

（要进行审核记账）

3.实验指导

1）初始设置。

工资系统初始设置，检查修改职员类别和职员设置情况。以主管会计身份，打开【基础资料】菜单，选择【职员类别】选项，按照本次“实验资料1）”检查、修改职员类别。

进入【系统维护】，点击【核算项目】图标，选择【职员】页签，按照本次“实验资料2）”（表5-2职员信息表）检查、修改职员设置。

2）出纳业务处理。

进行第23笔到第49笔业务领用的支票登记。更换操作员为出纳，进入【出纳】系统中支票【领用与报销】管理功能，进行第23笔到第49笔业务领用的支票登记。其中包括：现金支票2003、2004号，转账支票1211—1218号。

3）记账。

输入第23、24笔业务的记账凭证。

4）工资核算。

更换操作员为工资核算员，进行工资核算。

按照“实验资料3）”设置工资项目；

按照“实验资料4）”设置工资计算公式；

按照“实验资料5）”输入本月职工工资。

工资费用的分配：

总部管理人员的工资计入“管理费用——工资”；

一车间管理人员的工资计入“制造费用——工资——一车间”；

聚酯线生产工人的工资计入“生产成本——聚酯泡沫——直接工资”；

二车间管理人员的工资计入“制造费用——工资——二车间”；

方向盘生产工人的工资计入“生产成本——方向盘——直接工资”；

“工资科目”均为“应付职工薪酬——工资”；

按上述要求进行工资费用的分配，生成自动转账凭证。

然后到总账系统查看该凭证有关工资核算的记账凭证。

更换操作员审核记账凭证并登记账簿。

按照“实验资料6）、7）”，输入第25笔到第49笔业务的记账凭证。

审核以上未记账凭证，并登记账簿。

5）报表。

查询、打印工资系统有关报表：工资条、工资发放表、工资汇总表等报表。

6）备份恢复账套。

5.3 固定资产管理

5.3.1 固定资产管理业务

固定资产是企业的重要财产，是企业进行生产经营活动必不可少的物质条件。固定资产管理的好坏，对企业经济效益有重要的影响。自动计提折旧为正确计算产品成本，计算损益提供资料。金蝶KIS固定资产系统为用户提供了完善的管理功能，准确计提折旧并自动生成记账凭证，输出报表，大量减轻了会计人员的工作量。金蝶KIS可以使用目前国内外常用的四种计提折旧方法（平均年限法、工作量法、双倍余额递减法和年数总和法）来自动计提折旧，并作与之相关的费用分配及账务处理。

固定资产管理系统的主要作用是完成企业固定资产日常业务的核算和管理，生成固定资产卡片，按月反映固定资产的增加、减少、原值变化及其他变动，并输出相应的增减变动明细账，按月自动计提折旧，生成折旧分配凭证，同时输出相关的报表和账簿。

建立固定资产管理系统的目的在于改变手工固定资产管理系统的数据存储、组织和处理方式，提高数据处理的速度、精度和数据加工的深度，加强对企业固定资产的管理，保证成本计算的准确性和正确性。

固定资产管理系统主要用于进行企事业单位固定资产的管理，面向中小企业，帮助企业进行固定资产总值、累计折旧资料的动态管理，协助企业进行成本管理，同时为设备管理部门提供关于固定资产实体的各项指标。

有关固定资产的操作有：初始固定资产录入、固定资产卡片复制、变动资料录入、月工作量录入、计提折旧、计提减值准备、变动资料查询和固定资产报表输出。固定资产使用流程图如图5-8、图5-9所示。

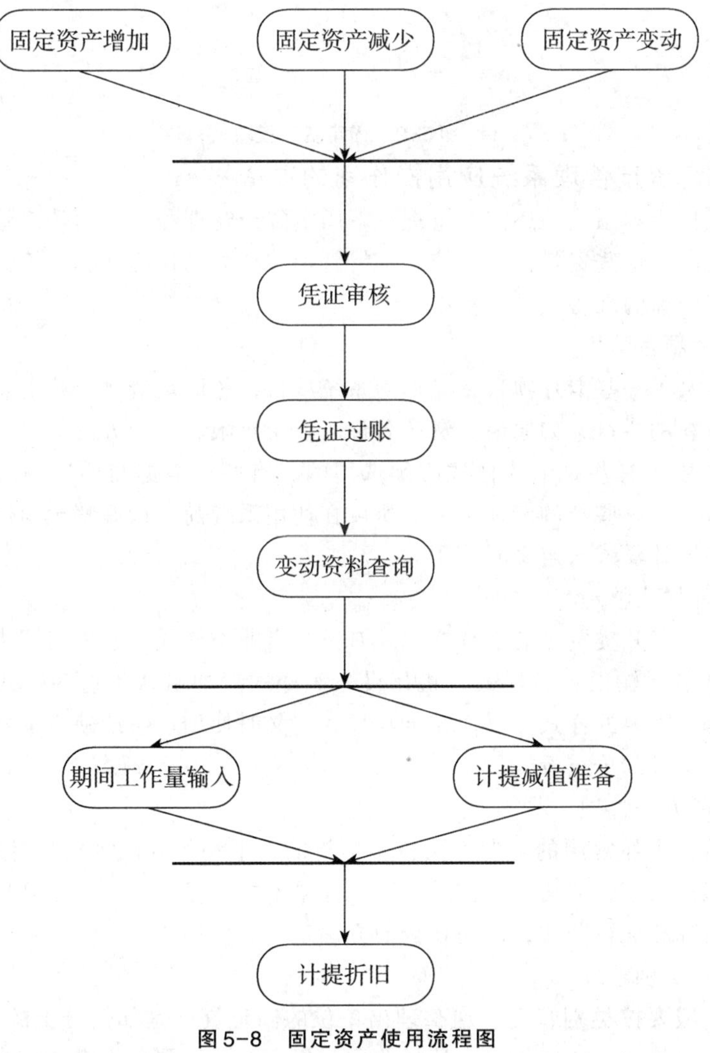

图5-8　固定资产使用流程图

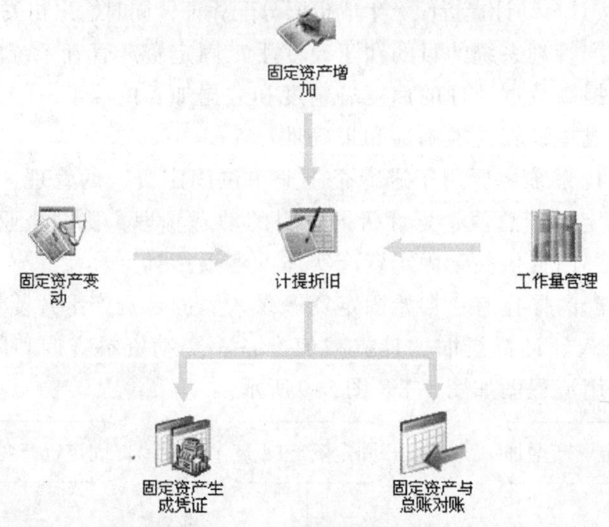

图5-9 固定资产模块

5.3.2 固定资产管理系统应用操作前的准备

在正式使用本系统前还需要整理一下固定资产管理和核算的手工管理资料，以便使用系统时将这些资料输入系统，保持管理和核算的正确性和连续性。

应用操作前的准备主要包括以下内容：

1）卡片项目整理

系统定义了一些卡片项目，又称为系统项目，是固定资产卡片上要显示的用来记录资产资料的栏目，如原值、资产名称、使用年限、折旧方法等是卡片最基本的项目。这些项目有些是卡片样式必须选用的，有些可根据需要选用。另外根据需要，可以自定义一些新的卡片项目。所以在使用系统前，最好整理出所有需要的项目，以便在卡片样式自定义时使用。

2）卡片样式整理

系统缺省了几类资产的卡片样式，有行政事业类样式、土地房屋类样式、通信设备类样式、运输设备类样式、机械设备类样式。如果认为这些样式不能满足需要，请整理出需要的样式，以便在卡片样式定义时使用。系统缺省的样式可在系统的卡片样式定义部分查看。

3）折旧方法整理

系统给出了最常用的折旧方法：不提折旧、平均年限法（两种计算公式）、工作量法、双倍余额递减法、年数总和法。如果不能满足要求，请整理出要定义的折旧方法的名称和计算公式，以便在折旧方法定义时使用。

4）资产类别整理

资产一般要按类别管理，请整理出单位的固定资产是如何分类的，包括编码、名称及其净残值率、使用年限、计量单位、折旧方法等属性。在使用本系统时必须进行资产类别设置。

5）建账期初数据整理

整理单位内所有资产截至建账月份月初的数据及其他资料，目的是为了将这些原始资料（主要是卡片及附属资料）录入系统，保持管理和核算的连贯。

6）报表整理

请整理常用的资产账和报表，与系统缺省的报表及格式对照一下，看是否符合要求，如有不符合要求的，可通过报表自定义或自定义查询表得到。

7）其他信息整理

系统中涉及的设置还有：使用状况、增减方式、部门对应折旧科目等。这些设置系统有缺省的内容，检查一下是否可满足要求；如果不能满足，则需要整理出需要设置的内容，以便在使用系统录入卡片前先进行设置。

5.3.3　固定资产管理系统初始设置

1）固定资产卡片

固定资产管理系统初始化是在用户第一次使用该系统时，根据具体情况，建立一个适合企业自身特点的固定资产账套的过程。它是使用固定资产管理系统管理资产的基础，初始设置包括：建立固定资产卡片录入、基础设置和原始卡片录入三项内容。

固定资产卡片包括三方面内容：基本入账信息、折旧与减值准备信息、本年变动数据。

固定资产卡片基本入账信息内容包括固定资产代码、名称、基本信息、入账信息等项内容。

减值准备科目的设置在【账套选项—高级—固定资产】中指定减值准备的会计科目。

2）折旧与减值准备信息

固定资产折旧与减值准备信息主要包括固定资产的账务处理信息，以及固定资产进行折旧计算的一些数据来源信息。这其中的数据都是固定资产当前状况的反映，主要包括固定资产原值、累计折旧、减值准备、预计净残值等折旧要素。

在固定资产卡片录入窗口中单击【折旧与减值准备信息】，即可切换到【折旧与减值准备信息】窗口。【折旧与减值准备信息】中包括：折旧信息、减值准备信息、期初数据、折旧费用科目、减值准备科目和设置折旧计算方法内容。

3）固定资产变动数据

固定资产变动数据主要包括了固定资产从年初到账套启用期止的固定资产原值、累计折旧等账务数据的变动情况。

在固定资产卡片录入窗口中，单击【本年变动数据】系统即会弹出本年变动数据窗口，在这里输入有关本年变动数据。

4）固定资产本年变动数据

用于输入固定资产在启用账套年度内发生的有关数据，含本年原值调增、本年原值调减、本年累计折旧调增、本年累计折旧调减及本年计提折旧五项。

在这里需要说明的是：如果固定资产是本年度内入账的，则在固定资产项目数据之间有如下的关系：

入账原值=期初原值-本年原值调增+本年原值调减

入账累计折旧=期初累计折旧-本年累计折旧调增-本年计提折旧+本年累计折旧调减

系统会自动根据上述关系求得平衡，在上述有关项目发生变动以后，请注意检查一下本年变动数据，看看其数值是否符合实际账务需要，否则可能会影响账务数据的准确性。

(1) 本年原值调增。

本年原值调增指本年年初到账套启用期止的固定资产原值调增的数额，注意此处不包括本年新增加的固定资产原值，仅指在年初基础上调增的部分原值数额（综合本位币）。如果固定资产是在以前年度入账的，此处数据构成“固定资产”科目的本年累计借方发生额。如果该项固定资产是在本年度内入账的，则入账原值与本年原值调增值之和构成“固定资产”科目的本年累计借方发生额。

例如：某一固定资产的年初原值为36万元，本年进行了固定资产改造，新增原值4万元，那么在此处就应填入4万元。

(2) 本年原值调减。

本年原值调减指本年年初到账套启用期止的固定资产原值调减的数额（综合本位币）。固定资产原值由于某种原因发生调减的数额在此处填列。该数值构成“固定资产”科目的本年累计贷方发生额。

(3) 本年累计折旧调增。

本年累计折旧调增是该项固定资产在本年初到账套启用期止，累计折旧发生变动而调增的累计折旧数额。此处不包括本年由于计提折旧而增加的累计折旧数值，此项数据反映在“累计折旧”科目的本年累计贷方发生额。

(4) 本年累计折旧调减。

本年累计折旧调减是指固定资产的某些变化造成了累计折旧调减。此项数据反映在“累计折旧”科目的本年累计借方发生额。

(5) 本年计提折旧。

本年计提折旧是指在从本年年初到账套启用期止这段时间内所计提的固定资产折旧。

注意：如果账套是从年初启用的，那么不需要输入以上五个信息。

5）固定资产本年年初数据。

本年年初数据是该项固定资产在年初时的有关账务处理数据，包括原值和累计折旧，他们分别构成“固定资产”科目和“累计折旧”科目的年初余额（综合本位币）。如果该项固定资产入账日期的年度在账套启用年度之前，则本年年初数据根据以下公式由电脑自动计算得出：

年初原值=期初原值-本年原值调增+本年原值调减

年初累计折旧=期初累计折旧-本年累计折旧调增-本年计提折旧+本年累计折旧调减

实验七　固定资产核算和凭证处理

1.实验要求

本次上机实验主要进行固定资产系统的初始设置，录入第50笔到第78笔业务领用的支票，进行第50笔到第78笔业务的凭证处理，进行增加固定资产的核算，计提固定资产折旧，查询固定资产有关报表以及第81笔以前业务的审核记账等工作，从而了解固定资产核算的日常业务内容、处理程序、软件功能，学会得心应手地操作使用本软件较好地完成固定资产核算和凭证处理工作。

本次实验主要完成如下任务：

1）检查、修改固定资产系统的初始设置；

2）进行第50笔到第78笔业务的支票领用登记；

3）录入新增固定资产卡片，并生成该业务的记账凭证；

4）输入第51笔至第71笔业务的记账凭证，并审核记账；

5）输入有关固定资产本月实际完成工作量，计提固定资产折旧并生成自动转账凭证；

6）输入第73笔至第78笔业务的记账凭证并再次审核记账；

7）备份恢复账套。

2.实验资料

1）固定资产类别：

（1）房屋、建筑物，平均年限法，残值率5%；

（2）运输设备，工作量法，残值率10%；

（3）机器设备，平均年限法，残值率10%；

（4）电子设备，双倍余额递减法，残值率10%。

2）固定资产增减变动方式资料见表5-4。

表5-4 固定资产增减变动方式资料表

增加方式	对应科目	凭证字	减少方式	对应科目	凭证字
购入	1002.01银行存款	银付	出售	1002.01银行存款	银收
接受投资	4001实收资本	转账	报废清理	1606固定资产清理	转账
接受捐赠	6301.03营业外收入——接受捐赠	转账	盘亏	1901待处理财产损溢	转账
融资租入	2701长期应付款	转账	其他减少		
自建	1604在建工程	转账			
盘盈	1901待处理财产损溢	转账			
其他增加					

3）第50笔业务，企业收到捐赠的计算机和打印机，该项固定资产的详细数据见表5-5。

表5-5 接受捐赠的计算机等固定资产详细数据

基本信息		折旧信息1		折旧信息2	
代码	GD08	类别	电子设备	原值本位币金额	300 000元
名称	计算机、打印机	使用情况	使用中	折旧方式	双倍余额递减法
固定资产科目	1 601.04	使用部门	公司总部	预计使用期间数	60
累计折旧科目	1 602	固定资产减值准备科目	1 603	已使用工作量	
入账日期	20××/12/20	折旧费用科目	6 602.20		
增加方式	接受捐赠	减值准备对方科目	6 711		

4）大连兴海公司20××年12月20日至12月30日发生的会计业务如下：

（50）20日，接受声茂公司捐赠的计算机和打印机各8台，价值300 000元，详细资料见表5-5。

（51）21日，购买5年期，年利率为13%的国库券200 000元。结算方式：转账支票，结算号：1219。

（52）21日，支付下一年度的养路费40 320元。结算方式：转账支票，结算号：1220。

（53）21日，销售给顺兴厂聚酯泡沫15 000千克，单价36元，增值税91 800元，收到无息商业汇票一张，结算号：0401，票据签发日期：20××年12月20日，期限6个月。

（54）22日，电汇给长城实业有限公司预付货款800 000元。结算方式：电子汇款，结算号：0402，原来领用的1221号转账支票未用退回出纳。

（55）22日，以现金支付拖车费1 500元。

（56）25日，支付下年度销售门市房租60 000元。结算方式：转账支票，结算号：1222。

（57）25日，刘艳报差旅费1 800元，退回现金余款200元。

（58）25日，3年期国库券到期，收回本息103 000元。结算方式：进账单，结算号：1008。

（59）25日，以前预收长汉汽车厂购买的方向盘1 000个，单价135元，增值税22 950元，货已发出，差额款收回现金950元。（原41笔业务）

（60）25日，将现金950元存入银行。结算方式：交款单，结算号：1009。

（61）26日，因购建厂房向建行借入长期借款3 000 000元，期限3年，年利率15%。结算方式：交款单，结算号：1010。

（62）26日，收到长城实业公司发来的材料甘油40 000千克，单价16元，增值税为108 800元，货款已预付。

（63）27日，用银行存款16 000元支付上述材料运输费。结算方式：转账支票，结算号：1223。

（64）27日，上述材料已验收入库，结转成本。

（65）28日，用银行存款15 000元支付电话费。结算方式：转账支票，结算号：1224。

（66）28日，交幼儿园用煤气费280元，以银行存款支付。结算方式：转账支票，结算号：1225。

（67）28日，职工订月票1 800元，以银行存款支付。结算方式：转账支票，结算号：1226。

（68）28日，清理长期无法收回鑫鑫沙发厂的欠款4 000元。

（69）28日，拨给职工子弟学校经费120 000元。结算方式：转账支票，结算号：1227。

（70）29日，没收东方汽车厂逾期未退回的包装物押金4 000元。

（71）29日，预提本月应付利息15 000元。

（72）29日，计提本月固定资产折旧。

（73）30日，接到银行通知，支付本月水费1 400元，其中：一车间500元；二车间350元；厂部550元。结算方式：转账支票，结算号：1228。

（74）30日，接到银行通知，支付本月电费13 000元，其中：一车间8 000元；二车间4 000元；厂部1 000元。结算方式：转账支票，结算号：1229。

（75）30日，支付咨询费14 060元。结算方式：转账支票，结算号：1230。

（76）30日，支付餐费2 000元。结算方式：转账支票，结算号：1231。

（77）30日，支付学费5 000元。结算方式：转账支票，结算号：1232。

（78）30日，支付书费500元。结算方式：转账支票，结算号：1233。

5）第50笔业务至第78笔业务的参考会计分录如下：

(50) 20日，接受捐赠的计算机和打印机。

借：固定资产——电子设备（1601.04） 300 000

贷：营业外收入——接受捐赠（6301.03） 300 000

(转账16)

注：此凭证不能直接录入，需要在“固定资产——固定资产增加”模块中输入该项新增资产详细数据，建立该项固定资产卡片，然后自动生成这笔业务的记账凭证。

(51) 21日，购买国库券，结算方式：转账支票，结算号：1219。

借：交易性金融资产——债券投资（1101.02） 200 000

贷：银行存款——人民币（1002.01） 200 000

(银付23)

(52) 21日，支付下一年度的养路费，结算方式：转账支票，结算号：1220。

借：管理费用——养路费（6602.22） 40 320

贷：银行存款——人民币（1002.01） 40 320

(银付24)

(53) 21日，销售聚酯泡沫，收到无息商业汇票一张。

借：应收票据——无息商业承兑（顺兴厂）（1121.01.06） 631 800

贷：主营业务收入——聚酯泡沫（6001.01）（数量：15 000） 540 000

应交税费——应交增值税（销项税额）（2221.01.05） 91 800

(转账17)

(54) 22日，电汇长城实业有限公司预付货款，结算方式：电子汇款，结算号：0402。

借：预付账款——长城实业公司（1123.02） 800 000

贷：银行存款——人民币（1002.01） 800 000

(银付25)

(55) 22日，以现金支付拖车费。

借：管理费用——拖车费（6602.09） 1 500

贷：库存现金（1001） 1 500

(现付11)

(56) 25日，支付下年销售门市房租，结算方式：转账支票，结算号：1222。

借：销售费用——房租（6601.03） 60 000

贷：银行存款——人民币（1002.01） 60 000

(银付26)

(57) 25日，刘艳报差旅费1 800元。

【57-1】

借：管理费用——差旅费（6602.03） 1 800

贷：其他应收款——刘艳（1221.01）（往来业务编号：012）　1 800

（转账18）

【57-2】25日，刘艳退回现金余款。

借：库存现金（1001）　200

贷：其他应收款——刘艳（1221.01）（往来业务编号：013）　200

（现收1）

（58）25日，收回到期国库券本息，结算方式：进账单，结算号：1008。

借：银行存款——人民币（1002.01）　103 000

贷：交易性金融资产——债券投资（1101.02）　100 000

投资收益——债券利息（6111.01）　3 000

（银收8）

（59）25日，为长汉汽车厂发出方向盘1 000个，货款已预收。

【59-1】

借：预收账款——长汉汽车厂（2203.03）　157 950

贷：主营业务收入——方向盘（6001.02）（数量：1 000）　135 000

应交税费——应交增值税（销项税额）（2221.01.02）　22 950

（转账19）

【59-2】25日，差额款收回现金950元。

借：库存现金（1001）　950

贷：预收账款——长汉汽车厂（2203.11）　950

（现收2）

（60）25日，现金950元存入银行，结算方式：交款单，结算号：1009。

借：银行存款——人民币（1002.01）　950

贷：库存现金（1001）　950

（现付12）

（61）26日，向建行借入长期借款，结算方式：进账单，结算号：1010。

借：银行存款——人民币（1002.01）　3 000 000

贷：长期借款（2501）　3 000 000

（银收9）

（62）26日，收到甘油40 000千克，货款已预付。

借：材料采购——买价（甘油）（1401.01.02）　640 000

应交税费——应交增值税（进项税额）（2221.01.01）　108 800

贷：预付账款——长城实业公司（1123.02）　748 800

（转账20）

（63）27日，支付上述材料运输费，结算方式：转账支票，结算号：1223。

借：材料采购——运输费（甘油）（1401.02.02）　16 000

　贷：银行存款——人民币（1002.01）　16 000

（银付27）

（64）27日，结转入库材料成本。

借：原材料——甘油（1403.02）（数量：40 000）　656 000

　贷：材料采购——买价（甘油）（1401.01）　640 000

　　　　　——运输费（甘油）（1401.02）　16 000

（转账21）

（65）28日，支付电话费，结算方式：转账支票，结算号：1224。

借：管理费用——电话费（6602.10）　15 000

　贷：银行存款——人民币（1002.01）　15 000

（银付28）

（66）28日，付煤气费，结算方式：转账支票，结算号：1225。

借：管理费用——福利费（6602.02）　280

　贷：银行存款——人民币（1002.01）　280

（银付29）

（67）28日，付通勤费，结算方式：转账支票，结算号：1226。

借：管理费用——通勤费（6602.18）　1 800

　贷：银行存款——人民币（1002.01）　1 800

（银付30）

（68）28日，清理长期无法收回鑫鑫沙发厂的欠款。

借：坏账准备（1231）　4 000

　贷：应收账款——鑫鑫沙发厂（1122.05）（往来业务编号：014）　4 000

（转账22）

（69）28日，拨给职工子弟学校经费，结算方式：转账支票，结算号：1227。

借：营业外支出——子弟学校经费（6711.01）　120 000

　贷：银行存款——人民币（1002.01）　120 000

（银付31）

（70）29日，没收逾期未退回的包装物押金。

借：其他应付款——东方汽车厂（2241.07）　4 000

　贷：营业外收入——没收包装物押金（6301.01）　4 000

（转账23）

（71）29日，预提本月应付利息。

借：财务费用——利息支出（6603.02）　15 000

　贷：应付利息（2231）　15 000

（转账24）

（计提折旧前，前边所有凭证要进行审核记账）

（72）计提本月固定资产折旧，不能直接输入记账凭证，要先输入工作量，然后由固定资产系统自动计算并生成折旧费用分配凭证。

本月东风载重车完成工作量50 000吨千米，黄海大客行驶30 000千米。

（转账25）

（73）30日，付本月水费，结算方式：转账支票，结算号：1228。

借：制造费用——水费（一车间）（5101.04.02） 500

——水费（二车间）（5101.04.03） 350

管理费用——水费（6602.13） 550

贷：银行存款——人民币（1002.01） 1 400

（银付32）

（74）30日，付本月电费，结算方式：转账支票，结算号：1229。

借：制造费用——电费（一车间）（5101.05.02） 8 000

——电费（二车间）（5101.05.03） 4 000

管理费用——电费（6602.14） 1 000

贷：银行存款——人民币（1002.01） 13 000

（银付33）

（75）30日，支付咨询费，结算方式：转账支票，结算号：1230。

借：管理费用——咨询费（6602.16） 14 060

贷：银行存款——人民币（1002.01） 14 060

（银付34）

（76）30日，付餐费，结算方式：转账支票，结算号：1231。

借：管理费用——交际应酬费（6602.08） 2 000

贷：银行存款——人民币（1002.01） 2 000

（银付35）

（77）30日，支付学费，结算方式：转账支票，结算号：1232。

借：管理费用——培训费（6602.01） 5 000

贷：银行存款——人民币（1002.01） 5 000

（银付36）

（78）30日，支付书费，结算方式：转账支票，结算号：1233。

借：管理费用——培训费（6602.01） 500

贷：银行存款——人民币（1002.01） 500

（银付37）

（进入期末处理前，输入的所有凭证要审核记账）

3.实验指导

1）检查、修改固定资产系统的初始设置。

（1）以主管会计身份，打开【基础资料】菜单，选择【固定资产类别】选项，按照本次“实验资料1）”检查、修改固定资产类别。

（2）打开【基础资料】菜单，选择【固定资产变动方式】设置选项，按照本次“实验资料2）”（见表5-4）设置、检查或修改固定资产变动方式。

2）进行第50笔到第78笔业务的支票领用登记。

更换操作员为出纳，进入【出纳】系统中支票【领用与报销】管理功能，进行第50笔到第78笔业务领用的支票登记，转账支票1219~1233号。

3）录入新增固定资产卡片，并生成该业务的记账凭证。

更换操作员为固定资产核算员，进入【固定资产】系统，点击【固定资产增加】图标，按【增加】按钮，进入固定资产卡片录入画面。

按照“实验资料3）”（见表5-5）的资料输入该项固定资产的详细数据。核对无误，点击【记账凭证】，输入附原始凭证2张，然后点击【保存】。回到固定资产卡片录入窗口，点击【确定】按钮，该项固定资产记录已保存，单击【关闭】按钮返回。

4）更换操作员为主管会计，输入第51笔至第71笔业务的记账凭证，并审核记账。

5）输入有关固定资产本月实际完成工作量，计提固定资产折旧并生成自动转账凭证。

更换操作员为固定资产核算员，进入【固定资产】系统，点击【月工作量输入】图标，输入本月东风载重车完成工作量50 000吨千米，黄海大客行驶30 000千米，并点击【确定】。

在固定资产模块，单击【计提折旧】图标，即弹出计提折旧向导，指导用户一步步完成本期折旧计提及分配。然后单击【前进】便进入到下一步。确认系统默认的摘要，凭证字选择【转账】，确认后点击【前进】，弹出计提折旧向导三，点击【完成】，系统开始为每一项计提折旧的固定资产计提折旧，并自动生成转账凭证。提示已生成一张记账凭证，为“转账××号”（正常为转账25号），单击【确定】后返回。

6）更换操作员为主管会计，输入第73笔到第78笔业务的记账凭证并再次审核记账。

7）备份恢复账套。

5.4 往来管理[①]

5.4.1 往来业务管理

在KIS7.5往来业务模块为【往来管理】，在以后的版本模块升级为“应收应付”。在KIS12.0以上版本中是作为业务模块之一的【应收应付】模块，负责业务系

① KIS12.3【应收应付】模块与【账务处理】模块【往来核销】功能是重复的。一般而言，在启用业务系统时需要采用【应收应付】模块，否则一般的账务处理只需要【账务处理】模块【往来核销】功能即可。我们的实验操作，可以只用【账务处理】模块。

统中赊销和赊购发票的后续处理。“应收应付”模块是和整个业务系统绑定使用，原有财务系统应收应付功能继续保留，如果要保证业务系统传递过来的应收应付数据和财务系统一致，则在启用业务系统应收应付功能后，不再继续使用财务系统处理重复业务，否则会存在差额，产生差额的部分没有业务关联。

往来业务管理包含：核销往来业务，往来对账单查询，账龄分析表和合同管理。在会计之家窗口，单击【往来】按钮或从查看菜单中选择【往来】，进入往来业务处理窗口，如图5-10和图5-11所示。

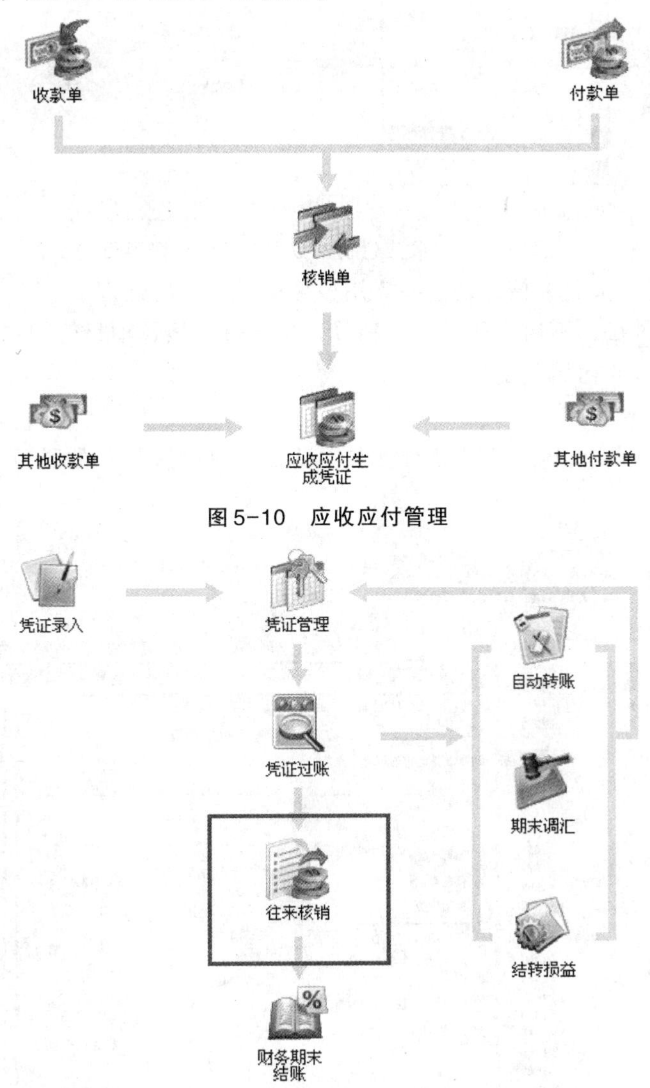

图5-10　应收应付管理

图5-11　账务处理模块中的【往来核销】

5.4.2　往来科目初始化

金蝶KIS系列产品中，按照用户对往来科目不同的核算需要，初始数据录入的界面也是不同的，故给新使用此类产品的用户带来了不必要的疑惑。以应收账款科目为例，按照三种管理方式对往来科目的初始数据进行录入。

注意：如果使用高版本的【应收应付】模块，【应收应付】初始化后可直接传递给【总账处理】模块，如图5-12所示。

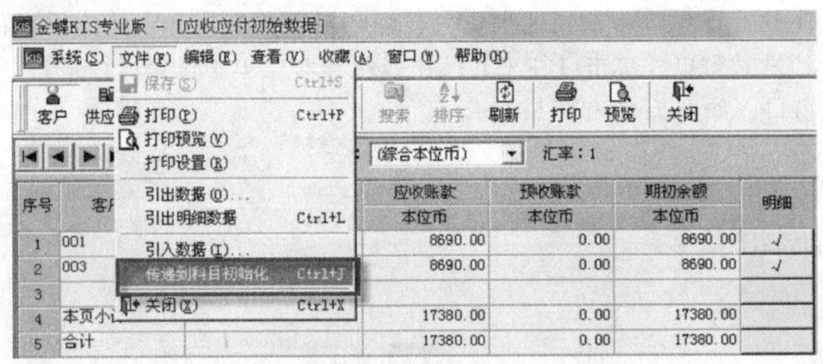

图5-12　应收应付初始数据传递给总账科目

1）不启用往来业务核算，也不启用核算项目管理的处理

对于往来科目，不启用往来业务核算，也不进行核算项目管理的初始化，类似于其他普通科目的初始化工作。

步骤：

(1) 在会计科目中，根据案例要求，设置“应收账款”的科目属性，如图5-13所示。

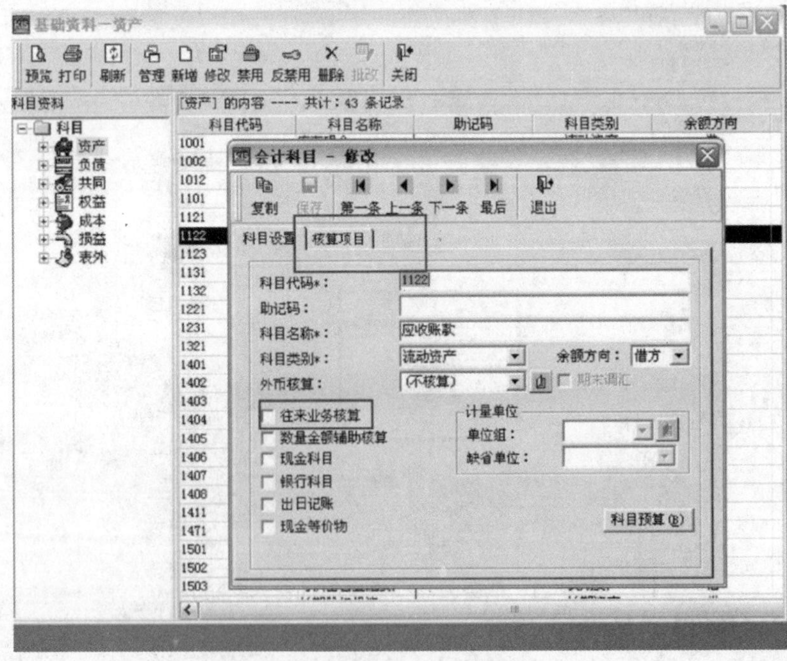

图5-13　“应收账款”的科目设置

（2）在科目初始数据录入界面，直接根据案例数据，在【累计借方】【累计贷方】【期初余额】中录入初始数据即可。

2）不启用往来业务核算，但是启用核算项目管理的处理

对于往来科目，不启用往来业务核算，但是启用核算项目管理的初始化，数据录入时只是需要双击核算项目列中的【√】，其他的录入类似于普通科目的初始化工作。

步骤：

（1）在会计科目中，根据案例要求，设置“应收账款”的科目属性，“应收账款”科目下挂往来单位和部门核算如图5-14所示。

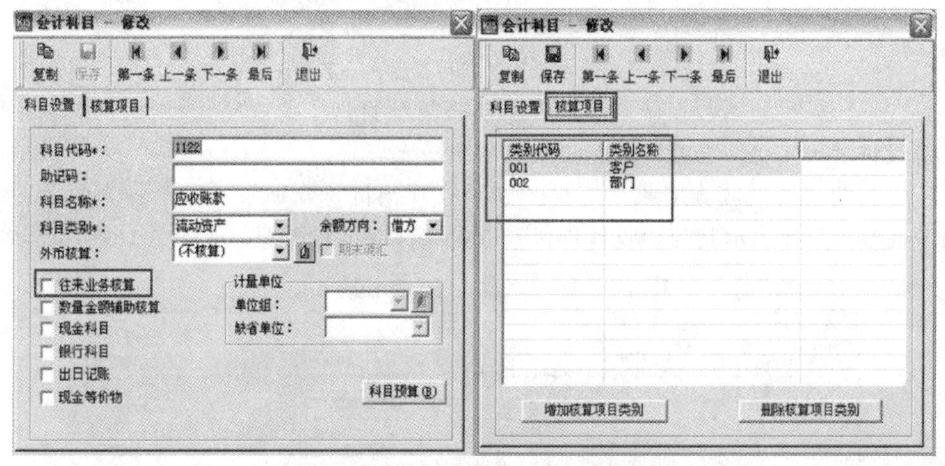

图5-14　“应收账款”的科目属性

（2）在科目初始数据录入界面，点击【核算项目】选项卡，增加核算项目类别。

（3）初始化应收账款数据，根据案例要求进行初始数据的录入，录入完成后通过【检测平衡】按钮进行初始数据录入的检查。在往来科目进行多核算项目管理时，各核算项目的累计借方、累计贷方、期初余额合计数均应相等。

3）启用往来业务核算，同时也启用核算项目管理的处理

对于往来科目，启用往来业务核算，同时也启用核算项目管理的初始化，数据录入时需要根据产生往来科目的余额的原始业务分析填列。

步骤：

（1）在会计科目中，根据案例要求，设置“应收账款”的科目属性，“应收账款”科目下挂往来单位和部门核算，并启用往来业务核算，如图5-15所示。

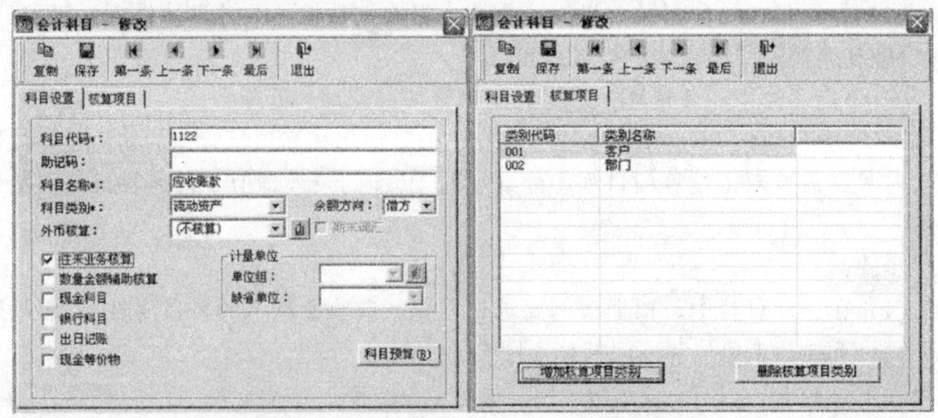

图5-15　设置“应收账款”的科目属性——启用往来业务核算

（2）在科目初始数据录入界面，双击核算项目列中的【√】，调出初始包括已核销资料录入界面，也可以从应收应付系统引入。

（3）期初可以区分应收（应付）和预收（预付）分别录入，余额为两者的差额，通过正负数表示其为预收（预付）或应收（应付）金额，如图5-16所示。

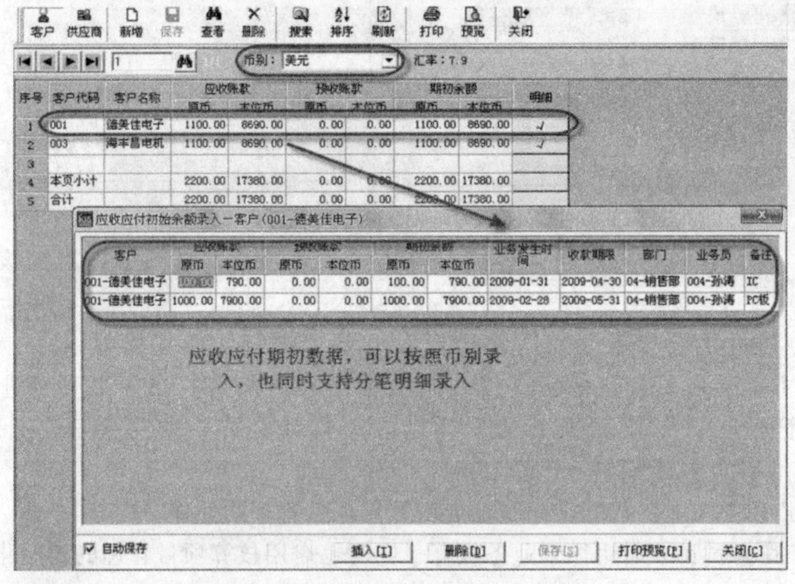

图5-16　初始数据录入

5.4.3　往来业务核销

系统提供了两种核销方式：手工核销和自动核销。

（1）直接点击【自动核销】按钮，系统会自动将业务编号相同、金额相等、借贷方向相反的记录进行核销，并打上核销标记“*”号，如图5-17所示。

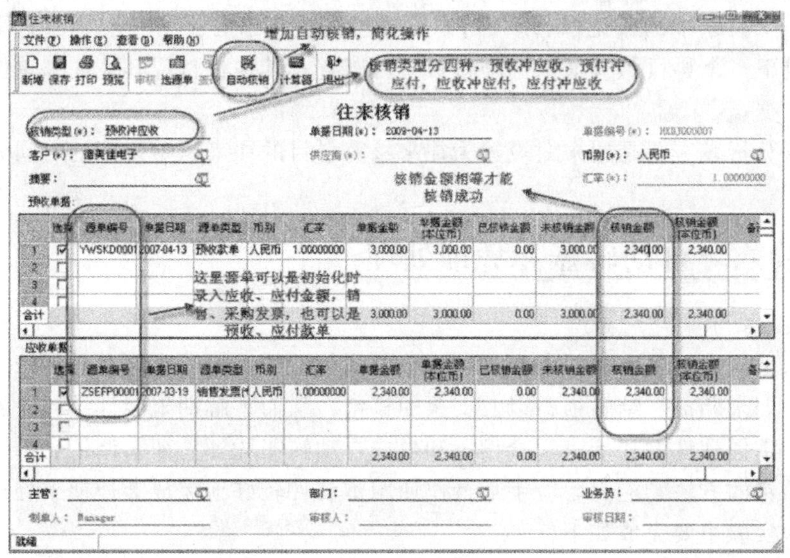

图5-17　往来业务核销

（2）如果手工核销，可以直接双击需要核销的记录即可。当然如果手工核销的金额不等，退出该界面时系统会给予提示，会影响账龄分析表的正确性。因此建议使用自动核销功能进行核销。

在核销往来业务处理窗口中，单击【自动核销】按钮，系统即开始将所有的往来业务资料进行自动核销。系统自动核销的原则是：将同一业务编号中（对多核算项目还必须往来单位、部门代码、职员代码也相同），并且余额为零的那一笔以前的所有的往来业务资料核销掉。

手工核销是将系统不能自动核销的往来业务资料，采用手工核销的方式进行核销。方法很简单，只要双击要核销的那一笔往来业务资料即可，核销后可看到在【核销】栏中加注了“*”。同样已核销的资料可再次双击取消核销标志。

在往来对账单中，系统是以往来业务编号来识别和排列往来业务内容的，在同一个科目中按照不同的业务编号分别进行小计。在同一币别的往来对账单中，系统还可以提供所有往来业务总的借方合计、贷方合计以及总余额数据。

在此窗口中的单价（余额）小数位数和凭证录入窗口中单价小数位数是一致的，且最大可达6位。此处计算显示的单价，是该笔业务当前余额除以该笔业务当前累计数量的结果。此外还可用光标移动或滚动条来浏览查看往来业务数据资料，同时可查看相应凭证。

在往来对账单中，当会计科目为多核算项目，例如：对往来单位、部门、职员同时核算，此时所发生的业务反映在往来对账单中，只有满足“业务编号、往来单位、部门、职员”完全相同时，系统才予以汇总为一条分录，否则，系统将分类以不同的分录列示。

点击工具条中的【记录移动器】，或选择查看菜单的【第一个科目】、【上一个科目】、【下一个科目】、【最末一个科目】可以查看其他科目或其他往来单位的往来对账单数据。

账龄分析表主要是用来对设置为往来核算科目的往来款项余额的时间分布进行分析。

实验八　自动转账和凭证处理

1.实验要求

本次上机实验主要进行期末自动转账模式凭证的设置、生成自动转账凭证、审核记账、期末调汇、结转损益以及支票的核销，从而了解期末会计结转业务的内容和特点，掌握软件的功能，学会设置和生成自动转账凭证、期末调汇、结转损益以及支票核销的方法，能得心应手地操作使用本软件较好地完成会计期末处理工作。

本次实验主要完成如下任务：

1）设置自动转账模式凭证；

2）进行期末调汇、提取坏账准备；

3）结转制造费用、完工产品成本、已售产品成本；

4）计算并结转本月应交城建税及教育费附加；

5）结转损益、支票核销、备份账套。

2.实验资料

1）大连兴海公司20××年12月30日至31日要进行如下会计期末处理业务：

（79）按工资总额2%提取工会经费。

（80）期末美元汇率为6.78，进行期末调汇。

（81）按应收账款的5‰提取坏账准备。

（82）现假定一车间只生产聚酯泡沫，二车间只生产方向盘，要求结转制造费用。

（83）本月聚酯泡沫27 213千克全部完工；方向盘完工7 000个，期末在产品600个，完工程度50%，结转其完工产品成本。

（84）计算并结转本月已售产品成本。

（85）31日，将各损益类科目结转至本年利润账户。

2）核销本月已经报销的所有支票。

3.实验指导

1）本次实验前提条件：第78笔业务及以前的凭证必须全部审核记账，然后以总账会计员身份进入账务处理系统的【自动转账】功能，点击【增加】。

2）设置第79、80笔业务的自动转账凭证。

（79）按工资总额的2%提取工会经费。借方为“自动判定”“按公式转入”，贷方为“贷方”“转入”科目；取数公式同上，但提取比例为2%。自动转账凭证格式或自动转账方案设置完毕之后，在需要生成相应的转账凭证时，点击设置界面中的【生成凭证】就可以了。

借：管理费用——工会经费 ACCT（“2211”，“DF”，“RMB”，0，0，0，“”）×0.02

贷：其他应付款（公式同上）

（转账26）

3）进行期末调汇、提取坏账准备。

（80）第80笔业务，期末调汇。以出纳员身份进入出纳系统，单击【期末调汇】按钮，输入美元月末汇率6.78，单击【前进】按钮，输入负担汇兑损益的科目代码“6603.04”，即财务费用——汇兑损益，凭证字为银付，再按【完成】按钮，系统即可自动进行期末调汇并生成调汇凭证，其会计分录为：

借：财务费用——汇兑损益（6603.04）

贷：银行存款——美元（1002.02）

（银付38）

（81）第81笔业务，按应收账款期末余额的5‰提取坏账准备。更换为总账会计操作员的身份，进入【自动转账】功能，设置【提取坏账准备】的自动转账模式凭证，参考会计分录和取数公式如下：

借：管理费用——坏账损失 ACCT（“1122”，“JY”，“RMB”，0，0，0，“”）0.005

贷：坏账准备（公式同上）

（转账27）

生成以上已设置的3张自动转账凭证，查询、审核并登记入账。一次生成多张凭证时，要注意调整他们的排列次序（用“上移”“下移”按钮），然后生成并逐张确认。回到凭证处理功能查询这些凭证，审核以上3张记账凭证并登记入账。

4）结转制造费用、完工产品成本、已售产品成本。

（82）第82笔业务要设置并生成结转制造费用自动转账凭证。现假定一车间只生产聚酯泡沫，二车间只生产方向盘，因此可将一车间的制造费用各明细科目发生额（5101.01至5101.06）从贷方全部转入聚酯泡沫生产成本（5001.01.04）的借方，将二车间制造费用的各明细科目发生额全部转入方向盘生产成本（5001.02.04）中，转账方式选择按100%比例转出。（注：如果转出的数据是某一科目的全部明细科目，则可直接将明细科目的上级科目转出，本例中的转出科目可以直接设置为“5101”，核算项目部门）。由于转入科目一般只能是一个，因此本业务应分解为两张凭证。

【82-1】结转聚酯泡沫应负担的制造费用。

借：生产成本——聚酯泡沫——转入制造费用（5001.01.04）（转入）

贷：制造费用——一车间（5101|02）（按100%比例转出发生额）

（转账28）

【82-2】结转方向盘应负担的制造费用。

借：生产成本——方向盘——转入制造费用（5001.02.04）（转入）

贷：制造费用——二车间（5101|03）（按100%比例转出发生额）

（转账29）（以上两张凭证一起审核并记账）

（83）第83笔业务要设置并生成结转完工产品成本自动转账凭证。分析：两种产品必须分别结转，因此要设置两张自动转账凭证。同时，由于聚酯泡沫（27 213千克）全部完工，可按余额100%比例转入产成品科目；由于方向盘完工了一部分，因此要“按公式转出”。其中直接材料按投产数（7 600个）计算完工产品材料成本，其他费用按完工（7 000个）与在产品约当产量（600×50%=300（个））的比例分摊。

【83-1】结转聚酯泡沫完工产品成本。

借：库存商品——聚酯泡沫（1405.01）（转入）

贷：生产成本——聚酯泡沫（5001.01）（按余额全额转出）

（转账30）

【83-2】结转方向盘完工产品成本。

借：库存商品——方向盘（转入）

贷：生产成本——方向盘——直接材料ACCT（“5001.02.01”，“JF”，“RMB”，0，0，0，“”）×（7 000÷7 600）

贷：生产成本——方向盘——直接工资ACCT（“5001.02.02”，“JF”，“RMB”，0，0，0，“”）×（7 000÷7 300）

贷：生产成本——方向盘——转入制造费用ACCT（“5001.02.04”，“JF”，“RMB”，0，0，0，“”）×（7 000÷7 300）

（转账31）

（以上两张凭证一起审核并记账。在审核前，要补充输入完工产品的数量，单价系统自动计算，然后保存，因为库存商品我们设定为数量科目。）

（84）第84笔业务计算并结转至本月已售产品成本。

其借方转入科目为“主营业务成本”（6401），贷方转出科目为“库存商品”的两个明细科目（按公式转出），本位币金额公式含义应设置为：（方向盘期末余额÷方向盘期末数量）×方向盘发出产品数量。

借：主营业务成本（6401）（转入）

贷：库存商品——方向盘（试自行编写公式）

——聚酯泡沫（试自行编写公式）

（转账32）

（以上两张凭证一起审核并记账。）

5）结转损益、支票核销、备份账套。

（1）将各损益类科目结转至本年利润账户是自动进行的，不用设置转账凭证。结转损益之前，必须将所有凭证审核入账，其方法是以总账会计员身份进入账务处理系统【结转损益】功能，然后按提示操作即可自动计算并生成该凭证（转账33），并将其审核记账。

（2）支票核销。以出纳员身份进入出纳系统支票领用登记功能，打开【编辑】菜单，选择【从凭证获取报销数据】，此时已取得报销数据的支票改变颜色，再对每张支票进行逐笔核销。若不能获取，可手工输入报销数据。第1221号转账支票已退票，改用电汇支付，因长城实业公司在外地，不能使用支票结算方式。

核销时，要输入报销人签字，再按【核销】按钮并【保存】。当报销金额大于使用限额时，系统不允许报销。这时可认真核对原来业务并修改使用限额或报销金额，然后再核销。

（3）备份账套。

实验九　银行对账和往来业务核销

1.实验要求

本次上机实验主要进行年末结转所得税、净利润、提取盈余公积，查询库存现金和银行存款日记账、输入银行对账单，进行银行对账和查看银行存款余额调节表，进行往来业务核销，查询往来对账单，进行往来账龄分析，从而了解年末利润结转、银行对账、往来业务管理的业务内容和特点，熟练掌握年末利润结转、银行对账、往来业务管理的方法。

本次实验主要完成如下任务：

1）结转所得税和未分配利润、提取盈余公积；

2）查询库存现金和银行存款日记账、输入银行对账单；

3）银行对账、查询银行存款余额调节表；

4）核销往来业务、查询往来对账单，进行往来业务账龄分析；

5）备份恢复账套。

2.实验资料

1）大连兴海公司20××年12月31日要进行如下年末结转业务：

（85）31日，按应纳税所得额的25%计算并结转应交所得税费用。

（86）31日，计算并结转未分配利润。

（87）31日，按税后利润的10%提取法定盈余公积。

2）大连兴海公司20××年12月31日结束收到的银行对账单见表5-6。

表5-6 银行对账单

20××年12月31日 单位：元

结算日期	结算方式	结算号	银行借方	银行贷方	摘要
20××-12-1	支票	1001	0.00	1 000 000.00	取得贷款
20××-12-1	支票	2001	1 000.00	0.00	提取现金
20××-12-1	支票	1201	6 200.00	0.00	用支票购办公桌
20××-12-1	支票	1202	12 000.00	0.00	用支票付报刊费
20××-12-2	支票	1203	25 000.00	0.00	用支票交税
20××-12-2	支票	1204	26.00	0.00	购支票本
20××-12-4	支票	2002	2 000.00	0.00	提取现金
20××-12-4	支票	1205	300 000.00	0.00	购买宝马轿车
20××-12-5	支票	1206	49 140.00	0.00	购料
20××-12-5	支票	1207	1 200.00	0.00	付运输费
20××-12-6	支票	1208	300 000.00	0.00	还欠款
20××-12-6	支票	1209	500 000.00	0.00	预付账款
20××-12-7	支票	1210	3 500.00	0.00	报销医药费
20××-12-7	支票	2003	100 000.00	0.00	提取现金
20××-12-8	支票	1211	12 000.00	0.00	付修理费
20××-12-8	支票	1212	20 000.00	0.00	付展销费
20××-12-11	支票	2004	2 000.00	0.00	提取现金
20××-12-11	支票	1002	0.00	143 150.00	收到销售产品款
20××-12-11	支票	1213	3 600.00	0.00	交印花税
20××-12-11	进账单	1003	0.00	336.60	收到利息收入
20××-12-12	支票	1214	3 000.00	0.00	付印刷费
20××-12-13	支票	1215	500 000.00	0.00	归还到期贷款
20××-12-14	支票	1216	3 000.00	0.00	代垫运输费
20××-12-14	支票	1004	0.00	210 600.00	收到销售产品款
20××-12-15	支票	1005	0.00	157 000.00	预收货款
20××-12-15	支票	1006	0.00	318 900.00	收到欠款
20××-12-18	支票	1217	2 200.00	0.00	付餐费
20××-12-19	支票	1218	15 000.00	0.00	付广告费
20××-12-21	支票	1219	200 000.00	0.00	购买国债
20××-12-21	支票	1220	40 320.00	0.00	支付养路费

续表

结算日期	结算方式	结算号	银行借方	银行贷方	摘要
20××-12-22	电汇	0402	800 000.00	0.00	预付账款
20××-12-25	支票	1222	60 000.00	0.00	付房租
20××-12-25	进账单	1008	0.00	103 000.00	收回国债投资本息
20××-12-25	交款单	1009	0.00	950.00	收到销售产品款
20××-12-27	支票	1223	16 000.00	0.00	付运输费
20××-12-28	支票	1224	15 000.00	0.00	付电话费
20××-12-28	支票	1225	280.00	0.00	付煤气费
20××-12-28	支票	1226	1 800.00	0.00	付通勤费
20××-12-28	支票	1227	120 000.00	0.00	付子弟学校经费
20××-12-29	支票	1238	10 050.00	0.00	购料
20××-12-30	进账单	1010	0.00	3 000 000.00	取得贷款
20××-12-30	支票	1228	1 400.00	0.00	付水费
20××-12-30	支票	1230	14 060.00	0.00	付咨询费
20××-12-30	支票	1231	2 000.00	0.00	付餐费
20××-12-30	支票	1232	5 000.00	0.00	付学费
20××-12-30	支票	1233	500.00	0.00	付书费

3.实验指导

1）本次实验前提条件：第90笔业务及其以前的凭证必须全部审核记账，然后以总账会计员身份进入账务处理系统“自动转账”功能设置这些自动转账凭证模式，生成凭证并查询、审核、记账。

（85）31日，按应纳税所得额的25%计算并结转应交所得税费用，这笔业务要编制两张自动转账凭证，参考会计分录及计算公式如下：

【85-1】

借：本年利润（4103），ACCT（“4103”，“DL”，“RMB”，0，0，0，“”）-ACCT（“4103”，“JL”，“RMB”，0，0，0，“”）-ACCT（“6111.01”，“SL”，“RMB”，0，0，0，“”）×0.25

　　贷：所得税费用（6801）（转入）

（转账34）

借方为“本年利润”科目，按公式转出，即：

（本年利润贷方累计发生额 - 本年利润借方累计发生额 - “投资收益——债券利息”累计发生额）×0.25

按应纳税所得额25%计算；贷方转入科目为（6801）所得税费用。

【85-2】

借：所得税费用（6801）（按比例100%转出发生额）

贷：应交税费——应交所得税（2221.03）（转入）

（转账35）（审核并记账）

（86）31日，结转未分配利润公式：

本年利润贷方累计-本年利润借方累计

借：本年利润（4103）ACCT（“4103”，“DL”，“RMB”，0，0，0，“”）-ACCT（“4103”，“JL”，“RMB”，0，0，0，“”）

贷：利润分配（4104）（转入）

（转账36）（审核并记账）

（87）31日，提取并结转法定盈余公积金，参考会计分录及计算公式如下：

【87-1】

借：利润分配——未分配利润（4104.05）ACCT（“4104.05”，“DF”，“RMB”，0，0，0，“”）-ACCT（“4104.05”，“JF”，“RMB”，0，0，0，“”）

贷：利润分配（4104）（转入）

即：本年净利润×0.1。

（转账37）

【87-2】

借：利润分配（4104）（按比例100%转出贷方发生额）

贷：盈余公积（4101）（转入）

（转账38）（审核并记账。）

2）查询现金和银行存款日记账并输入银行对账单。

（1）查询库存现金日记账、现金盘点及对账。

更换为出纳操作员，进入【出纳系统】，点击【现金日记账】，里面只有月初余额。此时可打开文件菜单，选择【从凭证引入现金日记账记录】，然后观察结果即可。

在【出纳系统】，点击【现金盘点及对账】，然后观察结果即可。

（2）查询银行存款日记账。

进入【出纳系统】，选择【银行日记账】，使用默认的查询方式即可，账里只有月初余额。此时可打开文件菜单，选择【从凭证引入银行日记账记录】，然后观察结果。

（3）输入银行对账单。

进入【出纳系统】，选择【银行对账单】，按【增加】按钮，输入“实验资料2”银行对账单中的全部记录。

3）银行对账并查询银行存款余额调节表。

（1）自动对账。

进入【出纳系统】，选择【银行对账】，输入对账日期“20××年12月31日”并确定。按【自动对账】按钮，输入对账条件，允许日期相差6天，去掉【结算日期相同】条件并点击【确定】。此时，屏幕上半区显示的是银行日记账，下半区显示银行对账单。凡已达账均以“*”标注并变成黄色，剩下的就是未达账。

（2）手工对账。

自动对账后有些结算方式和结算号二者不一致的账项，其实有可能是同一笔业务，这时就需要手工对账。例如：银行日记账中交款单1009号、银行承兑1218号业务，借方金额分别是950元、15 000元，仅仅由于对账单上的结算方式为支票而对不上，所以应手工核销。方法是选中该记录并双击，再按【手工对账】按钮，此时该记录显示“**”表示已对上了。剩下的就是未达账了。此时应按【确定】按钮。

（3）查询银行存款余额调节表。

进入【出纳系统】，选择【银行存款余额调节表】，确认科目和日期并点击【确定】，然后观察结果，调整后双方余额应相等。

4）核销往来账、查询往来对账单，进行往来账龄分析。

（1）核销往来业务。

进入【往来管理】系统，选择【核销往来业务】，输入往来科目“1122（应收账款）”和核算项目代码，如“03长江拖拉机厂、05鑫鑫沙发厂”的往来业务。

手工核销的方法：凡是借、贷方金额相等的业务就可以核销，方法是双击该相应往来记录，再按【核销】按钮即可核销。

自动核销的方法：直接点击【自动核销】按钮，系统会自动将业务编号相同、金额相等、借贷方向相反的所有记录进行核销，并打上核销标记“*”号。

其他：如其他应收款、应付账款、其他应付款科目的往来业务都应该核销。

（2）查询往来对账单：单击【往来对账单】按钮，输入要查询的往来科目和核算项目范围，然后观察查询结果。

（3）进行往来账龄分析：单击【账龄分析表】按钮，输入要查询的往来科目（如1122、1221、2202、2241）和账龄分期（如1~30天、31~60天、61~90天、91~180天、181天以上等），并观察查询结果。

5）备份账套。

小　结

本章的重点在于实践部分，通过各种业务处理实践，掌握会计信息系统的原理及操作流程。工资核算、固定资产核算、出纳管理和往来业务核算都是会计信息系统的基本模块，我们有针对性地提供大量的实践数据资料和习题，通过多操作来达到相应的教学目的。

关键术语

出纳轧账：将出纳系统所涉及的现金日记账余额、银行存款日记账余额及银行对账单未达账项资料等结转至下一期，并对库存现金日记账、银行存款日记账加注发生额。

支票核销：在支票进行领用和报销后，就可以进行支票的核销工作。

核算项目：系统可对某一科目进行延伸核算，以处理从属于该科目某一方面独立的财务资料，每一独立的核算可以归纳成一个核算类别，每一核算类别之下可以设置许多核算项目，如往来客户核算类别下可以设置许多客户。

助记码：帮助记忆会计科目的编码，允许长度为8个字符。在录入凭证时，为了提高会计科目录入的速度可以用助记码帮助科目录入。例如：将“现金”科目的助记码输为“xj”，则在输入“现金”科目时输入“xj”，系统将会自动找到“现金”科目，以加快凭证处理速度。

输入过滤器：在录入工资数据时，为了提高数据的录入速度，系统提供了工资数据过滤器的功能。系统提供了两个过滤器选项：【所有项目】和【固定项目】。这两个过滤器在工资核算中有特殊含义。【所有项目】是指在“工资项目”中定义的所有项目；【固定项目】是指每期结账时，系统会将此处选择为【固定项目】的工资项目数据自动复制到下一期。可在此处将每期数值都基本保持不变的工资项目设定为【固定项目】，这样在下一期就可以不必重复输入这些不变的项目。

习题与案例

出纳业务部分

一、单项选择题

（1）在出纳管理系统的如下业务内容中，可以被称为辅助管理模块的是（　　）。

A.银行存款期初对账

B.现金及银行存款日记账的日常登记管理

C.出纳报表的查询使用

D.支票的购置、领用、核销管理

（2）出纳系统的启用期间在（　　）中进行设置。

A.在【账套选项】里的【税务、银行】

B.在【账套选项—高级】里的【出纳】

C.在【账套选项—高级】里的【系统】

D.在【账套选项—高级】里的【凭证】

（3）为了实现从账务系统引入银行存款收付凭证功能，事先在“系统维护—账套选项—高级—出纳”中必须设置的选项是（　　）。

A.可以从凭证引入库存现金日记账

B.可以从凭证引入银行存款日记账

C.编辑日记账记录时检测凭证号是否重复

D.引入日记账时覆盖出纳相同记录

（4）在现金盘点与对账时，需要手工输入的数据是（　　）。

A.现金实盘数→今日余额　　B.现金实盘数→今日借方和今日贷方

C.出纳日记账→今日余额　　D.出纳日记账→今日借方和今日贷方

（5）加强支票领用、报销、核销管理的意义不包括的项目是（　　）。

A.加强资金预算管理　　B.防止或减少支票丢失、被盗的损失

C.防止或抑制过期不报账现象的发生　　D.防止或减少支票使用出错的损失

（6）设置过滤条件选择不包括的是（　　）。

A.已核销　　B.未核销　　C.已报销　　D.已退票

（7）可以从账务系统的凭证中引入的支票报销数据是（　　）。

A.报销人　　B.报销日期和报销金额

C.核销人　　D.核销日期和核销金额

（8）出纳系统期末轧账的前提条件是（　　）。

A.初始化完成　　B.录入或引入凭证

C.审核记账　　D.所有出纳业务入账

（9）在支票登记簿中，不可以删除的支票是（　　）。

A.未报销的支票　　B.已报销的支票

C.已核销或退票的支票　　D.已取消核销或取消退票的支票

（10）出纳系统的启用期间与账务系统的启用期间（　　）。

A.必须相同　　B.不能相同

C.可以相同也可以不同　　D.以上说法都不正确

二、多项选择题

（1）银行对账的可选条件包括（　　）。

A.借贷方向相反，金额相同　　B.结算日期允许相差××天

C.结算方式相同　　D.结算号相同

E.结算日期相同

（2）出纳系统的启用期间在（　　）中进行设置。

A.在【初始设置—账套选项】里的【税务、银行】

B.在【初始设置—账套选项—高级】里的【出纳】

C.在【系统维护—账套选项】里的【税务、银行】

D.在【系统维护—账套选项—高级】里的【出纳】

E.在【初始设置—账套选项—高级】里的【系统】

（3）为了实现从账务系统引入银行存款收付凭证功能，事先在【系统维护—账套选项—高级—出纳】中必须设置的选项是（　　）。

A.可以从凭证引入现金日记账

B.可以从凭证引入银行存款日记账

C.编辑日记账记录时检测凭证号是否重复

D.引入日记账时覆盖出纳相同记录

E.编辑出纳日记账记录时可以自动从账务引入数据

(4) 出纳系统能提供的报表包括（　　）。

A.资金日报表　　B.资金月报表

C.长期未达账　　D.银行存款余额调节表

E.库存现金、银行存款发生额及余额汇总表

(5) 可以使用以下哪些方法获得出纳系统库存现金和银行存款日记账的每笔收付记录（　　）。

A.直接录入法

B.设置取数公式自动从账务引入日记账记录

C.编辑日记账时逐笔从账务引入现金和银行存款收付记录

D.将账务已经存在的全部现金和银行存款收付记录引入出纳系统

E.先在账务系统选择引出标准记账凭证，再在出纳系统选择引入标准记账凭证功能

(6) 将库存现金和银行存款日记账引出成为各种数据库，其文件类型包括（　　）。

A.Access　　B.Dbase　　C.FoxPro　　D.Excel

E.Text

(7) 在现金盘点与对账时，不需要手工输入的数据包括（　　）。

A.现金实盘数→今日余额　　B.现金实盘数→今日借方和今日贷方

C.出纳日记账　　D.账存差额

E.现金分类账

(8) 加强支票领用、报销、核销管理的意义具体包括（　　）。

A.防止或减少支票丢失、被盗的损失

B.防止或减少支票使用出错的损失

C.防止或抑制过期不报账现象发生

D.防止或减少资金浪费

E.加强资金预算管理

(9) 从凭证中获取支票报销数据必须同时满足的条件是（　　）。

A.账务系统要存在支票这种结算方式的凭证

B.支票对应的结算号必须是已经领用的支票号

C.凭证中的币别与领用支票的币别相对应

D.该凭证必须已审核记账

E.支票号必须在支票本购置登记的范围之内

（10）可以从账务系统的凭证中引入的支票报销数据包括（　　）。

A.报销人　　B.报销日期　　C.报销金额　　D.核销人

E.核销金额

三、简答题

（1）支票管理有哪些功能？

（2）叙述银行对账的操作步骤和方法。

（3）出纳管理的主要处理内容和业务流程是什么？

（4）在自动对账的基础上，为什么还要进行手工对账？如何进行手工对账？

（5）说明出纳期末轧账的意义和前提条件。

（6）出纳系统初始设置的内容有哪些？

（7）如何进行支票的购置、领用、报销、核销管理？

四、业务题

（1）某企业20××年11月25日在其开户行：工商行大连分行星海办事处购置了一本支票，其号码从1201号至1240号，有效期45天，该单位银行账号为1234567890，请填写如下说明支票本购置登记过程的表格（见表5-7）。

表5-7　**支票本购置登记表**

银行名称	银行账号	币别
购入日期	支票有效期	支票号码

（2）某企业20××年12月1日，需对100201“银行存款——人民币存款”科目进行期初对账工作。银行存款期初账面余额为609 000.00元，银行对账单期初余额为609 950.00元，现有一笔企业未达账，20××年11月29日银行收到一张转账支票950元，请说明对账过程并填写如下银行存款期初余额调节表（见表5-8）。

表5-8　**银行存款期初余额调节表**

科目：　　　　币别：

银行存款		银行对账单	
启用期初余额		启用期初余额	
加：银收企未收		加：企收银未收	
减：银付企未付		减：企付银未付	
调整后余额		调整后余额	

企业未达…　　银行未达…

对账过程说明：

（3）某企业20××年12月1日，厂办孙奇用1202号支票购买了办公桌2个，实际价款6 200元。当他在领用空白支票时，请酌情填写表5-9支票登记簿中该记录的相关数据，并在表下用文字说明核销时要填写支票登记簿中该记录的哪些数据？

表5-9　　支票登记簿

银行			账号		
对应科目		币别		支票号	
领用部门		用途		领用日期	
领用人		使用限额		预计报销日期	
报销人		报销金额		报销日期	
是否核销		录入人		核销人	

（4）调整前的银行存款日记账余额为：2 393 660.60元，银行对账单余额为：2 396 610.60元。对账后银行存款日记账遗留一笔未达账：20××年12月30日银付33号凭证，1229号支票，贷方13 000.00元；银行对账单遗留一笔未达账：20××年12月29日，1238号支票，银行借方10 050.00元。请填写如下的银行存款余额调节表（见表5-10）。

表5-10　　银行存款余额调节表

银行账号：100201—银行存款—人民币—RMB

项目	金额	项目	金额
银行存款日记账余额		银行对账单余额	
加：银行已收企业未收		加：企业已收银行未收	
减：银行已付企业未付		减：企业已付银行未付	
调节后余额（单位）		调节后余额（银行）	

五、论述题

（1）在自动对账的基础上，为什么还要进行手工对账？就此请您谈谈对电算化会计系统人机分工及如何充分发挥人与计算机各自作用的看法？

（2）说明出纳系统与账务处理系统的关系。

工资核算部分

一、单项选择题

（1）Roundx（345 678.5678，0）的值是（　　）。

A.345 678　　B.345 679　　C.345 678.56　　D.345 678.57

（2）设置工资项目时对于职员的编号应该选择（　　）作名称。

A.代码　　B.编号　　C.职员代码　　D.职员编号

（3）编辑注释应选择下列的哪个按钮或图标操作（　　）。

A.　　B.　　C.　　D.

（4）设置数据过滤器在下列哪个模块中操作（　　）。

A.项目设置　　B.工资数据输入　　C.工资计算方法　　D.工资费用分配

（5）有关录入工资数据，下列说法哪个正确（　　）。

A.必须在计算公式设置后才能录入　　B.只有在工资项目设置后才能录入

C.必须在工资费用分配前才能录入　　D.只有在输出报表前才能录入

（6）有关输入中报警，下列说法哪个正确（　　）。

A.报警条件必须在计算公式中设置　　B.数字位数超过单元格长度就报警

C.在非原始项目输入就报警　　D.数据类型或格式不符就报警

（7）在工资费用分配的向导二中，要做的工作是（　　）。

A.重算工资

B.录入凭证的日期和摘要

C.定义各类员工分配的工资项目及费用科目对应关系

D.选定该转账凭证的名称

（8）工资分配后，凭证还未入账发现了错误，正确的做法是（　　）。

A.将凭证找出修改后入账　　B.删除该凭证后重新分配

C.冲销该凭证后重新分配　　D.修改该凭证后重新分配

（9）选择了工资发放表，系统不提供（　　）功能。

A.自定义二级表眉　　B.定义并选择排序器

C.自定义二级报表　　D.删除该表

（10）有关工资费用分配，下列说法哪个正确（　　）。

A.在【分配向导】界面点击完成后即已入账

B.工资费用分配后才能将本期固定项数据结转到下期

C.生成的转账凭证必须打印

D.工资分配后才可以输出各种报表

二、多项选择题

（1）工资业务计算机管理具有如下哪些特点（　　）。

A.及时性有保证　　B.容易出错

C.编制报表灵活、方便　　D.操作麻烦

E.工资分配可以自动转账

（2）有关设置工资项目，下列说法哪些正确（　　）。

A.需要设置工资项目的名称、类型和位数（包括小数位数）

B.系统内定的项目必须设置

C.只有系统内定的项目才可以有日期型

D.计算公式中用到项目都必须设置

E.工资核算后，已设置的工资项目本年度内不能修改

（3）设置公式时要经常用到下列哪些元素（　　）。

A.常数　　B.算术运算符　　C.比较运算符　　D.工资项目

E.报表项目

(4) 有关设置计算公式，下列说法哪些正确（ ）。

A.原始项目不必设置公式

B.所有的数值型项目都可以设置它们的计算公式

C.公式中所有运算元素的数据类型都必须是数值型

D.除了运算符，不能使用文字型项目

E.本期工资计算后不能再修改公式

(5) 遇到下列情况，通常哪些需要重新计算工资（ ）。

A.录入工资数据后　　B.修改了工资项目或计算公式

C.将本期数据结转到下期后　　D.分配了工资费用

E.输出工资报表前

(6) 选择【固定项目】过滤器输入，下列说法哪些正确（ ）。

A.输入前可以设置数据过滤

B.下期数据自动结转，因此只能输入本期数据

C.可以调用项目辅助计算器

D.不能调用项目辅助计算器

E.窗口上的所有项目都可以输入

(7) 有关输入中“引出”，下列说法哪些正确（ ）。

A.只能引出全部工资数据　　B.可以引出部分工资数据

C.只能引出数值型数据　　D.数值型、文字型数据都能引出

E.可以引出为独立工资报表

(8) 有关工资费用分配，下列说法哪些正确（ ）。

A.选择了工资费用分配转账凭证名称后才能分配

B.工资分配对应关系设置使用过后本年度不能修改

C.工资分配对应关系设置使用过后本年度也可以修改

D.分配后转账凭证自动入账

E.分配后生成的转账凭证必须打印

(9) 有关工资报表，下列说法哪些正确（ ）。

A.首次使用时都须先设置输出项目

B.工资数据转入下期后不能再修改

C.打印预览后可以不打印

D.设置报表输出项目时可以选择任意的工资项目

E.输出后也可以再录入数据重新计算

(10) 有关工资汇总表，下列说法哪些正确（ ）。

A.默认为按部门汇总与分页　　B.不同类别人员的工资不能汇总

C.只能有一个汇总关键字　　D.可以有两个汇总关键字

E.打印必须按部门分页

三、简答题

（1）为什么要定义计算公式？如何设置？

（2）何为扣零？为什么要扣零？如何实现扣零处理？

（3）何为输入过滤器？为什么要设置？如何增加输入过滤器？

（4）为什么工资分配要提供自动转账功能？如何操作实现？

（5）为什么要将本期的固定项目数据复制到下期？如何复制？

（6）为什么系统要提供数据引出功能？报表数据如何引出？

（7）为什么系统要增加自定义报表的功能？如何设计自定义报表？

（8）工资项目很多的单位可以怎样输出工资表？

（9）为什么要做人民币票面分解？如何进行票面分解？

四、业务题

（1）某单位规定，每月管理人员的奖金不能超过1 000元，生产工人的奖金不能超过800元。假设职员类别和奖金的项目名为“人员类别”和“奖金”，试设置报警语句。

（2）某单位的工资项目格式如下，有标“*”的是系统内定的项目。试在类型栏填入数据类型，认为是固定的项目在固定栏作标记（见表5-11）。

表5-11　　**某单位的工资项目表**

项目	类型	固定	项目	类型	固定
*职员代码			病事假扣款		
*职员名称			应付工资		
*所在部门			代扣房租		
基本工资			代扣水电费		
工龄工资			公积金		
职务工资			其他扣款		
奖金			所得税费用		
生活补贴			扣款合计		
地区补贴			实发工资		
其他补助			*入职日期		

（3）职员个人收入调节税按职工的应付工资分级计算，起征额为1 500元，超过部分分为500元、2 000元、5 000元、20 000元、40 000元、60 000元、80 000元和100 000元几段，税率分别为0.05、0.1、0.15、0.20、0.25、0.30、0.35、0.40和0.45，超过2 000元起的各段税款扣除额分别为25元、125元、375元、1 375元、

3 375元、6 375元、10 375元和15 375元。设置一个复杂的计税公式。个人收入调节税的项目名为“所得税”。

(4) 年初某单位职工的工龄工资每人增加2元，如何修改。

(5) 如果某项补贴只有工龄超过30年的老职工才有，为了输入方便，如何设置输入过滤器，快速录入它们的补贴。

(6) 某单位职工类别如下表所示，试设置他们的工资费用分配对应关系（见表5-12）。

表5-12 **工资费用分配对应关系表**

职员类别	工资项目	工资费用科目	应付职工薪酬科目
厂部行政人员			
推销人员			
一车间管理人员			
一车间工人			
二车间管理人员			
二车间工人			
医务人员			
工程人员			

五、综合思考题

通过本章内容的学习与操作实践，谈谈你使用金蝶KIS工资管理系统软件后，对工资核算和管理的计算机处理有了哪些新的体会和感受。你认为软件还有哪些方面的不足需要进一步改进。

固定资产管理部分

一、单项选择题

(1) 固定资产初始卡片，应该在何处录入系统（　　）。

A.在固定资产变动资料窗口录入

B.在【系统维护】的【会计科目】录入

C.在系统初始化的【会计科目】录入

D.在系统初始化的【初始数据】录入

(2) 对于新增一个全新的固定资产，考虑其折旧方法的折旧因素时，比较好的选择是（　　）。

A.按净值和剩余使用期间数计提折旧

B.按原值和预计使用期间数计提折旧

C.按原值和剩余使用期间数计提折旧

D.按净值和预计使用期间数计提折旧

（3）在固定资产变动资料窗口，可以设置条件筛选记录，根据有关固定资产的信息设置条件时，应选择下列哪个图标进行操作（　　）。

A. 　　B. 　　C. 　　D.

（4）录入固定资产其他变动资料，应选择下列哪个图标（　　）。

A.　　B.　　C.　　D.

（5）有关计提固定资产减值准备的时间，下列说法哪个正确（　　）。

A.可以在计提折旧后计提　　B.只能在计提折旧前计提

C.只能在其他变动后计提　　D.只能在其他变动前计提

（6）需要人工调整固定资产的累计折旧时，必须在固定资产其他变动窗口的哪个页面输入调整数（　　）。

A.在【折旧与减值准备信息1】页面　　B.在【折旧与减值准备信息2】页面

C.在【变动信息1】页面　　D.在【变动信息2】页面

（7）假定所作调整不改变剩余使用期间数，那么下列哪种情况，可能会延长折旧期间（　　）。

A.累计折旧调整减少　　B.原值调整增大

C.预计净残值变小　　D.不选【在最后一期把折旧提完】项

（8）有关输入固定资产的本期实际工作量，下列说法哪个正确（　　）。

A.本期要提折旧的所有固定资产都必须录入

B.折旧方法需要工作量的固定资产都必须录入

C.录入的数值超过其剩余工作量则默认为剩余的工作量

D.不输入则默认为其上期的工作量

（9）有关计提固定资产减值准备，下列说法正确的是（　　）。

A.通过录入固定资产其他变动资料实现

B.通过录入固定资产减少资料实现

C.计提固定资产折旧后再做

D.全程计提减值准备的固定资产不再计提折旧

（10）有关固定资产报表，下列说法正确的是（　　）。

A.只有本期所有的变动资料全部入账后才能生成报表

B.所有的报表都要设置会计期间后才能查看

C.计提本期折旧后才能查看

D.并非所有的报表打开前都要设置条件

二、多项选择题

（1）固定资产管理系统的特点是（　　）。

A.单项资产价值高　　B.固定资产分布集中

C.使用时间长　　D.数据量大

E.报表比较少

(2) 固定资产下列哪些变动需要入账（　　）。

A.折旧方法变动　　B.工作总量变动

C.计提减值准备　　D.使用部门变动

E.固定资产原值变动

(3) 固定资产下列哪些变动可能会影响本期的计提折旧额（　　）。

A.固定资产增加　　B.固定资产减少

C.固定资产其他变动　　D.计提固定资产减值准备

E.固定资产批量变动

(4) 在固定资产变动资料窗口，可以选择进行下列哪些处理（　　）。

A.固定资产变动资料录入　　B.固定资产变动资料修改

C.查看已入账的固定资产变动资料　　D.固定资产变动资料入账

E.固定资产变动资料删除

(5) 在录入新增固定资产卡片中，下列哪些信息必须录入（　　）。

A.固定资产名称　　B.固定资产辅助设备

C.固定资产型号　　D.固定资产入账日期

E.固定资产开始使用日期

(6) 在录入固定资产减少资料中，下列哪些信息必须录入（　　）。

A.固定资产代码　　B.固定资产减少方式

C.固定资产原值　　D.固定资产类型

E.固定资产减少日期

(7) 在录入固定资产其他变动资料中，下列哪些信息必须录入（　　）。

A.固定资产代码　　B.固定资产折旧费用科目变动

C.固定资产原值变动　　D.固定资产变动方式

E.固定资产变动日期

(8) 录入固定资产增加或减少资料时要填制有关转账凭证，凭证上的下列哪些信息不能修改（　　）。

A.累计折旧科目的贷方金额　　B.凭证号

C.凭证日期　　D.固定资产减值准备会计科目

E.固定资产科目的借方金额

(9) 对于已入账的固定资产卡片进行复制，下列说法正确的是（　　）。

A.每次只能复制一张卡片　　B.每次可以复制多张卡片

C.可以生成多张凭证　　D.只能生成一张凭证

E.既可以整批复制也可以批内复制

(10) 有关折旧费用分配表，下列说法正确的是（　　）。

A.可以按部门分类　　B.可以按使用状态分类

C.可以按资产类别分类　　D.可以按折旧方法分类

E.可以按使用年限分类

三、简答题

（1）固定资产管理系统有哪些特点？

（2）系统初始设置和日常处理时都要录入固定资产卡片，两者一样吗？简述它们的区别。

（3）录入固定资产变动时为什么要将它与编制记账凭证绑在一起处理？

（4）试比较批内复制与整批复制固定资产卡片的特点。

（5）固定资产日常的哪些业务处理需要入账？

（6）固定资产的批量变动处理有何特点？

（7）固定资产计提折旧后自动转账，需要设置折旧费用分配科目对应关系吗？为什么？

（8）计提折旧时，是否所有固定资产都需要输入它们当月的实际工作量？

四、业务题

（1）怎样打印固定资产卡片？

（2）怎样计提固定资产折旧？

（3）怎样计提固定资产减值准备？

（4）单位一次购买了各3套同一规格的计算机和打印机，怎样把这些变动资料录入系统？

（5）企业把三车间与四车间合并撤销四车间，要不要处理固定资产变动，可以怎样处理？

结转和期末处理部分

一、单项选择题

（1）与自定义自动转账凭证的生成正确性无关的问题是（　　）。

A.调整凭证生成次序　　B.凭证生成条件变化

C.修改生成的凭证　　D.对生成凭证进行审核记账

（2）在设置自动转账凭证时，不存在的转账方式是（　　）。

A.转入　　B.转出

C.按公式转出　　D.按比例转出发生额

（3）期末调汇要调整外币科目的（　　）。

A.原币月末余额　　B.原币发生额

C.本位币月末余额　　D.本位币借方发生额

（4）为保证自动转账凭证数据的正确性，一次生成多张自动转账凭证时必须要（　　）。

A.与被生成凭证中数据计算有关的业务要全部审核记账

B.凭证生成后要逐笔审核其数据是否正确

C.要逐张生成自动转账凭证

D.事先调整好这些凭证生成的先后次序

(5) 各张自动转账凭证转出、转入科目之间的关系是(　　)。

A.转入转出科目都需要设置计算公式

B.转入转出科目都不需要设置计算公式

C.转入科目数额是转出科目数额之和

D.转出科目数额是各转入科目数额之和

(6) 需要用户自行设置的自动转账凭证是(　　)。

A.结转汇兑损益　B.结转净利润　C.分配折旧费用　D.结转损益

(7) 不需要用户自行设置的自动转账凭证有(　　)。

A.提取工会经费　　B.分配制造费用

C.结转完工产品成本　　D.结转损益

(8) 正确的自动转账取数公式种类是(　　)。

A.发生额取数公式　　B.余额取数公式

C.核算项目取数公式　　D.本位币取数公式

(9)"按公式转出"分录是数量核算科目，则需要设置的自动转账取数公式为(　　)。

A.发生额取数公式　　B.余额取数公式

C.原币取数公式　　D.本位币取数公式

(10)"按公式转出"分录是外币核算科目，则需要设置的自动转账取数公式为(　　)。

A.数量取数公式　B.余额取数公式　C.原币取数公式　D.发生额取数公式

(11) 执行结转本期损益功能的前提条件是(　　)。

A.本期全部会计业务都要编制凭证并审核入账

B.一定要在本会计期间最后一天执行本功能

C.一定要在本期结账之后执行本功能

D.一定要在本年度结账之后执行本功能

(12) 进行期末结账处理后，此时系统不允许进行的操作是(　　)。

A.查询、修改前期会计凭证

B.输入本期会计凭证

C.对本期会计凭证进行审核、记账操作

D.输入下期会计凭证

二、多项选择题

(1) 为了保证自定义自动转账凭证的正确性，生成时必须注意的问题包括(　　)。

A.凭证的生成次序　　B.凭证的生成条件是否满足

C.补充输入某些辅助信息　　D.查询生成的凭证是否正确

E.对该凭证审核记账

（2）期末处理是金蝶KIS账务系统最重要的组成部分，主要工作包括（　　）。

A.凭证处理　　B.期末调汇　　C.自动转账　　D.结转本期损益

E.期末结账

（3）系统执行期末调汇的前提条件具体包括（　　）。

A.所有涉及外币收支业务的凭证要输入系统

B.所有涉及外币收支业务的凭证要审核记账

C.所有涉及外币收支业务的凭证是按月初汇率记账

D.会计科目属性事先要设定为“期末调汇”

E.所有涉及外币收支业务的凭证是按当日即时汇率记账

（4）自动转账凭证的每笔会计分录必须符合的条件有（　　）。

A.必须是最底层会计科目

B.转入会计科目必须是一个

C.转出分录可以选择“按比例转出余额”

D.转出分录只能选择“按公式转出”

E.转入会计科目如果是多个，必须按比例分配转入金额，且分配比例之和为100%

（5）金蝶KIS计算公式的类型包括（　　）。

A.账上取数　　B.表间取数　　C.运算函数　　D.日期字段取数

E.通配符取数

（6）一次生成多张自动转账凭证时需要注意的事项包括（　　）。

A.事先调整好这些凭证生成的先后次序

B.转出分录一定要选择“包含未记账凭证”

C.生成后要逐笔审核其数据是否正确

D.自动转账凭证最好逐张生成

E.与生成凭证数据计算有关的业务最好全部审核记账

（7）各张自动转账凭证转出、转入科目之间的关系有（　　）。

A.转入转出科目要同时存在

B.转入转出科目都不需要设置计算公式

C.转入科目数额是转出科目数额之和

D.转出科目数额是各转入科目数额之和

E.转入转出科目都必须是最底层明细科目

（8）需要用户自行设置的自动转账凭证有（　　）。

A.结转汇兑损益　　B.分配折旧费用

C.结转已售产品成本　　D.结转损益

E.结转净利润

（9）自动转账取数公式种类有（　　）。

A.发生额取数公式　　　　B.余额取数公式

C.原币取数公式　　　　D.本位币取数公式

E.数量取数公式

(10)“按公式转出”分录是数量核算科目，则需要设置的自动转账取数公式为（　　）。

A.发生额取数公式　　　　B.余额取数公式

C.原币取数公式　　　　D.本位币取数公式

E.数量取数公式

三、简答题

(1) 如何设置自动转账凭证？请举例说明其操作步骤和方法。

(2) 结转本期损益的意义是什么？金蝶KIS如何结转本期损益？

(3) 期末结账的前提和后果是什么？

(4) 举例说明如何利用金蝶KIS进行期末调汇？执行期末调汇的前提条件是什么？

(5) 期末处理有哪些功能？它们之间的处理次序如何？

(6) 期末调汇生成的凭证借“财务费用——汇兑损益”科目，贷“银行存款外币”科目，请举例说明其具体含义。

(7) 请举例说明生成自动转账凭证的操作步骤和方法。

(8) 请你说明如何保证一次生成多张自动转账凭证的正确性。

(9) 请列举金蝶KIS可以实现哪些不需要用户设置的自动转账业务？

(10) 反过账功能在什么情况下使用，使用该功能的限制条件都有哪些？如何进行反过账操作？

(11) 反结账功能在什么情况下使用，使用该功能的限制条件都有哪些？如何进行反过账操作？

(12) 计算并结转本期损益由系统自动进行，不需要用户设置科目和计算公式，这样做的目的是什么？结转损益都涉及哪些科目？

四、业务题

(1) 本月方向盘完工7 000个，在产品600个，完工程度50%，请设置结转方向盘完工产品成本的自动转账凭证（见表5-13）。

表5-13　　　　自动转账凭证

自动转账凭证名称：　　　　凭证字：　　　　转账期间：

摘要	科目	借或贷	转账方式	本位币金额公式

（2）请设置按应收账款目前余额的2%计提坏账准备的自动转账凭证（见表5-14）。

表5-14　　　　　　　　　　　　　**自动转账凭证**

自动转账凭证名称：　　　　　　　凭证字：　　　　　　　转账期间：

摘要	科目	借或贷	转账方式	本位币金额公式

五、综合题

（1）请你谈谈学习使用金蝶KIS自动转账功能的体会和需要进一步改善的问题。

（2）请指出金蝶KIS期末处理与手工会计相比的优越性和需要进一步改善的问题。

（3）请举例金蝶KIS的各项会计核算业务之间是如何实现“无缝连接”的？你知道金蝶KIS都有哪些实现各项会计业务之间数据共享的措施？

往来业务部分

一、单项选择题

（1）合同管理（　　）会计业务的范围，我们主要需要了解它的处理程序、合同内容以及与往来管理的关系。

A.属于　　　　　　　　　　　　B.不属于

C.和往来管理结合起来就属于　　　D.以上说法都不正确

（2）要实现口常往来业务核算，在进行某些科日设置时，要（　　）。

A.将该科目核算项目设置成【部门】

B.选择【往来业务】辅助核算

C.在辅助核算中选择【多核算项目】

D.设置其下级明细科目

（3）要实现日常往来业务核算，这些往来科目要设置成（　　）。

A.【结算类】科目

B.在辅助核算中选择【多核算项目】

C.选择【数量金额】辅助核算

D.选择【往来单位】或【往来个人】核算项目

（4）要实现日常往来业务核算，在初始设置时，要（　　）。

A.在辅助核算中选择【单一核算项目】

B.将该科目设置成【结算类】科目

C.设置其往来明细科目

D.在核算项目中设置【往来单位】或【个人往来】明细

(5) 要实现日常往来业务核算，在录入初始数据时，要（　　）。

A.输入启用账套时尚未清偿的每一笔往来业务明细

B.在“人民币”画面输入该往来科目期初余额

C.只需输入往来科目目前的余额

D.除了输入往来科目期初余额之外，还要输入该科目本年累计借方和贷方发生额

(6) 被自动核销的往来业务的核销栏标记是（　　）。

A.“√”　　B.“已核销”　　C.“*”　　D.“是”

(7) 核销的同一科目同一项目代码的往来业务，其主要核销依据是（　　）。

A.金额相等，借贷方向相反

B.往来业务编号相同

C.金额相等，借贷方向相同

D.往来业务编号和发生金额都必须相同

(8) 手工核销往来业务，对金额相等、借贷方向相反、同一科目和核算项目代码（包括多级）的业务，采用（　　）的方法。

A.单击鼠标左键　　B.单击鼠标右键

C.双击鼠标左键　　D.双击鼠标右键

(9) 往来账龄分析主要是用来对设置为往来核算科目的（　　）进行分析。

A.往来款项清偿情况　　B.应付账款归还情况

C.应收账款收取情况　　D.往来款项余额的时间分布情况

(10) 合同的兑现信息是指（　　）。

A.合同在执行过程中的货币支付情况　　B.合同执行情况

C.合同的修改变化情况　　D.合同欠款情况

二、多项选择题

(1) 在核销往来业务时，可设定的核销条件有（　　）。

A.会计科目　　B.项目类别　　C.项目代码　　D.币别

E.截止日期

(2) 在进行往来账龄分析时，可设定的账龄分析条件有（　　）。

A.会计科目　　B.币别　　C.核算项目　　D.账龄分组

E.截止日期

(3) 系统自动核销往来业务的原则是（　　）。

A.余额为零　　B.结算日期相同

C.往来业务编号相同　　D.科目及核算项目（包括多级）相同

E.借方和贷方金额相等

(4) 往来管理的主要功能包括（　　）。

A.往来对账单查询　　B.应收款管理

C.应付款管理　　D.账龄分析

E.核销往来业务

（5）金蝶KIS将往来管理和合同管理设计在一个模块里，可以实现（　　）。

A.业务管理部门与财务的往来核对

B.适时查询合同的兑付情况

C.有利于调度结算资金，降低偿债风险

D.及时清偿往来款项

E.有利于减少或避免坏账损失

（6）使用“核销往来”业务模块的前提条件是（　　）。

A.往来凭证已经输入　　B.往来业务凭证已经审核

C.往来业务凭证已经过账　　D.往来业务已经清偿

E.会计科目被设为“往来业务核算”科目

（7）要实现某些科目的日常往来业务核算，例如进行账龄分析、往来对账等，在进行初始设置时要（　　）。

A.设置其下级明细科目

B.该科目要选择【往来业务】辅助核算

C.在【核算项目】中设置【单位往来】或【个人往来】明细

D.将该科目核算项目设置成【单位往来】或【个人往来】

E.在初始数据录入时输入启用账套时尚未清偿的每一笔往来业务明细

（8）在核销往来业务条件过滤窗口，可选择的条件包括（　　）。

A.核算项目　　B.会计科目　　C.币别　　D.会计期间

E.项目代码

（9）在【往来对账单查询】条件输入窗口，需选择输入的条件有（　　）。

A.核算项目类别　　B.会计科目　　C.排序方式　　D.截止日期

E.项目代码范围

（10）【新增合同】的功能包括（　　）。

A.录入合同　　B.审核合同　　C.打印合同　　D.引入合同

E.引出合同

三、简答题

（1）已将1122应收账款设置为往来单位核算科目，是否还要设置其下级明细科目？如不设下级明细科目，那么如何实现往来单位的明细核算？

（2）请说明往来业务初始数据录入的主要内容和方法。

（3）请说明往来核算和管理的主要内容和意义。

（4）请说明核销往来业务的步骤和方法。

（5）系统自动核销往来业务的原则有哪些？

（6）请说明往来业务编号的意义和作用。

（7）请说明往来对账单查询的意义和方法。

（8）请说明往来对账单查询有哪些可供选择的条件及各条件的意义。

（9）请说明往来业务核销与账龄分析之间的关系。

（10）请说明合同管理模块的功能及处理流程。

（11）举例说明合同的种类和相对应的“兑现科目”的意义。

（12）请说明合同兑现信息的内容和输入方法。

四、业务题

（1）20××年12月31日，要对“1122应收账款”进行账龄分析，请填写下面的账龄分期表（见表5-15）：

表5-15 **账龄分期表**

会计科目	截止日期	币别	1至60天	61至180天	180天以上

（2）如果要求浏览/查询“1122应收账款”下属所有的11个单位往来对账单，请填写下表（见表5-16）：

表5-16 **往来对账单**

会计科目	项目类别	项目代码	截止日期	币种	包含未过账资料	包括已核销资料	不需要小计

五、综合题

（1）请你谈谈金蝶KIS往来核算和管理模块的优点和需进一步改进之处？

（2）试述在计算机会计环境下的会计核算、财务管理工作的变化及我们应采取的对策。

（3）如何实现不同企业管理软件之间的数据共享问题？

第6章　报表与财务分析

学习目标

通过本章的学习，你将掌握：

1.报表系统有关基本概念

2.会计信息系统报表管理系统的种类、特点和功能

3.掌握报表格式设计和公式设置的方法

4.能够编制会计报表

5.能够编制自定义会计报表

6.1　会计报表系统概述

6.1.1　会计报表介绍

会计报表是以货币为计量单位，反映企业在某一时点的资产状况，综合反映企业财务状况和经营成果的书面文件。编制会计报表的目的是向会计报表的使用者提供对经营决策有用的会计信息。会计报表的使用者包括投资者，债权人，金融机构，财政、审计、税收等相关部门，还有潜在的投资者和债权人。一般说来，会计报表按照用途可划分为两类：

1）对外的会计报表

按照我国会计制度的规定，企业的会计报表主要包括：资产负债表、利润表、现金流量表和各种相关附表及附注。

（1）资产负债表是反映企业在某一特定日期财务状况的报表，它是根据“资产=负债+所有者权益”的会计平衡公式编制的，资产负债表应当按照资产、负债、所有者权益（或股东权益）分类分项列示，以表明企业在某一特定日期所拥有或控制的经济资源、所承担的经济义务和所拥有的权益。通过对资产负债表的分析，可以了解企业当前的偿债能力和未来的经济前景。

（2）利润表是反映企业一定时期内（年度、季度、月度）经营成果（利润或亏损）的报表。企业应当按照各项收入、费用以及利润的各个项目分类分项列示，并计算出企业当期的利润（或亏损）总额。通过对利润表的分析，可以考核企业的获利能力，分析企业利润增减变动的原因。

（3）现金流量表是反映企业在一定会计期间现金和现金等价物流入和流出的报表。现金流量表是年度会计报表，其应当按照经营活动、投资活动、筹资活动的现金流量分项列示，以反映企业在一定时期经营活动、投资活动和筹资活动的现金流入量、现金流出量等动态指标。

（4）会计报表的相关附表是反映企业财务状况、经营成果和现金流量的补充报

表，主要包括利润分配表、资产减值准备明细表、所有者权益增减变动表、应交增值税明细表等附表。

（5）会计报表附注是为了方便会计报表使用者理解会计报表的内容而对会计报表的内容及主要项目所作的解释，如重要会计政策变更对财务状况和经营成果的影响，或有事项和资产负债表日后事项的说明，关联方关系及其交易的说明，重要资产转让及其出售情况，企业的合并、分立，重大的投资、融资活动等。

2）内部管理报表

企业为了经营管理的需要，常常需要编制适应企业内部经营管理需要的会计报表，这部分会计报表不需要企业对外公开，对企业经营而言有一定的保密性。如销售日报表、费用分配表等。这类报表没有统一的格式，也没有统一的指标体系，企业完全结合自己的管理需要来设置不同的格式，具有很大的灵活性。

6.1.2 编制会计报表应遵守的原则

由于会计报表是在会计电算化信息系统各模块处理的数据基础上按一定的格式和指标体系而编制的，因此应用会计报表管理系统也应该遵守一定的原则和规范。应该遵守的原则和规范包括：

（1）内容必须完整。凡是会计制度规定的应该予以报送的会计报表必须全部编制，不能漏编、漏报，会计报表项目应该无一漏缺地填列。

（2）会计报表的数据必须真实。在编制会计报表前，各项本期内的会计业务必须在其他模块中处理完毕。会计报表的数字应该根据会计电算化信息系统提供的各个数据如实填制，不得估计和推算。编制会计报表时，所用的计算方法应该前后统一，报表与报表之间的数据必须相互衔接，账表数据一致。

（3）会计报表处理与报送的及时性。平时做好各功能模块的会计核算工作，定期进行对账、结账工作，确保报表数据的准确性和完整性。只有这样才能有助于提高会计报表使用的时效性。

（4）对外报表的规范性。会计报表系统提供了打印输出功能，打印输出的会计报表的格式和内容应该符合国家统一会计制度的规定。会计分析使用的财务指标也要有规范性，如比率分析指标要使用财政部公布的评价企业的多项财务指标。报表管理系统的输出是为了满足经营管理和预测、决策的需要。输出信息的规范性是便于使用者的理解。

（5）对内报表的灵活性。企业对内的会计报表与对外的会计报表相比有很大灵活性，不同的管理单位通常具有不同的报表内容、格式、编制要求和编制依据，企业也可以根据管理的不同需要而改变报表。

（6）报表数据的不可修改性。“对根据机内会计凭证和据以登记的相应账簿生成的各种机内会计报表数据，会计核算软件不能提供直接修改功能”，这是《会计核算软件基本功能规范》的规定。报表数据的变动只能依靠数据来源的变动而变动。

（7）报表及分析有较强的可视性。会计报表系统在报表功能的基础上，利用图表分析功能可以对编制的各种报表进行各种分析，包括数据分析和图形分析，做到图文并茂。同时，这也提高了财务会计工作的自动化程度。

6.2　金蝶KIS报表与分析

金蝶KIS专业版报表与分析系统，如图6-1所示，主要功能是对目前企业对外报送的三大主表——资产负债表、利润表和现金流量表进行管理，还可以管理用户自定义的各种多语言版本的上述报表及企业内部使用的用户自定义的各类管理报表。

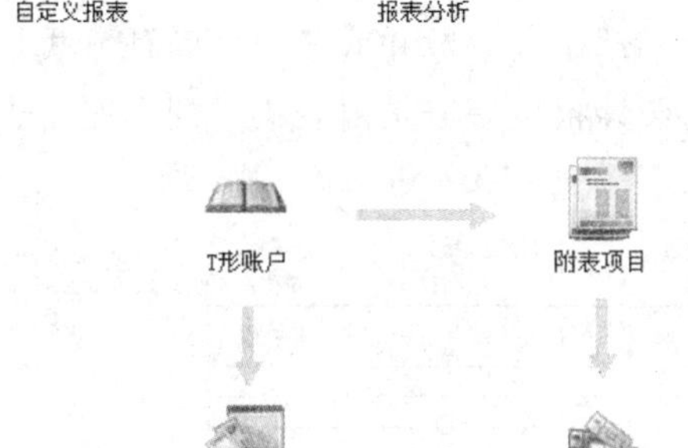

图6-1　金蝶KIS专业版报表与分析系统

6.2.1　自定义报表

自定义报表的流程如图6-2所示。

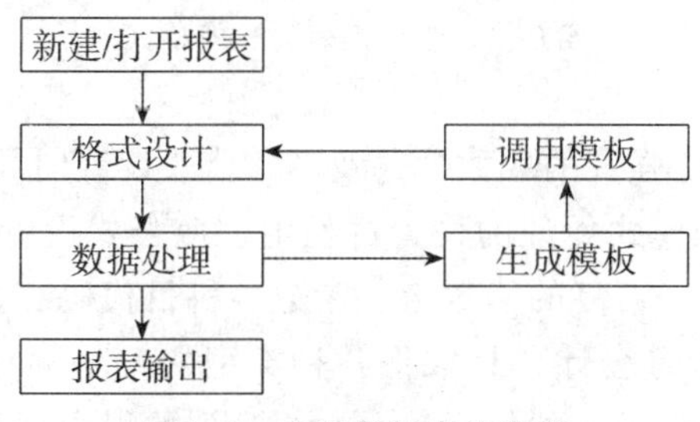

图6-2　自定义报表的流程

1）报表的一般格式

金蝶KIS提供类同Microsoft Excel报表处理的功能，表头、表尾、表体格式可任意设定，十分灵活，软件还利用系统所提供丰富的取数公式，方便灵活地设计报表。主要表现在：

（1）实现打开时即时调入上次计算结果、上次计算时间，并可浏览、打印报表而无需重新计算，大大提高了工作效率，并随时保存报表计算结果。

（2）编辑表体时，实现表内任意单元融合；单元（含融合单元）实现任意斜线组合，并可随行高、列宽的任意调整而自动变化。

（3）行、列单元属性实现对齐方式，数字格式，前景、背景灵活设置以及单元边框四边进行不同颜色设置；同时还可对行或列冻结、列宽锁定、超界警告。

（4）自动/手动计算方式，使得单元格式公式在选用手动计算方式时被修改后，不致引发报表重新计算；直至单元公式编辑完后再重新计算。

（5）即时终止计算，报表计算过程中可实现即时终止计算。

（6）独立保存报表打印设置，每一报表实现按当前所配置的打印机独立保存打印类型、页面大小、纵横选择参数，在打开报表后，系统自动调入这些打印参数，从而避免以前版本当打印另一报表时可能要求更改打印设置的苦恼。

（7）鼠标拖放操作，可实现单元内容拖动及单元公式拖拉填充。

（8）单元取数公式分为手动录入取数和取数向导两种方式。

在实际工作中，常用的会计报表一般是由表头、列标题、表体、附注、表尾几项构成，如图6-3所示。

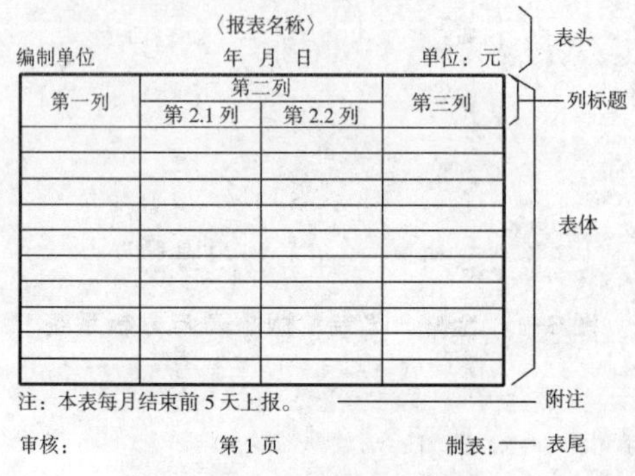

图6-3　会计报表的一般格式

2）报表取数公式

金蝶KIS提供了功能强大的取数公式及其“公式设置向导”，可以用在自定义报表格式设计、自动转账模式凭证的设置过程中，使公式设置直观简单、灵活方便，用户不必记忆大量枯燥、繁复的函数名、参数、科目代码、金额类型等。取数公式设置后，可以从各级所有会计科目取得各种类型的发生额和余额、数量、外币金额，可以从所有各期会计报表的任意单元、行、列取得数据，同时系统会自动根据单元中的运算公式计算获得各种非原始数据项，并可按设置的勾稽进行平衡验算。

为便于读者和用户使用查阅，现将金蝶软件的有关报表和账务取数公式集中说明如下：

（1）科目取数公式。在各个子系统中选择【插入】→【函数】操作，系统将所有的报表函数列出，选择【金蝶报表函数】中的ACCT函数，双击鼠标左键，系统将弹出定义公式的界面，如图6-4所示。

这些函数的应用类似于Excel，有些函数是KIS所特有的，其中最为重要的是

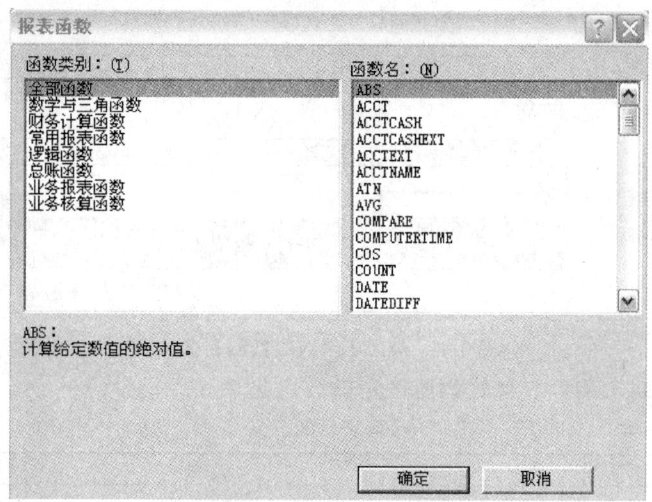

图6-4　金蝶报表函数列表

ACCT函数，如图6-5所示。

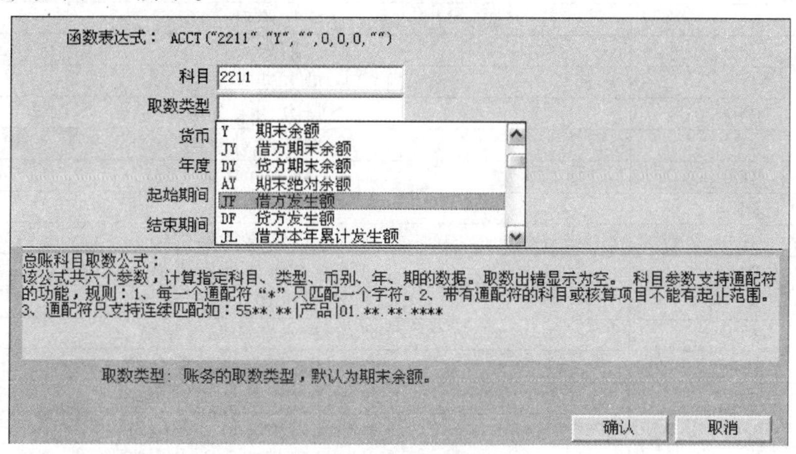

图6-5　ACCT函数

首次使用可采用向导自动生成科目与核算项目参数，在科目录入框内单击F7，显示内容如图6-6所示。

生成的公式描述如下：科目公式="科目代码1：科目代码2|项目类别|项目代码1：项目代码2|项目类别|项目代码1：项目代码2"。

式中""中的内容用于存放用户所选择的科目和核算项目代码。公式中的科目代码、项目类别和项目代码，在字符"|"和"："的分隔下可以进行20种组合，得到不同范围的科目和核算项目。例如，函数表达式ACCT（"：1230|客户|003："，"C"），表示科目代码小于或等于1230，下设科目核算项目客户，客户代码大于或等于003的本位币的期初余额。函数表达式ACCT（"2211|职员|0001：0012"，"Y"），表示科目代码为2211，下设科目核算项目职员，职员代码在0001到0012

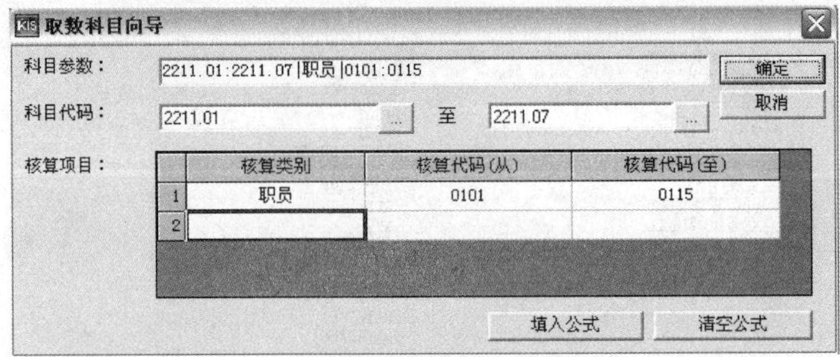

图6-6 ACCT函数取数科目向导

之间的本位币期末余额。各代码所表示的含义见表6-1。

表6-1 代码表示的含义

代码	说明
C	期初余额
JC	借方期初余额
DC	贷方期初余额
AC	期初绝对余额
Y	期末余额
JY	借方期末余额
DY	贷方期末余额
AY	期末绝对余额
JF	借方发生额
DF	贷方发生额
JL	借方本年累计发生额
DL	贷方本年累计发生额
SY	利润表本期实际发生额
SL	利润表本年实际发生额
BG	取科目本年最高预算余额
BD	取科目本年最低预算余额
BJG	本期最高预算借方发生额
BDG	本期最高预算贷方发生额
TC	折合本位币期初余额
TJC	折合本位币借方期初余额
TDC	折合本位币贷方期初余额
TAC	折合本位币期初绝对余额
TY	折合本位币期末余额
TJY	折合本位币借方期末余额
TDY	折合本位币贷方期末余额
TAY	折合本位币期初绝对余额
TJF	折合本位币借方发生额
TDF	折合本位币贷方发生额
TJL	折合本位币借方本年累计发生额
TDL	折合本位币贷方本年累计发生额
TSY	折合本位币利润表本期实际发生额
TSL	折合本位币利润表本年实际发生额

公式中可直接指定期间数，分别录入<起始期间>和<结束期间>，若不选则系统默认为本期。若写入数值，各数值所表示的意义如下：0表示本期，-1表示上一期，-2表示上两期，以此类推。

可直接指定年度，如2003，若不选则系统默认为本年。若写入数值，各数值所表示的意义如下：0表示本年，-1表示前一年，-2表示前两年，以此类推。

币别代码，如RMB，若不选则系统默认为综合本位币。可直接录入币别代码或按F7选择。

（2）数量取数。数量取数标志与科目取数标志基本一样，只是前面加一个字母"Q"，现整理成表6-2。另外，核算项目也可以进行数量取数。

表6-2 **数量取数标志表**

	期初	期末	当期	本年累计
结存数量	QC	QY		
收入数量			QJF	QJL
发出数量			QDF	QDL

（3）表内单元取数。

=单元1+［［单元2］+…］

表内数据归集公式及其函数说明见表6-3，可对报表矩形区域内所有单元进行求和、求平均值等操作，该区域内各单元必须是数值单元。该区域是以"起始单元"为左上角单元，"终止单元"为右下角单元的一个连续区域。

表6-3 **表内数据归集公式及其函数说明**

函数名称	函数格式	说明
求和公式	=SUM（起始单元：终止单元）	求指定区域所有数值单元的和
求平均值	=AVG（起始单元：终止单元）	求指定区域所有数值单元的平均值
舍位函数	=ROUND（X，小数位数）	保留X为指定小数位数，下一位四舍五入
计数公式	=COUNT（起始单元：终止单元）	对指定区域所有单元统计个数
求最大值	=MAX（起始单元：终止单元）	求指定区域所有数值单元中的最大值
求最小值	=MIN（起始单元：终止单元）	求指定区域所有数值单元中的最小值

（4）表间取数公式。

=表名|单元

如果表名中含有空格或一些特殊字符，可用方括号"［"和"］"将表名括起来，这样可以避免取数时出错。建议在使用表间取数公式时，最好使用方括号将表名括起来，这样可以保证取数公式的可靠性。

6.2.2 财务分析

1）资产负债分析

金蝶KIS资产负债分析是对企业截至报告期的资产、负债及所有者权益的结构、比例及变化趋势等情况进行的分析。对企业的资产负债分析又可分为结构分析、比较分析、趋势分析、比率分析等四种分析方法。

(1) 结构分析。对企业资产、负债及所有者权益中每一具体项目占该类项目的比重以及与总体项目的结构关系进行分析，从而揭示该类财务指标的结构是否合理。

(2) 比较分析。对企业同口径（指标名称相同、计算方法相同）指标在任意两个会计期间（或一个会计期间与它的预算值之间）进行比较，借以反映其增减变动情况。

(3) 趋势分析。反映企业某一财务指标，如资产总计、流动资产合计、银行存款等在年度之间、年度内月份之间、季度之间变化的趋势。

(4) 比率分析。反映企业资金运作和财务状况的主要指标，如流动资产周转率等。

以报告式资产负债表为分析基础进行各种财务分析。对企业截至报告期的资产、负债及所有者权益的结构、比例及变化趋势等情况进行分析。

2）财务指标分析

金蝶KIS设置了能反映企业财务状况、资金运作能力、偿债能力及盈利能力的19个财务指标。通过对这些指标的分析，可以对企业的财务状况和经营成果进行总结，并为以后的生产经营活动提供宝贵的经验和素材。

3）利润分析

利润分析是对企业本期、本年累计及任一会计期间的盈利状况和盈利能力进行的分析。对企业的利润分析也可分为结构分析、比较分析、趋势分析、比率分析等四种分析方法。

(1) 结构分析。能揭示企业本期或本年累计利润结构和盈利状况。

(2) 比较分析。对企业同口径指标在任意两个会计期间（或一个会计期间与它的预算值之间）进行比较，说明其增减变动情况。

(3) 趋势分析。对任何一个利润指标如营业收入、毛利、利润总额、净利润在年度内、年度间的变化趋势进行分析。

(4) 比率分析。对反映企业盈利能力的主要指标如销售利润率、流动资金利用率、全部资金利用率、资本利用率等进行分析。

操作方法与资产负债分析报表相同。

4）自定义报表分析

考虑到企业生产经营活动各具特色，企业可能按自己的方式设置分析内容。本系统提供了自定义报表分析功能，从而满足企业这方面的需求。

企业可以根据需要设置任何分析报表的分析指标（只要账务系统可取到数），系统即可对所设的报表进行分析，并相应显示直方图、圆饼图等对应的图示。例如，企业如果要制作一张成本趋势分析表，则只要在自定义报表分析设置里设置项目，按系统设定的方式定义每个项目的取数来源。设置完毕后，打开报表即可得到分析报表并可作分析图。

小　结

会计报表是以货币为计量单位，总括反映企业在某一时点的资产状况以及一定时期内的财务状况和经营成果的表式报告，是会计信息系统的重要组成部分。金蝶KIS不仅能提供财务会计规范性报表，同时还提供了设置灵活的自定义报表。自定义报表类似于微软公司的Excel，不同点在于金蝶自定义报表可以进行取数设置，这样就使得账表自动结合。

同时，金蝶KIS根据目前国内外财务分析的基本原理，尤其是我国财务分析的基本原理和方法，提供了对企业的财务状况、资金运作状况、损益状况以及其他用户要求的任何经济活动的结构、比较、趋势、比率等方面的分析，并将每一分析结果以文字、数字、图形等多种形式显示输出。

关键术语

自定义报表：在该模块中，金蝶KIS提供类同Microsoft Excel报表处理的功能，表头、表尾、表体格式可任意设定，十分灵活，软件还利用系统所提供丰富的取数公式，方便灵活地设计报表。

取数公式：自定义报表中的数据录入和表间取数，如果输入的内容以“=”号开头，则系统自动定义该单元为取数公式。取数公式的类型包括：科目取数公式、数量取数、表内单元取数、表间取数公式等。

实验十　自定义报表和财务分析

1.实验要求

本次上机实验主要通过设置和编制“管理费用明细表”来体会“自定义报表”的功能、特点和操作方法，从而了解编制自定义报表的程序和方法；查询、修改资产负债表和利润表；进行资产负债分析、利润分析、主要财务指标分析和自定义报表分析，进而了解软件的功能，学会得心应手地操作使用本软件，较好地完成报表编制和财务分析工作。

本次实验主要完成如下任务：

1）管理费用明细表结构及编制方法分析

2）编制管理费用明细表

3）查询、修改其他会计报表

4）资产负债分析

5）利润分析

6）主要财务指标分析

7）自定义报表分析

8）结账并备份账套

2.实验资料

管理费用明细表结构见表6-4。

表6-4　　管理费用明细表会工附表6

单位：大连兴海公司　　编制日期：2017年12月31日　　金额单位：元

项目	本年计划	本年实际	超支或节约金额	超支或节约（%）
培训费				
工资				
福利费				
差旅费				
退休职工医药费				
印花税				
印刷费				
交际应酬费				
拖车费				
电话费				
交通补贴				
养路费				
工会经费				
水费				
电费				
坏账损失				
咨询费				
通勤费				
劳保统筹				
折旧				
合计				

3.实验指导

1）管理费用明细表结构及编制方法分析

在动手编制报表之前，应先阅读教材“自定义报表和财务分析”、帮助文件“金蝶软件取数公式”，掌握报表的基本结构、如何建立新报表、如何定义报表的属性和格式、如何编辑报表取数公式等，以了解编制报表的基本知识。

我们准备编制的管理费用明细表共22行5列，其中第一行为栏目标题，分别为“项目”“本年计划”“本年实际”“超支或节约金额”“超支或节约（%）”，最后一行为合计，其他各行项目名称按“管理费用”明细科目来设置，单位名称为“大连兴海公司”，编制日期为“2017年12月31日”，金额单位为“元”。

报表中的“本年计划”数用键盘直接输入，“本年实际”数取自“管理费用”各明细科目本年累计，“超支或节约金额”=本年实际-本年计划，“超支或节约（%）”=超支或节约金额/本年计划×100%，合计为各行金额之和。

2）编制管理费用明细表

（1）定义报表属性。以财务主管身份进入系统，在【报表与分析】窗口，单击【自定义报表】按钮，单击【新建】，进入报表编辑界面。打开【属性】菜单，选择定义【报表属性】，输入报表名称“管理费用明细表”，设定报表总行数为22，总列数为5，单击“确定”。

（2）编辑页眉页脚。单击【属性】菜单，选择【报表属性】选项，点击【页眉页脚】，再依次编辑页眉页脚。先编辑页眉1，点击【报表名】，输入“管理费用明细表”；编辑页眉2，输入“会工附表6”；编辑页眉3，输入单位名称“大连兴海公司”，同时点击【日期】按钮，输入报表编制日期“2013-12-31”，输入“金额单位：元”。

（3）定义列属性。将光标定位在A列，单击【属性】菜单，选择【列属性】选项，依次定义各列属性：A列宽“450”，文本水平对齐方式【居中】，数字格式【常规】；B、C、D、E列宽“350”，水平对齐方式【靠右】，数字格式【数值】的第2种格式（E列数字格式选【百分比】的第1种格式）。

（4）输入报表表样文字。在第一行依次输入各列标题：“项目”“本年计划”“本年实际”“超支或节约金额”“超支或节约（%）”。将光标定位于A1单元，单击【属性】菜单，选择【单元属性】选项，文本水平对齐方式【居中】，数字格式【常规】，依次定义B1、C1、D1、E1各单元属性，使各列标题能居中显示。

依次输入管理费用各项目名称，如“培训费”“工资”…“折旧”“合计”。

（5）依次输入本年计划数（假定手工输入）。在B2单元即培训费输入7 000，B3单元输入40 000，B4到B21依次为：5 000、5 000、4 000、4 000、3 000、5 000、2 000、12 000、600、4 000、1 000、600、1 000、1 500、15 000、2 000、10 000、40 000。

（6）编辑报表取数公式。

①输入本年实际（C列）取数公式：在C2单元输入“=<660201>.SL”，用F7键调用【公式向导】帮助输入公式。从C3到C21，可用鼠标拖动填充功能自动输入下面各单元的取数公式。

②输入本年计划和本年实际“合计”行的取数公式。

③在B22单元输入“=SUM（B2：B21）”，求B2到B21各单元之和，即B2+

B3+…+B21；在C22单元输入“=SUM（C2：C21）”。

④输入“超支或节约金额”（D列）取数公式。

⑤在D2单元输入“=C2-B2”，从D3到D22（包括合计行），可用鼠标拖动填充功能自动输入下面各单元的取数公式。

⑥输入“超支或节约（%）”（E列）取数公式。

⑦在E2单元输入“=D2/B2”，从E3到E22（包括合计行），可用鼠标拖动填充功能自动输入下面各单元的取数公式。

⑧重新计算报表。

⑨打印设置和预览。打开【文件】菜单，选择【打印设置】，选择【横向】打印；按【打印预览】按钮，观察打印的报表结果。

3）查询、修改其他会计报表

（1）查询、修改资产负债表。在【报表与分析】系统中，选择【资产负债表】并打开它。可调用显示计算公式、显示报表数据、查询报表属性等功能，查询、修改资产负债表。

修改报表计算公式，用户可以根据不同的需要对资产负债表进行修改，包括对报表属性、项目、格式、计算公式等的修改。如系统预设的资产负债表模板的计算公式有两处错误，即G38单元原来的公式是“=G33+G35+G37”，应改为“=G33+G34+G35+G37”；同理，H38单元原来的公式是“=H33+H35+H37”，应改为“=H33+H34+H35+H37”。也就是说，股东权益合计=实收资本净额+资本公积+盈余公积+未分配利润，而预设的公式少加了“资本公积”。

编制报表审核公式，即利用“资产总计=负债及所有者权益总计”，以分别检验年初数和期末数是否正确。设置两个试算平衡公式：C39=G39，D39=H39，并审核该表。

引出资产负债表数据为Excel文件，打印资产负债表计算公式。

（2）查询、修改利润表。在【报表与分析】系统中，选择【利润表】并打开它。调用显示计算公式、显示报表数据、查询报表属性等功能查询、修改利润表。

首先，需要调整列宽，否则会造成显示时溢出。其中，A列宽“500”；B列宽“100”，文本格式【水平居中】；C、D列宽“400”，文本格式【水平靠右】，数字格式【数值】第2种。

大家注意C16、D16的计算公式已经修改，否则该行不能从所得税费用科目取得数据，导致净利润数值错误。重算报表并观察之，其他操作同资产负债表。

4）资产负债分析

进入【报表与分析】系统，选择【资产负债分析】，查看数字表格式资产负债分析情况。单击【条件】按钮，分别选择【结构分析】、【比较分析】、【趋势分析】方法，单击【图形】按钮，分别选择【资产】、【负债】、【所有者权益】构成图，观察并分析其结果。再单击【条件】按钮，分别选择二维或三维饼图、加标注线等选项，观察图形的变化。

5）利润分析

进入【报表与分析】系统，选择【利润分析】，查看表格式利润分析情况。单击【条件】按钮，分别选择【结构分析】、【比较分析】、【趋势分析】方法，单击【图形】按钮，分别选择【收入】、【支出】构成图，观察并分析其结果。再单击【条件】按钮，分别选择二维或三维饼图、加标注线等选项，观察图形的变化。

6）主要财务指标分析

进入【报表与分析】系统，选择【财务指标分析】，查看本年利润增长额、本年利润增长率、净利润率、营业利润率、毛利率、成本费用率、投资报酬率、流动资产周转率、固定资产周转率、全部资金周转率、流动资金利用率、流动资金利润率、固定资产利润率、全部资金利润率、流动比率、资产负债率、股东权益比率等主要财务指标，以了解企业具体的财务状况。

7）自定义报表分析

进入【报表与分析】系统，选择【自定义报表分析】，单击【新建】按钮，建立【管理费用明细分析表】。将【管理费用】各明细科目名称作为分析项目，计算公式取【管理费用】各明细科目实际发生额。设置公式时，可按F7键帮助，数据来源选【实际发生额】。

注意：该表公式不用输入"="和账务函数名，只输入科目代码。

删掉"交通补贴"一行（因其没有发生额），最末增加管理费用"合计"行作为基数求和，并设定求和范围。

点击【图形】和【条件】按钮，分别选择分析方法、图形及图形形式，然后观察分析结果。

8）结账并备份账套

习题与案例

一、单项选择题

（1）编辑自定义报表某单元计算公式的确认键是（　　）。

A."√"键　　B."="键　　C."×"键　　D."?"键

（2）在自定义报表中，被称为"页脚"的报表要素是指（　　）。

A.报表名称及编制单位等　　B.报头栏目标题

C.表中固定不变的表样文字　　D.表末编制人及附注等

（3）在金蝶KIS软件财务分析系统中，适用于结构分析的图形是（　　）。

A.面积图　　B.二维或三维饼图

C.折线图　　D.二维或三维直方图

（4）金蝶KIS会计软件可以提供的财务分析指标数为（　　）。

A.19个　　B.22个　　C.30个　　D.32个

（5）在财务分析—比较分析功能下，可选择的分析方法不包括（　　）。

A.与上年同期比较　　B.与预算数比较

C.与年初数比较　　D.与指定基期比较

（6）在财务分析—趋势分析功能下，可选择的分析方法不包括（　　）。

A.相对数分析　　B.绝对数分析

C.定基分析　　D.环比分析

（7）金蝶KIS事先给用户提供了已设置好的、最主要的两张对外会计报表是（　　）。

A.资金平衡表和利润表　　B.资产负债表和利润表

C.资产负债表和现金流量表　　D.资金平衡表和财务状况变动表

（8）金蝶KIS在会计报表和财务分析系统提供的最主要功能是（　　）。

A.现成的资产负债表和利润表模板

B.功能强大、灵活方便的自定义报表功能

C.生动有力、图文并茂的财务分析功能

D.丰富、方便的各种取数公式

（9）金蝶KIS给用户提供的资产负债表和利润表，用户（　　）生成、查询和打印。

A.需要自行设置其格式　　B.需要设置取数公式

C.不用进行任何修改就可　　D.需要修改确认其正确性后才能

（10）金蝶KIS可以使用户设置的报表打印参数，诸如“纸张大小、纵横向、纸张类型、打印机类型”等，（　　）。

A.不能保存，每次都需重新设置

B.可以保存，但受其他报表打印设置影响

C.可以保存，但打印其他文档后设置改变

D.保存起来而不受其他打印设置的影响

（11）金蝶KIS报表管理系统，每张报表的最大列数为（　　）。

A.15列　　B.64列　　C.512列　　D.702列

（12）金蝶KIS报表管理系统，每张报表的预设行列数为（　　）。

A.15列，25行　　B.20列，30行　　C.25列，54行　　D.30列，64行

（13）定义报表单元、列、行属性时，系统遵循的规则和级别最高是（　　）。

A.单元格　　B.所在列　　C.所在行　　D.整个报表

（14）定义报表单元、列、行属性时，系统遵循的规则和级别最低是（　　）。

A.单元格　　B.所在列　　C.所在行　　D.整个报表

（15）金蝶KIS自定义报表保存后，为“report”目录下的二进制文件，其扩展名为（　　）。

A.REP　　B.KDS　　C.DAT　　D.DBF

（16）金蝶KIS自定义报表系统规定“页眉”“页脚”的最大值分别为（　　）。

A.页眉3行，页脚1行　　B.页眉4行，页脚1行

C.页眉5行，页脚2行　　D.页眉5行，页脚5行

（17）在金蝶KIS中，用y、n分别表示报表的会计年度和会计期间，错误的表示为（　　）。

A.y=-1，m=-8　　B.y=-1，m=-1　　C.y=0，m=0　　D.y=1，m=1

（18）在金蝶KIS报表系统页眉页脚设置中，用（　　）将每行平均分为三段。

A.“*”　　B.“|”　　C.“/”　　D.“#”

二、多项选择题

（1）在自定义报表中，可以被称为“页眉”的报表要素有（　　）。

A.第一行报表名称　　B.第二行编制单位等

C.第三行栏目标题　　D.固定不变的表样文字

E.表末编制人、审核人及附注

（2）在“资产负债表”中，被称为“表样文字”的报表要素有（　　）。

A.报表名称及编制单位　　B.各栏目标题

C.资产及负债项目　　D.各单元数据

E.表末附注

（3）在财务分析—损益分析中，图形分析内容包括（　　）。

A.收入　　B.支出　　C.资产　　D.负债

E.所有者权益

（4）在财务分析—趋势分析功能下，可选择的图形分析种类有（　　）。

A.饼图　　B.二维直方图　　C.三维直方图　　D.面积图

E.折线图

（5）在财务分析—财务状况分析中，图形分析内容包括（　　）。

A.收入　　B.支出　　C.资产　　D.负债

E.所有者权益

（6）在财务分析功能中，可选择的报表分析方法有（　　）。

A.指标分析　　B.比率分析　　C.结构分析　　D.比较分析

E.趋势分析

（7）在财务分析—比较分析功能下，可选择的图形分析种类有（　　）。

A.二维直方图　　B.三维直方图　　C.折线图　　D.面积图

E.饼图

（8）为了系统、全面、总括反映现代企业在某一时点的资产状况以及一定时期内的财务状况和经营成果，财务会计最重要的工作包括（　　）。

A.及时、准确地取得或编制原始凭证

B.编制记账凭证并登记账簿

C.定期编制和使用各种会计报表

D.进行各项财务分析

E.事先做好各项预测、规划、计划和预算

(9)报表和财务分析模块的主要功能包括（ ）。

A.自定义报表　　B.资产负债表和利润表

C.资产负债分析　　D.损益分析

E.自定义报表分析和主要财务指标分析

(10)在金蝶KIS自定义报表公式设置时，可以采用（ ）方法加快设置速度和准确性。

A.事先设计好公式　　B.鼠标拖拉填充

C.调用公式向导　　D.采用复制拷贝方式

E.采用以上所有方法

(11)在自定义报表编辑过程中，经常需要查看报表公式或数据，此时可使用（ ）分别实现显示公式、显示数据转换功能。

A.Ctrl+F、Ctrl+D

B.Ctrl+S

C.反复按动工具栏的【格式】按钮转换

D.通过【显示数据】、【显示公式】按钮转换

E.选择【查看】菜单中的【显示数据】、【显示公式】选项

(12)在金蝶KIS中，资产负债分析可以使用（ ）方法。

A.结构分析　　B.比较分析　　C.趋势分析　　D.比率分析

E.指标分析

(13)在资产负债结构分析中，需要选择设置的报表分析选项有（ ）。

A.报告期间类型　　B.报告期间

C.报告期间范围　　D.绝对数分析

E.定基分析

(14)在资产负债比较分析中，需要选择设置的报表分析选项有（ ）。

A.报告期间类型　　B.报告期间

C.与年初比较　　D.绝对数分析

E.与指定基期比较

(15)在资产负债趋势分析中，需要选择设置的报表分析选项有（ ）。

A.报告期间类型　　B.与年初比较

C.定基分析　　D.绝对数分析

E.环比分析

(16)在利润比较分析中，需要选择设置的报表分析选项有（ ）。

A.报告期　　B.与预算数比较

C.与指定基期比较并设定基期　　D.绝对数分析

E.环比分析

三、简答题

（1）说明新建一张自定义报表必需的过程和方法。

（2）报表的结构一般可以分成哪几部分?金蝶KIS报表系统如何表示报表格式的这些部分?

（3）账务处理模块提供了哪些报表?简述这些报表的特点。

（4）简述会计报表和财务分析子系统的功能特点。

（5）金蝶KIS报表和财务分析子系统可以提供哪些报表和财务分析方法?

（6）举例说明如何进行报表的试算平衡?

（7）如何设置和审核报表的勾稽关系?其意义是什么?

（8）简述金蝶KIS自定义报表的功能特点，给你印象最深的、最实用的是哪些功能?

（9）举例说明何为自定义报表格式设置的【页眉】、【页脚】?如何设置报表的【页眉】、【页脚】?

（10）说明【报表属性】设置的内容和方法，其中最主要和常用的是哪些?

（11）在报表管理窗口，说明【设为资产负债表】、【设为利润表】功能的用途和使用方法。

（12）解释如下报表打印选项参数的意义：全页眉页脚、表格延伸、页脚延伸。

（13）说明报表格式【列属性】设置的内容和意义。

（14）何为报表格式设置时的【单元融合和解融】?

（15）说明金蝶财务软件取数公式的作用和特点。

（16）说明金蝶KIS报表数据引入、引出功能的作用和使用方法。

（17）说明金蝶KIS自定义报表分析的步骤和方法。

（18）说明金蝶KIS自定义报表分析中的取数公式与通常的数据来源公式的区别。

四、业务题

（1）现假定某企业“资产负债表”共43行8列，各列依次为“资产”“行次”“年初数”“期末数”“负债及权益”“行次”“年初数”“期末数”，现要求填写下面的勾稽关系设置表，以便试算平衡（见表6–5）。

表6–5　　**勾稽关系设置表**

公式名称	左边表达式	比较关系	右边表达式	条件不满足时的提示

（2）写出管理费用明细表（20行5列）中各单元的计算公式（见表6-6）。

表6-6 管理费用明细表

管理费用项目	本年计划	本年实际	超支或节约金额	超支或节约（%）
培训费				
工资				
福利费				
差旅费				
…				
合计				

五、综合题

（1）如何利用金蝶KIS本身的功能进行审计查账？

（2）请你结合金蝶KIS谈谈如何实现不同企业管理软件之间的数据共享？